es 1261

edition suhrkamp

Neue Folge Band 261

Neue Historische Bibliothek
Herausgegeben von Hans-Ulrich Wehler

Vor dem Hintergrund der gegenwärtigen Doppelkrise von Weltwirtschaft und Weltpolitik unternimmt das Buch den Versuch, mit Hilfe eines strukturgeschichtlichen Ansatzes die Tatsache zu erklären, daß die sog. »Stabilisierungsphase« zwischen 1922/24 und 1931 in die Katastrophe der Weltwirtschaftskrise und den Zusammenbruch des internationalen Systems einmündete. Dabei werden innergesellschaftliche, außenwirtschaftliche und außenpolitische Entwicklungen als Einheit begriffen. Nach einer theoretischen Begründung dieser Ausgangsposition, die den engen Zusammenhang von Politik und Ökonomie im innerstaatlichen wie globalen Maßstab aufzeigt, findet eine Analyse der Fehlentwicklungen der kapitalistischen Weltökonomie in den 20er Jahren statt, die erklären, warum der Börsenkrach von 1929 in den USA derart verheerende Auswirkungen haben konnte. Hier stehen die illusionäre Rückkehr zum Gold(devisen)standard sowie die weltwirtschaftliche Dominanzposition der USA und ihre Folgen für die internationale Arbeitsteilung, insbesondere für die weltwirtschaftliche und weltpolitische Stellung Europas, im Mittelpunkt des Interesses. Damit werden die Rahmenbedingungen dargestellt, die die spezifischen Strukturprobleme des »Versailler« und des »Washingtoner Systems« bestimmen. Sie sind Gegenstand der beiden folgenden Abschnitte. Hauptergebnis ist die Feststellung, daß die USA für die versuchte Stabilisierung beider Systeme eine überragende Rolle spielten, sie also faktisch so etwas wie die Funktion einer »Scharnier-Macht« übernommen hatten, und zwar vornehmlich mit dem Mittel außenwirtschaftlicher Beeinflussung (Waren- und Kapitalexport). Die politische Bedeutung der Weltwirtschaftskrise, so die Hauptthese des Buches, ist darin zu suchen, daß mit dem Verfall der Weltwirtschaft auch die »Scharnier-Funktion« der USA zusammenbricht, so daß nun die ohnehin bescheidenen und widersprüchlichen Ansätze zur Errichtung einer Nachkriegsordnung in Europa wie in Südostasien zunichte gemacht werden. Erst unter diesen Bedingungen war es möglich, daß jene Kräfte (Deutschland, Italien, Japan) sich frei entfalten konnten, die auf die völlige Zerschlagung des »Versailler« wie des »Washingtoner Systems« abzielten und damit die Wege zum Holocaust des Zweiten Weltkriegs ebneten.

Gilbert Ziebura ist Professor für Politikwissenschaft an der Technischen Universität Braunschweig.

Gilbert Ziebura

Weltwirtschaft und Weltpolitik

1922/24-1931

Zwischen Rekonstruktion und Zusammenbruch

Suhrkamp

edition suhrkamp 1261
Neue Folge Band 261
Erste Auflage 1984

Erstausgabe

Satz: Janß, Pfungstadt
Druck: Nomos Verlagsgesellschaft, Baden-Baden
Umschlagentwurf: Willy Fleckhaus
Printed in Germany

1 2 3 4 5 6 – 89 88 87 86 85 84

Inhalt

Vorwort

Dieses Buch hat eine lange Geschichte. Die Fragestellungen, die es verfolgt, wurden zum ersten Mal im Zusammenhang mit einem Forschungsprojekt formuliert, das ich zwischen 1963 und 1974 am Zentralinstitut 6 der Freien Universität Berlin geleitet habe. Dieses Projekt beabsichtigte, die Außenpolitik der vier wichtigsten europäischen Mächte (Deutschland, Frankreich, England, Italien) während der 30er Jahre, unter besonderer Berücksichtigung des entscheidenden Jahres 1936, mit dem Ziel zu untersuchen, die Gründe für den endgültigen Zusammenbruch des damaligen internationalen Systems genauer herauszuarbeiten, als es in der Literatur bislang geschehen war. Zu diesem Zweck wurden die ausgetretenen Bahnen der traditionellen Politik- und Diplomatiegeschichtsschreibung insofern verlassen, als von Anfang an die Bedeutung innergesellschaftlicher, aber auch weltwirtschaftlicher Bedingungsfaktoren für die Außenpolitik dieser Länder im Mittelpunkt des Interesses stand. Konkret bedeutete das u. a., die Rolle der Weltwirtschaftskrise für die Entwicklung des außenpolitischen Entscheidungsspielraums der Hauptakteure des »Versailler Systems« zu präzisieren. Gerade diese Fragestellung war in der bisherigen Forschung zu kurz gekommen.

Schnell wurde deutlich, daß dieses Ziel nur erreichbar war, wenn es gelang, in einem ersten Schritt die strukturellen Probleme jenes Versuchs einer Rekonstruktion von Weltwirtschaft und Weltpolitik zu erkennen, wie er in Europa zwischen 1924 und 1929 unternommen worden war. Zugleich mußte der südostasiatische Raum in die Untersuchung einbezogen werden, nicht zuletzt deshalb, weil die USA hier wie in Europa die Funktion einer Stabilisierungsmacht übernommen hatten. Außerdem mußte eine Erklärung dafür gefunden werden, warum sowohl das »Versailler« als auch das »Washingtoner System« als Grundlage des Rekonstruktionsversuchs gleichzeitig im Jahre 1931 auseinanderfielen. Hier mußte der Schlüssel für die Beantwortung der Frage liegen, warum die Weltwirtschaftskrise von 1929 derartig verheerende Auswirkungen auf Weltwirtschaft und Weltpolitik haben konnte.

Auf diesen Teil des Projekts spezialisierten sich zwei Mitarbeiter: Fritz *Luther* und Reinhard *Mayer*. Beide legten eine Reihe von Arbeitspapieren vor, die durch die systematische Aufarbeitung des internationalen Forschungsstandes entscheidend dazu beigetragen haben, die Fragestellungen zu präzisieren und zugleich ihre Tragfähigkeit für das Projekt insgesamt zu bestätigen. Ohne diese oft leidenschaftlich diskutierten Arbeitspapiere wäre dieses Buch nicht entstanden. Dafür gebührt beiden Mitarbeitern Dank und Anerkennung.

Das Projekt endete, ohne daß sich die Ergebnisse dieses Teils (im Gegensatz zu anderen Teilen) in einer Veröffentlichung niederschlagen konnten. Erst mehrere Jahre später veranlaßte mich Gustav Schmidt, zeitweilig Mitarbeiter des Projekts und inzwischen Professor für Internationale Politik an der Universität Bochum, das Eröffnungsreferat einer von ihm organisierten internationalen Tagung zu halten, die unter dem Titel »Politischer Nationalismus und weltwirtschaftliche Finanz- und Handelsordnung: Konstellationen internationaler Politik 1924–1931/32« im September 1981 in Dortmund stattfand. Der inzwischen veröffentlichte Tagungsband (s. Auswahlbibliographie) stellt eine vorzügliche Ergänzung dieses Buches dar, das die Grundgedanken meines Eröffnungsreferates auf der Basis der Ergebnisse aus dem älteren Forschungsprojekt einer breiteren Öffentlichkeit vorlegt.

Im Gegensatz zur Konzeption der von H.-U. Wehler herausgegebenen Reihe »Neue Historische Bibliothek« will dieser Band nicht eine bestimmte Thematik in Gestalt eines didaktisch orientierten Überblicks darstellen. Vielmehr legt er den Akzent auf die Erklärung struktureller Zusammenhänge am Beispiel einer besonders schicksalhaften Epoche der Zeitgeschichte. Mit der Aufnahme dieses Bandes in die NHB wird die heute keineswegs mehr selbstverständliche Berechtigung dieser Betrachtungsweise unterstrichen. Dafür wie für die kritische Lektüre des Manuskripts danke ich H.-U. Wehler. Ebenso bin ich meinen Braunschweiger Mitarbeitern, Dr. Birgit Pollmann und Gerhard Becher, für die kritische Durchsicht des Manuskripts zu großem Dank verpflichtet. Darin möchte ich auch Christiane Dill einbeziehen, die Teile des Manuskripts geschrieben hat.

Ich widme dieses Buch meinen Eltern. Sie haben die hier beschriebenen Verhältnisse »von unten«, als Betroffene, besser: als Opfer erlebt und dennoch, unter heute kaum mehr vorstellbaren

Entbehrungen, alles getan, um ihren drei Söhnen (geb. 1924, 1925, 1934) eine glückliche Kindheit und eine solide Ausbildung zu ermöglichen.

Braunschweig, Ende Januar 1984 *Gilbert Ziebura*

I. Fragestellungen, Defizite der Forschung und Theoriebildung

1. Lehren aus der Geschichte?

Vor dem Hintergrund der gegenwärtigen Doppelkrise von Weltpolitik und Weltwirtschaft, die 1974/75 ihren Anfang nahm und sich seit 1979/80 zunehmend verschärft, kommt der Rückbesinnung auf die »Zwischenkriegszeit« erhöhte Bedeutung zu. Nicht zufällig werden immer wieder, bis hinein in die tagespolitischen Kämpfe, Vergleiche angestellt, zuallererst mit der Weltwirtschaftskrise von 1929, entweder angstvoll und warnend oder aber beruhigend. Schon das ist ein Novum. 1945 waren die USA mit dem Anspruch angetreten, eine Nachkriegsordnung zu errichten, die es unmöglich machen sollte, daß sich die Katastrophen der 30er Jahre wiederholten. Was sie taten, rechtfertigten sie damit, aus der Geschichte zu lernen[1]. Inzwischen erhält der Vergleich geradezu demagogische Dimensionen, wenn die Politik der Stärke gegenüber der Sowjetunion mit dem Argument verteidigt wird, man dürfe nicht noch einmal in die Illusionen der »Appeaser«, der »Beschwichtiger«, gegenüber Hitler verfallen. Das Stichwort »München« genügt, um den Falken in allen Lagern Rückenwind zu geben und ihnen zugleich ein ruhiges Gewissen zu vermitteln.

Aber die Geschichte ist kein einfaches Rezeptbuch für Handelnde. Der Vergleich der beiden Weltkrisen wirft eine Fülle von theoretischen und methodischen Problemen auf, die weder von Historikern noch von Sozialwissenschaftlern, welcher wissenschaftstheoretischen Observanz auch immer, in ausreichender Weise erkannt, geschweige denn gelöst worden sind. Eine Theorie, die den Zusammenhang von Politik, Ideologie und Ökonomie, von innergesellschaftlichen und externen Krisenfaktoren *als Einheit* zu reflektieren imstande wäre, gibt es nicht. Wer es sich leicht macht, kapituliert, indem er erklärt, eine solche Theorie könne es gar nicht geben. So sei es klüger, sich in seinen Ambitionen zu bescheiden. Allerdings muß der Wissenschaftler dann in Kauf nehmen, in die Defensive, ja ins Abseits zu geraten. Denn die Akteure kennen derartige Skrupel nicht. Sie warten nicht auf wissenschaftliche Erkenntnisse oder, falls es sie gibt, scheren sie sich den Teufel darum, sobald sie die Chance wittern, mit Hilfe historischer Vergleiche ihre Politik besser zu »verkaufen«. Treuherzig verweisen sie darauf, lernfähig zu sein. In Wahrheit tun sie aber nichts anderes, als sich aus der Geschichte das herauszusuchen, was ihnen opportun erscheint[2]. Im Klartext nennt man so etwas: Manipulation.

Darauf antworten die Neunmalklugen, das sei nun einmal so. Mit diesem Spannungsverhältnis von Wissenschaft und praktischer Politik müsse man leben, es liege in der Natur der Sache. Gewiß: wer in diesem Geschäft des Relativierens der Weisheit letzten Schluß sieht, zieht sich vornehm aus der Affäre. Wenn es hochkommt, rümpft er die Nase über die anderen, die Politiker, aber auch die Wissenschaftler, die sich erlauben, von diesem Pfad der Tugend abzuweichen. Sonst aber trägt er sein Scherflein zur allgemeinen Konfusion bei. Da läßt es sich dann gut im trüben fischen.

Historische Erfahrung ist kein objektiv definierbares Gut. Jeder arbeitet mit ihr, »bringt sie ein«, wie es im Jargon heißt. Sie ist damit immer Teil der gesellschaftlichen Kämpfe. Aber das ist nur die eine Seite der Medaille. Auf der anderen Seite vermittelt sie einen Schatz von Erkenntnissen, der Maßstäbe für die Beurteilung dessen liefert, was heute geschieht. An einem Beispiel läßt sich dieses Janusgesicht historischer Erfahrung demonstrieren. Aus naheliegenden Gründen sind es immer wieder Bankkreise, die die Meinung vertreten, daß ein Zusammenbruch des Bankensystems wie 1931 heute undenkbar sei. Den Hauptfehler von damals, nämlich die von den Zentralbanken praktizierte restriktive Liquiditätspolitik, die die Weltwirtschaftskrise verschlimmert hat, werde man nicht mehr wiederholen. Außerdem sei das nationale wie internationale finanzielle »Sicherheitsnetz« inzwischen viel enger geknüpft worden[3]. Es ist unbestreitbar, daß die Bankiers aus der Krise von 1931, einem wahrhaften Trauma, gelernt haben. Aber sie haben eben das gelernt, was zur Bewältigung einer Krise geeignet erscheint, wie sie damals stattgefunden hat. Seither hat sich vieles geändert. Vor allem gab es eine enorme Ausweitung des Kreditvolumens, die, um nur ein gegenwärtiges Krisenphänomen zu nennen, zu einer dramatischen Verschuldung einer großen Anzahl von Ländern in der Ersten, Zweiten und vor allem Dritten Welt geführt hat[4]. Sind die Banken fähig, mit dieser Art von Krise, die sie selbst mitverschuldet haben, fertig zu werden? Verbreiten sie nicht, wenn sie auf die Jahre 1929 bis 1931 verweisen, reinen Zweckoptimismus? Und wie steht es mit den Kassandrarufen des deutschen

Privatbankiers *von Bethmann* in einem SPIEGEL-Interview (1. 8. 1983):

»*Bethmann:* Ich bin eben überzeugt, daß die Weltwährungslage und damit auch die Situation der Weltwirtschaft noch nie so prekär gewesen ist wie zur Zeit.

Spiegel: Es wird also noch schlimmer kommen als in den dreißiger Jahren?

Bethmann: Das glaube ich schon. Ich glaube es deswegen, weil man viel zu wenig Vorkehrungen gegen die Krise trifft. Ich habe den Eindruck, daß man trotz der weltweiten Schuldenexplosion glaubt, es werde so schlimm schon nicht kommen.«

Was die Lektüre dieser Sätze so ungeheuerlich macht, ist die Tatsache, daß es Ende der 20er Jahre ebenfalls Stimmen gab, die derartige Warnungen aussprachen – ungehört. Schlagen Bankiers, wie so viele Generale, immer nur die Schlachten von gestern?

Ein weiterer, noch verhängnisvollerer Irrtum kommt hinzu, wenn es darum geht, Lehren aus der Krise von 1929 zu ziehen. Dazu benötigt man eine Erklärung der Krisenursachen, die dann die zur Überwindung der gegenwärtigen Krise formulierte Strategie bestimmt. Dabei geschieht es, daß *ein* Krisenfaktor von anderen isoliert wird. Großmeister in diesem Geschäft ist die noch immer einflußreiche monetaristische Schule, wie sie am reinsten Milton *Friedman* verkörpert. Er identifiziert die verfehlte Geldpolitik als entscheidende Ursache der Krise von 1929[5]. Folgerichtig setzt er hier den Hebel an, um mit den gegenwärtigen Schwierigkeiten fertig zu werden. Was auf den ersten Blick plausibel erscheint, entpuppt sich bei näherem Hinsehen als ein erzkonservativer Versuch, über die Begrenzung der Geldmenge und die Zurückdrängung staatlicher Intervention handfeste Gesellschaftspolitik zugunsten der Kapitaleigner zu betreiben. Wieder dient die Geschichte als Alibi für gesellschaftliche Umgestaltung.

Dann ist es schon besser, sich der Meinung des englischen Wirtschaftshistorikers Derek H. *Aldcroft* anzuschließen, der die Ursache der Krise von 1929 nicht in der Geldpolitik sieht, sondern in den Auswirkungen »struktureller Mißverhältnisse«[6] – eine vorsichtige Formulierung, die es mit Leben zu füllen gilt. Die Forderung, Lehren aus der Geschichte zu ziehen, gibt nur Sinn, wenn es gelingt, die Natur einer Krise durch die Analyse jener gesellschaftlichen Konstellationen zu erhellen, die sie hervorgebracht haben, denen sie zu verdanken war. Wer hat die Krise, als sie da war, genutzt zur Durchsetzung welcher Interessen? Diese Fragen stellen sich immer. Ihre Beantwortung enthält nicht nur ein lebenswichtiges Element von Aufklärung. Sie sind zugleich, in methodischer Hinsicht, der Vergleichspunkt, von dem aus sich Unterschiede, spezifische, historisch einmalige Gegebenheiten, aber auch Gemeinsamkeiten und damit Generalisierungen gewinnen lassen.

Das bedeutet, unter der Oberfläche konjunktureller Erscheinungen langfristig wirkende strukturelle Bedingungsfaktoren zu erkennen, was dann erst gestattet, die Frage nach dem Handlungsspielraum der Akteure zu stellen, nicht aber umgekehrt, wie es Wolfram *Fischer* tut: »Haben die Zeitgenossen die Krise nicht rechtzeitig erkannt oder in ihren Ursachen falsch oder zu unterschiedlich beurteilt? Haben sie falsche Rezepte zu ihrer Überwindung verwandt, oder waren sie so in Zwängen verhaftet, daß sie die richtige Politik nicht anwenden konnten, obwohl sie die Mittel zur Überwindung der Krise kannten?«[7] Die ewige, an der Realität vorbeigehende Frage nach dem Verhältnis von Wahrnehmung und Handlungsspielraum! Die Krise erscheint wie eine Krankheit, die man nur zutreffend diagnostizieren muß, um die richtigen Heilmittel anzuwenden, unter der Voraussetzung allerdings, daß die »Sachzwänge« nicht einen Strich durch die Rechnung machen.

Abgesehen davon, daß der sich hinter solchen Formulierungen verbergende »rückwärtsgewandte Problemlösungsoptimismus« *(Borchardt)* besserwisserischer Historiker und Sozialwissenschaftler für die Analyse wenig hilfreich ist, suggeriert er, daß das Überwinden von Krisen gelernt werden kann, daß es sich dabei um einen im Kern rationalen Akt handelt. Aber weit gefehlt! Krisen sind, wie André Gunder *Frank* richtig gesehen hat[8], Herausforderungen an ein System, unerläßliche Anpassungen zu vollziehen, ohne die es in schwere Gefahr gerät oder sogar zum Untergang verurteilt ist. Daher bedeute für die Chinesen das Wort »Krise« »eine Kombination von Gefahr und Gelegenheit«. Krisen sind also nichts anderes als »kritische« Zeiten, in denen sich die gesellschaftlichen Auseinandersetzungen auf eine besonders akzentuierte Weise vollziehen. Der Umgang mit der Krise treibt diese Auseinandersetzungen voran. Voll hineingezogen ist dabei der Stellenwert historischer Erfahrung. Sie erleichtert die Orientierung, wird aber zugleich, wie wir gesehen haben, ständig gerade von den Herrschenden manipuliert.

Wenn trotz aller mit Händen zu greifenden Unterschiede zwischen der »ersten« und der »zweiten« Weltwirtschaftskrise in diesem Jahrhundert, die beide Krisen des »Weltsystems« waren bzw. sind, immer wieder oftmals geradezu verblüffende Parallelen deutlich werden, betreffen sie weniger die Ursachen der beiden Krisen als die praktizierten Krisenüberwindungsstrategien. In beiden Fällen geht es im Kern um deflationäre Austeritätspolitiken, die Währungsstabilität und Haushaltsgleichgewicht, jedenfalls als Zielvorstellungen, in den Mittelpunkt der Bemühungen rücken. Der wesentliche Unterschied besteht darin, daß heute alle Maßnahmen dem Ziel dienen, über die Privilegierung der Unternehmer deren Investitionsbereitschaft zu neuem Leben zu erwecken, freilich ohne zu wissen, ob auf diese Weise die Umstrukturierung stattfinden wird. Zwischen 1929 und 1931 stand dieses Ziel eher im Hintergrund. Und in beiden Fällen sind es in fast allen führenden westlichen Industrieländern konservative Kräfte, die die Macht in Händen halten.

Dies alles aber verschwindet hinter einem, wie es scheint, fundamentalen Unterschied. Während die erste Weltwirtschaftskrise die auch damals ökonomisch führende Macht, die USA, als treibende Kraft für einen globalen Umstrukturierungsprozeß ausschaltete, scheinen sie die zweite Weltwirtschaftskrise als Gelegenheit zu benutzen, sowohl ihre ökonomische als auch ihre militärisch-strategische Dominanzposition aus den 50er und 60er Jahren zu restaurieren. 1929/31 waren alle Länder auf sich selbst zurückgeworfen; heute sind sie von dem abhängig, was in den USA geschieht.

Ist der Versuch, eine politische wie ökonomische Stärkung der Wettbewerbsfähigkeit mit Hilfe einer Austeritätspolitik zu erreichen, alles, was aus der Geschichte gelernt worden ist? Das wäre herzlich wenig. Aber noch ist es zu früh, auf diese deprimierende Frage eine definitive Antwort zu geben. Noch ist der Kampf um die Neuanpassung nicht zu Ende. Noch heißt auch eine Lektion der Geschichte, daß diese Art von Krisenüberwindung nach 1929 auf geradezu erbärmliche Weise gescheitert ist und damit die wirklichen Katastrophen erst heraufbeschwor.

2. Zum Verhältnis von Politik und Ökonomie

Es gehört zum Verständnis jener Epoche, die wie kaum eine andere die Bezeichnung »Zwischenkriegszeit« verdient, daß die Jahre zwischen 1924 und 1929 als Phase »relativer Stabilität« gelten. Aber weder Versuche einer Gesamtschau, wie sie sich in dem frühen, inzwischen klassischen Hauptwerk von Edward H. *Carr*, The Twenty Year's Crisis 1919–1939 (erste Aufl. London 1939) niederschlagen[9], geschweige denn die wachsende Fülle von Einzelstudien vermögen das paradoxe Phänomen zu erklären, daß ausgerechnet eine Phase »relativer Stabilität« in eine wirtschaftliche und politische Krise mündet, die nicht nur alle Bemühungen um Wiederaufbau schlagartig beendete, sondern darüber hinaus die so mühsam errichtete »Nachkriegsordnung« wie ein Kartenhaus einstürzen ließ. In dieser Studie wird der Frage nachgegangen, warum Rekonstruktion und Zusammenbruch so nahe beieinander lagen, ja fast ineinander übergingen. Welche Faktoren waren dafür verantwortlich? *Im Mittelpunkt steht die These, daß sich gerade während der Phase »relativer Stabilität« unter der Oberfläche scheinbarer Beruhigung alle Strukturdefekte verschärften, die von Anfang an Weltwirtschaft und Weltpolitik als Folge des Krieges anhafteten. Hier ist der entscheidende Grund dafür zu suchen, warum eine aus einem Börsenkrach entstandene Weltwirtschaftskrise derart verheerende Auswirkungen haben konnte.*

Es versteht sich von selbst, daß solche Aussagen nur möglich sind, wenn der Mut zur strukturgeschichtlichen Analyse aufgebracht wird. Sie allein entgeht der Gefahr, den Wald vor lauter Bäumen nicht mehr zu sehen. Diesem Mut hat der »platte Positivismus«[10] der gängigen Politikgeschichtsschreibung längst Ade gesagt, und sie brüstet sich auch noch damit. Aber die Herausforderung bleibt, hinter den Ereignissen jene Zusammenhänge zu entdecken, die eine Epoche kennzeichnen. Dazu bedarf es keiner ausgeklügelten oder gar fertigen Theorie. Nötig ist nur ein Verständnis für das, was Strukturen ausmacht.

Charakteristisch für die »Zwischenkriegszeit« ist zunächst ein auch von den Zeitgenossen mit Verblüffung bemerkter Umstand: die unentwirrbare *wechselseitige Durchdringung von Politik und Ökonomie.* Natürlich hat es so etwas in dieser oder jener Form schon immer in der Geschichte entwickelter Gesellschaften gegeben. Jetzt stellte sich diese Durchdringung aber mit bislang unbekannter Intensität dar. Man kann sogar die Frage formulieren, ob es in diesen Jahren, im Gegensatz zur Zeit vor dem Weltkrieg, für Politik (Staat) oder Wirtschaft noch einen wirklich autonomen Raum der Selbstentfaltung gegeben hat. Politisierung der Ökonomie, aber auch, als Korrelat, Ökonomisierung der Politik, und zwar sowohl nach innen wie nach außen, waren, jedenfalls in diesem Ausmaß, neue Erfahrungen. Jedermann wußte, daß es ohne wirtschaftliche Gesundung keine politische Stabilität geben würde. Aber man war sich auch über die wachsende ökonomische, vor allem monetäre Bedingtheit politischer Entscheidungen im klaren[11], was W. *Rathenau*, den Industriellen und Außenminister, zu dem berühmten Ausruf brachte: »Wirtschaft ist unser Schicksal!«

In der Tat: Währung, Konjunktur, Anpassung und Umstrukturierung, Außenwirtschaft, Reparationen, interalliierte Schulden – wo begann Politik, hörte Wirtschaft auf? Angesichts der Zerrüttung binnen- und weltwirtschaftlicher Verhältnisse, die, wie John M. *Keynes* nicht müde wurde zu kritisieren[12], durch die Friedensverträge noch verschlimmert worden war, mußte dem Wiederaufbau absolute Priorität zukommen. Dabei waren Staat und Wirtschaft viel stärker aufeinander angewiesen, als es jemals zuvor der Fall gewesen ist. Daraus ergibt sich, daß die Diskussion über den Primat von Politik oder Ökonomie für die 20er Jahre fehl am Platze ist. Ihren Sinn bekommt sie, als sich während der 30er Jahre, in Antwort auf die Weltwirtschaftskrise, der Trend zur Politisierung der Ökonomie voll durchsetzt[13].

Warum ist es nötig, dieser neuen Art der Interdependenz von Politik und Wirtschaft genauer nachzugehen? Weil sie Aufschlüsse über die innere Verfassung nationaler Gesellschaften, über Herrschaftsverhältnisse, vor allem aber über die Art und Weise, wie sich kapitalistische Reproduktion vollzieht, ermöglicht. Der entscheidende Einschnitt fand im Weltkrieg statt. Überall in der Welt, insbesondere aber in den kriegführenden Ländern, hatte die Kriegswirtschaftspolitik die Stellung des Staates gegenüber der Gesellschaft gewaltig gestärkt. Andererseits war es auch der Großindustrie gelungen, den Staat für ihre Interessen zu instrumentalisieren[14]. Wenngleich es den Unternehmern in allen kapitalistischen Industrieländern nach 1919 gelang, die im Krieg errichteten staatlichen Kontrollmechanismen wieder zurückzudrängen[15] und nach dem Abebben der revolutionären oder vorrevolutionären Arbeiterkämpfe ihre politische Position zu stärken, behielt der Staat doch erheblich mehr Interventionsmöglichkeiten als vor dem Krieg.

Nicht zufällig galt dies in erster Linie für die *Währungspolitik*. Der Verfall des Geldwertes war es zuallererst, der jeden Bürger hautnah und oft schmerzhaft spüren ließ, welches Chaos der Krieg hinterlassen hatte. Hier zeigte sich, daß eine Welt zusammengebrochen war. Die Jahre vor 1914 erschienen in neuem Glanz: ein »goldenes Zeitalter«, eine Epoche bürgerlicher Stabilität und Solidität. Jetzt aber war das Währungschaos das für alle sichtbare Symbol zerfallender Gesellschaften. Ganze Klassen wurden ausgeplündert und mußten den Preis für ihre patriotischen Opfer zahlen. Kein Wunder, wenn alle Staaten mit ihren traditionellen Führungsschichten ihre Legitimität in Frage gestellt sahen. Daher lag hier die wichtigste Stabilisierungsaufgabe, was erklärt, warum der Währungspolitik in den 20er Jahren eine so überragende, gesamtgesellschaftliche Bedeutung zukam. Folgerichtig steht ihre Analyse am Beginn unserer Darstellung (Kap. II/1).

In Wahrheit war die neue Situation überaus zwiespältig und verworren. Während sich in den USA, dem am weitesten entwickelten und mächtigsten kapitalistischen Land, unter der Ägide der Republikanischen Regierungen eine Laissez-faire-Wirtschaft entfaltete, setzte sich in Europa die Tendenz fort, »die unsichtbare Hand des Marktes durch die sichtbare Hand des Staates« zu ersetzen[16]. Mehr noch: der Trend zum Versorgungsstaat verstärkte sich, wenn auch in den einzelnen Ländern mit unterschiedlicher Intensität. Unter dem Druck der revoltierenden Arbeitermassen mußten überall soziale Zugeständnisse gemacht werden, um auf diese Weise die sozialen Kosten von Krieg und Rekonstruktion wenigstens in bescheidenem Umfang zu kompensieren. Diese Entwicklung mußte die Kluft zum amerikanischen Wachstumsmodell verbreitern. Damit begründeten dann auch die Unternehmer ihre seit Mitte der 20er Jahre immer vehementer vorgetragenen Klagen über zu hohe Löhne, zu hohe Soziallasten und die Defizite in den öffentlichen Haushalten, die ihrer Meinung nach schuld daran seien, daß die Entwicklung der Produktivität nicht rasch genug vorangehe. Der Druck auf den Interventionsstaat verstärkte sich, und zwar gerade in der Phase der »relativen Stabilität«.

Gleichzeitig zeigte sich, daß der Staat in seiner liberal-parlamentarischen Form überall in Europa, bei Siegern wie Besiegten, angesichts verschärfter Verteilungskämpfe einer völlig neuartigen Herausforderung gegenüberstand, der er in vielen Fällen, allerdings bei den Besiegten mehr als bei den Siegern, nicht gewachsen war[17]. Oft verfügte der jeweilige »Block an der Macht« *(Poulantzas)* nicht über die erforderlichen Mittel, um eine Politisierung der Verteilungskämpfe auch durchzuhalten (in Deutschland etwa durch Eingriffe in Tarifkonflikte). Damit wurde die notwendige relative Autonomie des Staates gegenüber den gesellschaftlichen Gruppen stark eingeschränkt, was so weit gehen konnte, daß er seine Hauptaufgabe, ein minimales gesellschaftliches Gleichgewicht zu garantieren, nicht mehr erfüllte. In diesem Augenblick öffnete sich der Weg zur autoritären Alternative. Viele Länder gingen ihn, darunter Deutschland. Warum dies weder in England noch in Frankreich geschah, bleibt eines der wichtigsten Probleme der Zeitgeschichte, zu dessen Erhellung diese Untersuchung beitragen soll (Kap. III/2).

Aber das für die 20er Jahre so bezeichnende Dilemma im Verhältnis zwischen Politik und Ökonomie, das eine der Quellen innergesellschaftlicher, aber auch internationaler Instabilität war, reicht noch viel tiefer. Der durch den Weltkrieg verursachte Zusammenbruch einer vergleichsweise liberalen Weltwirtschaft zwang alle Staaten zu einer dezidiert nationalen, ja nationalistischen Wirtschafts-, Handels- und Währungspolitik mit dem Ziel, die Stellung der eigenen Ökonomie innerhalb einer veränderten internationalen Arbeitsteilung und angesichts verschärfter Konkurrenzkämpfe auf einem kaum expandierenden Weltmarkt wenigstens zu halten. Auch diese Aufgabe konnte nicht den »Marktkräften« überlassen bleiben. Überall hatte das Vertrauen in die Fähigkeit der nationalen Wirtschaften, diesen Kampf erfolgreich durchzufechten, erheblich gelitten, die Unternehmer selber eingeschlossen. Damit war der Rückgriff auf den »Neomerkantilismus« unausweichlich.

Aber was konnte der Staat denn tun? Innerhalb der nationalen Wirtschaften hatten sich die Gegensätze zwischen den binnenmarkt- und den exportorientierten Branchen und Sektoren verschärft. Was etwas überspitzt als »Rationalisierungskonjunktur«[18] der 20er Jahre bezeichnet worden ist, begünstigte die Monopolisierung insbesondere im Bereich der Grundstoff- und Schwerindustrien sowie der Chemie. Diese Monopolgruppen aber versuchten, die Rivalität mit Hilfe internationaler, staatlich sanktionierter Absprachen (»ententes«)[19] abzuschwächen. Die traditionellen Exportindustrien, die sich, wenigstens zum Teil, der Weltmarktkonkurrenz stellten, waren schon durch die Zollpolitik benachteiligt. Hinzu kam, daß ihr politisches Gewicht nicht ausreichte, um sich gegen die traditionellen Industrien, die ökonomisch schon damals auf dem absteigenden Ast saßen und darum um so nachdrücklicher die Intervention des Staates forderten, durchzusetzen. Dies sieht sicherlich von Land zu Land verschieden aus, ist aber dennoch ein durchgehender Trend. Konzentration und die weitgehende Kartellisierung wichtiger Produktionszweige haben in allen europäischen Ländern die Umsetzung wirtschaftlicher Interessen in Politik erleichtert.

Freilich wurde der Staat dabei immer mehr in die Defensive gedrängt. Er vermochte nicht einmal, die Rolle eines mehr oder weniger wirksamen Schiedsrichters zwischen antagonistischen Interessengruppen zu spielen. Denn, wie genauer zu zeigen sein wird, die Stabilisierung der Währungen, die überall praktizierte deflationistische Politik und nicht zuletzt der Niedergang der Arbeiterbewegung änderten die gesellschaftlichen Kräfteverhältnisse zugunsten großbürgerlicher Gruppen, was Charles S. *Maier* dazu bringt, die zweite Hälfte der 20er Jahre treffend als »Schlüsselära konservativer Transformation« zu bezeichnen[20]. Wie immer aber, wenn es konservative Kräfte sind, die sich ans Werk der Rekonstruktion machen, wird das Adjektiv im engen Wortsinn verstanden: Wiederaufbau des Gewesenen, auch wenn sich die Verhältnisse so radikal wie nach dem Ersten Weltkrieg verändert hatten.

Natürlich haben Zeitgenossen und Wissenschaftler sich darum bemüht, dieses neue Verhältnis von Politik und Ökonomie auf den Begriff zu bringen. Aber wie so oft, bleibt auch in diesem Fall die Theoriebildung unbefriedigend, entweder weil die Erfahrungen in *einem* Land generalisiert werden oder weil der Beobachter selektiv vorgeht oder weil die Theorie vornehmlich als Anleitung zur Praxis, als Kampfinstrument dient. Dies geschieht, wenn *Lenin* vom »staatsmonopolistischen Kapitalismus« und der Sozialdemokrat *Hilferding* vom »organisierten Kapitalismus« spricht. Bezeichnenderweise entstanden beide Begriffe fast gleichzeitig während des Weltkriegs. Über ihren Erklärungswert und ihre analytische Kraft ist so viel geschrieben worden, daß hier einige Bemerkungen genügen[21]. Ihr Verdienst besteht ohne Zweifel darin, Veränderungen im Produktionssystem und in den Klassenverhältnissen sowie die Rolle des Staates in diesem Prozeß als Einheit zu begreifen. Beide Begriffe gehen zu Recht davon aus, daß sich der liberale Konkurrenzkapitalismus angesichts fortschreitender ökonomischer Machtzusammenballung überholt hat *(Lenin)* oder doch zumindest einen tiefen Wandel durchmacht *(Hilferding)*[22].

Aber sowohl *Lenin* wie *Hilferding* geht es nicht um die Stringenz theoretischer Konzepte, sondern um ihre Brauchbarkeit für die politische Aktion. Daraus erklärt sich, daß die Argumentation allzu linear und stark vereinfachend verläuft[23]. Keiner von beiden kümmert sich um nationale Besonderheiten und Unterschiede; beide vernachlässigen die Bedeutung internationaler Zusammenhänge; beide hängen einem kruden Ökonomismus an. Und beide ziehen, je nach der ihrer Meinung nach zu praktizierenden politischen Strategie, unterschiedliche Schlußfolgerungen aus ihren theoretischen Betrachtungen. Für *Lenin* führt die Verschmelzung der Monopole mit dem Staat zur Verschärfung der Widersprüche im Kapitalismus und beschleunigt damit seinen Zusammenbruch. Daraus ergibt sich für ihn die Notwendigkeit einer revolutionären Strategie der Arbeiterklasse.

In krassem Gegensatz dazu versteht *Hilferding* unter »organisiertem Kapitalismus« die wachsende Tendenz des Finanzkapitals zur Zusammenarbeit mit dem Staat, um auf diese Weise die Anarchie der Produktion und damit die inneren Widersprüche des Kapitalismus abzuschwächen, seine Überlebenschance also zu verbessern. Kapitalkonzentration mit dem Willen zur Planung und Lenkung der Wirtschaft vermindere die Krisenanfälligkeit. Unter diesen Bedingungen ist eine Abschwächung des Gegensatzes von Kapital und Arbeit nur durch eine Demokratisierung der Wirtschaft, also mittels einer reformistischen Strategie möglich. Auch hier liegt die Kritik auf der Hand: Mit dem Konzept des »organisierten Kapitalismus« verharmlost *Hilferding* die Potentialität der Krise. Hier findet sich dann auch die Erklärung für die ideologische und politische Hilflosigkeit von SPD und Gewerkschaften vor und vor allem nach dem Ausbruch der Weltwirtschaftskrise[24]. Es verschleiert die schweren Strukturdefekte, wie sie die kapitalistische Reproduktion während der 20er Jahre national wie international kennzeichnen; es trägt, wie H. A. *Winkler* treffend bemängelt, »ausgesprochen harmonisierende Züge«[25].

Auch der von der deutschen Geschichtswissenschaft, insbesondere von Jürgen *Kocka*[26], unternommene Versuch, den Begriff des »organisierten Kapitalismus« von seinen historischen Ursprüngen zu befreien, ihn wissenschaftlich präziser zu fassen und ihn auf diese Weise für die vergleichende Untersuchung der Veränderungen im Verhältnis von Staat und Gesellschaft fruchtbar zu machen, führte, wie zu Recht kritisiert worden ist[27], zu einer Überfrachtung des Konzepts. Das wichtigste, im Grunde tödliche Gegenargument aber lautet, daß es für die Zeit vor der »Keynesianischen Revolution« Leerformelcharakter besitzt, da der Kapitalismus seit der Überwindung des Manchestertums immer Formen seiner eigenen Organisation entwickelt hat. Für die Zeit nach der »Keynesianischen Revolution«, die in den 20er Jahren noch kaum Gestalt angenommen hatte[28], ist es erst recht überflüssig.

Um das in den 20er Jahren, insbesondere während der sog. »Stabilisierungsphase«, sich herausbildende Verhältnis von Politik und Ökonomie, von Staat und Gesellschaft zu kennzeichnen, hat Charles S. *Maier* den Begriff des »korporativen Pluralismus« vorgeschlagen[29]. Wie *Lenin* und *Hilferding* stellt auch er eine Umwandlung des liberal-demokratischen Konkurrenzkapitalismus fest, nun allerdings im Sinn einer neuen Art von Krisen-Management, die sich dadurch auszeichnet, daß Staat, Unternehmer und Gewerkschaften *gemeinsam* an der Restrukturierung der kapitalistischen Wirtschaft arbeiten, wobei jeder der drei Akteure bestimmte Aufgaben zu übernehmen hat. Was dahinter steht, hat *Maier* treffend »die Vision einer Klassenkollaboration im öffentlichen Interesse« genannt. Die Folge war eine Verwischung der Grenzen zwischen öffentlichen und privaten Interessen. Sie manifestierte sich im Niedergang von Parlamenten und politischen Parteien als Träger staatlicher Willensbildung und damit des repräsentativen Systems. Wegen der Schwächung der Arbeiterbewegung fand in Wahrheit aber eine wechselseitige Durchdringung von Staatssouveränität und Unternehmermacht statt.

Für *Maier* ist der »korporative Pluralismus« die institutionelle Form, in der, vornehmlich in der zweiten Hälfte der 20er Jahre, die konservative Bourgeoisie in Europa den Versuch einer »offensiven Stabilisierung« unternommen habe. In allen Ländern tauchte er auf, wenn auch in unterschiedlicher Ausprägung, am stärksten in Deutschland, am schwächsten in Frankreich, während er in Italien gleich die Gestalt des Faschismus annahm[30]. »Korporativer Pluralismus« bezeichnet also letztlich eine Verbindung von technokratischer Planung und »Sozialpartnerschaft« mit dem Ziel verschärfter sozialer Kontrolle als adäquate Strategie in einer Zeit deflationistischer Lohnpolitik und saturierter Märkte. Er war die Antwort auf die Notwendigkeit, Überproduktion einzudämmen, denn der Exportkonkurrenz war, nicht zuletzt durch die Währungsstabilisierungen, enge Grenzen gesetzt. Für viele europäische Unternehmer, die sich außerstande sahen, das fordistische Modell kapitalistischer Reproduktion, wie es sich in den USA herausbildete, zu übernehmen, stellte er eine Art Fluchtburg zum Überleben dar[31]. Die Restrukturierung konnte daher, wenn überhaupt, nur zu Lasten der Arbeitnehmer stattfinden. Insofern ist der »korporative Pluralismus« eine Form autoritärer Herrschaftsstabilisierung. Laut *Maier* wurde er in dem Augenblick aktuell, als in Europa niemand daran glaubte, jenen deflationistischen Rahmenbedingungen zu entgehen, die Weltpolitik und Weltwirtschaft setzten und denen sich die nationalen Regierungen unterwarfen.

Auch im Blick auf die gegenwärtige Debatte über den »Neo-Korporatismus«[32] verdient die Interpretation *Maiers* erhöhte Beachtung. Die Parallelen drängen sich auf. Was die 20er Jahre anlangt, kamen scharfsinnige zeitgenössische Beobachter zu ähnlichen Schlußfolgerungen, wenn etwa Moritz J. *Bonn* die Verhältnisse in Deutschland als »kapitalistischen Ständestaat« kennzeichnete[33]. Das Konzept des »korporativen Pluralismus« kommt der Wirklichkeit also recht nahe. Allerdings sind auch seine Grenzen unverkennbar. *Maier* selber schätzt seinen theoretischen Gehalt nicht hoch ein; in erfreulicher Bescheidenheit mißt er ihm nur beschreibenden Charakter zu[34]. Tatsächlich legt es den Akzent auf die *Konfliktlösungsstrategien*, weniger auf die Natur der Konflikte, ihren Ursprung, ihren Verlauf. Über die innere Beschaffenheit der Akteure, über Gegensätze innerhalb von Klassen und Gruppen, insbesondere im Hinblick auf die Bourgeoisie[35], wird zu wenig gesagt. Davon aber hängt die Tragfähigkeit des Konzeptes entscheidend ab.

Bezeichnend ist die Tatsache, daß die hier kurz skizzierten, aber auch andere, in eine ähnliche Richtung weisende Versuche einer Begriffs- oder gar Theoriebildung[36] unabhängig von ihrer Aussagekraft doch eins gemeinsam haben: Sie verweisen sämtlich auf ein doppeltes Strukturmerkmal der sog. »Stabilisierungsphase«, nämlich einmal auf die außerordentliche innere Schwäche des europäischen Kapitalismus und zum anderen auf die damit zusammenhängende Anfälligkeit demokratisch-parlamentarischer Regierungssysteme. Daher können sich überall, wenn auch mit unterschiedlicher Durchschlagskraft, antidemokratische Bewegungen bilden. Dennoch schoß Eugen *Varga*, der bedeutendste wirtschaftstheoretische Kopf der III. Internationale, weit über das Ziel hinaus, wenn er, schon für die 20er Jahre, von einem »absteigenden, verfallenden Kapitalismus« sprach[37], um den Konfrontationskurs der Kommunistischen Parteien zu rechtfertigen. Die Schwäche des europäischen Kapitalismus war nicht grundsätzlicher, sondern aktueller Natur. Sie beruhte, wie es vor allem M. *Dobb* herausgearbeitet hat[38], auf einem verhängnisvollen Mangel an Flexibilität, wie sie die nationalen Volkswirtschaften an den Tag legten. Dieser Strukturdefekt aber hatte gesellschaftliche Gründe, die sich darin äußerten, daß man immer eher bereit war, die Produktion einzuschränken als die Kosten und Preise zu senken. Wenn die Profitspannen über unelastische Preise gehalten werden sollen, gibt es keine Möglichkeit, das Hauptproblem jener Jahre zu lösen: den Überschuß an Kapazitäten und die damit verbundene »technologische Arbeitslosigkeit«. Die Mischung aus Primat der Währungsstabilität und Neomerkantilismus zwang Politiker wie Unternehmer zur Vorsicht, eben zu konservativem Verhalten. Der Preis, der dafür zu zahlen war, war hoch: Ganze Branchen »verknöcherten«, um einen plastischen Ausdruck *Dobbs* zu benutzen.

So blieben die Volkswirtschaften extrem störanfällig, von innen wie von außen. Aber, und das verdrängt das Konzept des »korporativen Pluralismus«, das aufeinander angewiesene Paar Staat/Wirtschaft tut alles, um sich gegenseitig zu schwächen. Die Unternehmer appellieren an den Staat. Zugleich aber verwehren sie ihm, für eine auch nur einigermaßen gerechte Verteilung des Sozialprodukts zu sorgen, was aber um so nötiger wäre, als große Teile der Arbeiter wie der kleinen und mittleren Bourgeoisie durch die konservative Restrukturierung sozial und ökonomisch deklassiert werden. Schließlich zeigen sich beide, Staat und Wirtschaft, unfähig, jene Wachstumsraten zu erzielen, die die wichtigste Voraussetzung für die Stabilisierung von Staat und Gesellschaft unter den Bedingungen kapitalistischer Reproduktion sind. Am Ende stand, durch die Weltwirtschaftskrise beschleunigt, der Zerfall nationaler Gesellschaften wie in Deutschland oder eine Blockierung und Stagnation gesellschaftlicher Entwicklung wie in Frankreich und England[39].

3. Zum Verhältnis von Weltwirtschaft und Weltpolitik

Am gravierendsten aber fallen die Defizite in Theoriebildung und Forschung aus, wenn es darum geht, den Zusammenhang von Politik und Ökonomie im Weltmaßstab zu betrachten. Während es zum guten Ton gehört, die wachsende »Interdependenz« von Innen- und Außenpolitik, von entwickelten und unterentwickelten Ländern, die zunehmende »Verflechtung« der Industrieländer untereinander, ja die »Einheit der Welt« zu beschwören und sogar das Wort von der »Weltinnenpolitik« die Runde macht, gibt es für diese von aller Welt konstatierten Phänomene keine theoretisch begründete Erklärung, die wissenschaftlich zufriedenstellend wäre. Es mag sein, daß ein solches Unterfangen von vornherein zum Scheitern verurteilt ist, weil es den einzelnen Wissenschaftler überfordert. Aber gerade der Umstand, daß er sich mit Teilaspekten begnügt, schränkt die Aussagekraft partieller Theorien ein, wie sich am Beispiel der klassischen Imperialismustheorie und ihrer modernen Nachfolger zeigen läßt[40]. Entweder versuchen sie, die Motive der expandierenden Länder zu erhellen oder die Auswirkungen auf die Opfer zu untersuchen. Erst in jüngster Zeit rückt die Frage in den Vordergrund, in welchem Verhältnis das eine zum anderen steht. Das aber verlangt eine umfassende, »systemare« Betrachtungsweise. Auch dann wird nur ein, wenn auch wesentlicher Ausschnitt aus der Gesamtheit dessen erfaßt, was sich, zumindest tendenziell, als »Weltgesellschaft« darstellt.

Als erster Schritt auf dem sicherlich beschwerlichen Weg, der Theoriebildung neue Impulse zu geben, muß die Aufgabe stehen, die weit auseinanderklaffenden Fragestellungen und Vorgehensweisen der Wirtschafts- und Politikgeschichtsschreibung wenigstens anzunähern. Die Hyperspezialisierung und die daraus folgende gegenseitige Abschottung der Fachdisziplinen ist für jeden Erkenntnisfortschritt ein nicht wiedergutzumachendes Unglück. Denn die Realität läßt sich nicht beliebig fraktionieren, läßt sich nicht in Schubladen aufteilen, denen man irgendwelche Etikette aufklebt[41]. Für die Politikhistoriker ist Weltpolitik die Summe aus Kompromiß und Konflikt, wie sie die Hauptakteure, die Nationalstaaten, verursachen. Sie verkörpern ein mehr oder weniger deutlich definiertes »nationales Interesse«, das die Regierungen, soweit es ihre Machtmittel zulassen, durchzusetzen versuchen. Folgerichtig steht die Analyse intergouvernementaler Beziehungen im Vordergrund, wobei davon ausgegangen wird, daß die »Zwänge des internationalen Systems« den Handlungsspielraum der Regierungen einschränken, wie immer diese Tatsache von den Handelnden wahrgenommen wird. Dahinter steht, ausgesprochen oder nicht, eine bestimmte Vorstellung von »Realpolitik«, was in Praxis nichts anderes heißt, als daß geostrategischem Denken Vorrang eingeräumt wird.

Wirtschaftshistoriker und Ökonomen dagegen fragen in dem Maße, wie sie das Korsett neoklassischer Theorien abstreifen, um so nachdrücklicher danach, was die Einbettung nationaler Volkswirtschaften in die internationale Arbeitsteilung, also in Grundstrukturen der Weltwirtschaft, für ihre Entwicklungschancen bedeutet[42]. Es zeigt sich dann, daß Akkumulationsfähigkeit und damit ökonomischer Entwicklungsstand sowohl von innergesellschaftlichen wie von weltwirtschaftlichen Bedingungen abhängen und daß sich beide Faktoren wechselseitig beeinflussen. Das klingt abstrakt, ist im Grunde aber ein einfacher Vorgang. Die Position, die eine nationale Wirtschaft in der Hierarchie der internationalen Arbeitsteilung einnimmt, hängt von ihrer Fähigkeit ab, Produkte zu erzeugen, die sich auf dem Weltmarkt durchsetzen. Die Voraussetzungen dafür werden in einem permanenten Zweifrontenkampf geschaffen, der gleichzeitig stattfindet: im Innern zwischen Sektoren, Branchen und Unternehmen mit hoher gegen solche mit niedriger Produktivität, nach draußen mit anderen Volkswirtschaften. Diese Exportkonkurrenz wird für die Entwicklung der nationalen Wirtschaft um so lebenswichtiger, je größer die Weltmarktanteile sind, die sie erobert. Damit bestimmt sie die Art der internationalen Arbeitsteilung, versucht, sie zu ihren Gunsten festzuschreiben, um auf diese Weise die eigene Reproduktion zu garantieren, vielleicht sogar dadurch, daß es ihr gelingt, Produktions- und Konsumnormen vorzuschreiben. Andererseits bestimmt der Grad der Weltmarktintegration entscheidend das innenpolitische Kräfteverhältnis[43].

Die Berücksichtigung dieser Zusammenhänge bringt für die Theoriebildung, aber auch für die praktische Analyse erhebliche Vorteile. Zunächst erlaubt sie, die Rolle des Staates genauer zu fixieren. Damit entpuppt sich das Gerede von der »Weltinnenpolitik« als Fiktion. Tatsächlich besteht eine der wichtigsten Aufgaben des Staates darin, zwischen zwei, sich in aller Regel widersprechenden Erfordernissen zu vermitteln: der Notwendigkeit, die Stellung der eigenen Ökonomie in der internationalen Arbeitsteilung zu stärken, andererseits dem Zwang, negative Rückwirkungen für das innergesellschaftliche Gleichgewicht, die mit dieser Öffnung nach außen verbunden sind, zu verringern. Nur der Staat vermag dies; nicht umsonst liegt hier eine Quelle seiner Autonomie. Von der Art und Weise, wie er (also die Kräfte, die ihn tragen) diese Aufgabe bewältigt, hängt ein gut Teil seiner inneren Legitimation ab. Was die wissenschaftliche Analyse betrifft, wird ein Politikbereich nun privilegiert, der bei Politikhistorikern eher ein Aschenputteldasein fristet, von Wirtschaftshistorikern aber in seiner innergesellschaftlichen Bedeutung unterschätzt wird: die *Außenwirtschaftspolitik*. Sie ist der einzige Ort, der den entscheidenden Dreh- und Angelpunkt im Verhältnis von Nationalstaat und Weltwirtschaft, in hohem Maße sogar zwischen Innen- und Außenpolitik darstellt. Sie ist eine wichtige Ebene, auf der die politischen Auseinandersetzungen um die Veränderung interner wie externer Machtverhältnisse stattfinden, weil sie zu einem erheblichen Teil davon abhängen, um welchen »Ausschnitt des weltmarktintegrierten Reproduktionszusammenhanges der jeweilige Nationalstaat seine politische Klammer schlägt«[44].

Hier liegt der Hauptgrund, warum die folgende Untersuchung der Außenwirtschaft besondere Beachtung schenkt. Sie bietet eine aufschlußreiche Möglichkeit, die Formen politischer Herrschaftsausübung innerhalb der Nationalstaaten *kausal* mit der Entwicklung des internationalen Systems zu verbinden und auf diese Weise spezifische Strukturmerkmale einer Epoche zu erkennen. Dabei zeigt sich, daß seit dem Ersten Weltkrieg »Politik« und »Wirtschaft« nicht nur im innerstaatlichen, sondern auch im internationalen Rahmen ineinander übergingen. Das konnte in dem Augenblick nicht anders sein, als die Rekonstruktion der Weltwirtschaft zum zentralen Objekt machtpolitischer Kämpfe wurde. So verwundert es nicht, wenn zwischenstaatliche Beziehungen zu einem erheblichen Teil ökonomischer Natur waren. Das gilt in erster Linie für die wirtschaftliche Dominanzmacht USA. Nicht umsonst tragen zeitgenössische wie moderne Untersuchungen, die sich mit der weltwirtschaftlichen und zugleich weltpolitischen Rolle der USA beschäftigen, den bezeichnenden Begriff »Economic Diplomacy« in ihrem Titel[45]. Freilich steht mehr dahinter, als daß sich Politik und Wirtschaft wechselseitig als Instrument benutzten[46] – eine Auffassung, die unterstellt, daß beide Bereiche eine erhebliche Autonomie bewahrten.

Dennoch darf man sich über die Erfolgsaussichten der eben skizzierten Vorgehensweise keinen Illusionen hingeben. Welche Probleme dabei auftauchen, läßt sich am Beispiel der Währungspolitik zeigen, der ja sowohl für die nationalen Gesellschaften als auch für die Rekonstruktion der Weltwirtschaft eine zentrale Funktion zufiel. Ökonomen wie Wirtschaftshistoriker, ob sie dem »bürgerlichen« oder marxistischen Lager angehören, vertreten, wenn es um die Beurteilung einer so wichtigen Frage wie der sozialen, wirtschaftlichen und politischen Bedeutung von Auf- bzw. Abwertungen geht, unterschiedliche, oft unvereinbare Auffassungen. *Aldcroft* geht noch weiter, wenn er schreibt, daß trotz der enormen Literatur über Währungsfragen in den 20er Jahren »keines der grundlegenden Probleme wirklich zufriedenstellend geklärt worden« sei[47]. Wie soll es unter solchen Umständen Historikern und Politikwissenschaftlern ergehen, die sich darum bemühen, Währungspolitik aus dem Gesamtzusammenhang innergesellschaftlicher, weltwirtschaftlicher und weltpolitischer Prozesse zu begreifen?

Aber lassen wir den Mut nicht sinken. Schon hat die wissenschaftliche Debatte neuen Auftrieb erhalten, dieses Mal von I. *Wallerstein*. Tatsächlich bietet er einen »Ansatz« an, der, von einer undogmatischen, neomarxistischen Position ausgehend, manche der bisherigen Theorieprobleme zu überwinden scheint[48]. Er versucht, Weltwirtschaft und Weltpolitik unter den übergeordneten Begriff »Weltsystem« zu subsumieren. Seiner Meinung nach hat es sich im Verlauf des sog. »langen 16. Jahrhunderts« (1450–1640) herausgebildet. Im Gegensatz zur vorangegangenen Geschichte zeichnet es sich dadurch aus, daß seine einzelnen Bestandteile in ihrer Entwicklungsdynamik systematisch aufeinander bezogen sind, und zwar um so stärker, je mehr der historische Prozeß voranschreitet. Der originelle Beitrag *Wallersteins* besteht in der Aussage, daß das »Weltsystem« seine Einheit durch die sich durchsetzende und zugleich ausweitende »kapitalistische Weltökonomie« erhält, also dadurch, daß die Akkumulation nun weltweit stattfindet und ihrer Natur nach auch stattfinden muß[49]. Sie bewirkt die Entstehung und fortschreitende Vertiefung einer das Gesamtsystem hierarchisch gliedernden internationalen Arbeitsteilung zwischen »Zentren«, »Semiperipherien« und »Peripherien« im Rahmen einer zunächst von Europa beherrschten Weltökonomie, die die »Arena« bildet, in der sich soziales Handeln und sozialer Wandel vollziehen. Über wellenförmig verlaufende Phasen von Aufschwung und Schrumpfung hat die kapitalistische Weltökonomie ihre eigene, »natürliche« Geschichte, in deren Verlauf sich die

Machtverhältnisse im Zentrum, aber auch zwischen dominierenden und abhängigen Ländern in Semiperipherie und Peripherie verändern. Da sie für die Existenz einer »Weltstruktur« verantwortlich ist, muß sie konsequenterweise auch die vorrangige analytische Bezugsgröße darstellen. Diesem ersten Organisationsprinzip des »Weltsystems« steht aber ein zweites gegenüber: das »Weltstaatensystem«, das durch den Kampf um Hegemonie gekennzeichnet ist. Zum *Wallersteinschen* Konzept des »Weltsystems« gehört mithin als konstitutiver Tatbestand, daß zwischen einem politisch dezentralisierten Weltstaatensystem und einer die nationalen Grenzen sprengenden »Weltökonomie« ein Widerspruch, ja eine Antinomie bestehen muß, die aber die letztlich determinierende Bedeutung der »Weltökonomie« nicht in Frage stellt, weil die politische Stärke eines Landes davon abhängt, welche Position es in der internationalen Arbeitsteilung einnimmt.

Da *Wallersteins* »Weltsystem«-Konzept eine Fülle von Fragen offenläßt[50], stieß es auf scharfe Kritik. Für Stanley *Hoffmann* ist es eine »majestic fiction«, jedenfalls für Historiker und Politikwissenschaftler. »Das System der Weltwirtschaft ist weder ein Erst-Verursacher noch ein gottähnlicher Rollenverteiler und Arbeitsteiler, sondern das Ergebnis diskreter, von getrennten Einheiten vollzogener politischer Entscheidungen.«[51] Wieder taucht der alte Streit zwischen dem Primat der Politik oder der Ökonomie auf. Auf dieser Ebene aber muß die Diskussion in die Sackgasse geraten, weil die These vom Primat der Politik auch nur einen Aspekt von Herrschaft verabsolutiert. Dennoch sind vier Kritikpunkte gegen *Wallerstein* vorzubringen, die zugleich zeigen, in welche Richtung die Diskussion in Zukunft gehen sollte.

Erstens: Die Vorstellung kann nicht ernst genug genommen werden, daß die kapitalistische Weltökonomie von Anfang an mehr war als die Summe der Austauschbeziehungen zwischen volkswirtschaftlichen Einheiten. Aber es wird nicht klar, wie sich die natürlich auch von *Wallerstein* gesehene und beschriebene Tatsache damit verträgt, daß sich immer *ein* dominierendes Zentrum herausgebildet hat, das imstande war, eine internationale Arbeitsteilung durchzusetzen, die zunächst dem eigenen größtmöglichen Vorteil zu dienen hatte. Der Kampf einzelner nationaler Ökonomien um einen Platz im Zentrum, »an der Sonne«, kann nicht allein aus der Logik einer sich fortschreitend universalisierenden Kapitalverwertung erklärt werden. Damit wird ein Strukturmerkmal kapitalistischer Weltökonomie verwischt, nämlich die ihr eigene Dialektik von Vereinheitlichung und Fraktionierung, die in Wahrheit ihre Dynamik bestimmt. Außerdem ist die Herausbildung einer »transnationalen« Weltwirtschaft, jedenfalls im engeren Wortsinn, ein langwieriger Prozeß. Tatsächlich verstärkt sich die Tendenz zur »Internationalisierung des Kapitals« bis hin zur globalen Interdependenz von Reproduktionsstrukturen qualitativ wie quantitativ sehr langsam und erreicht ihren Höhepunkt erst nach dem Zweiten Weltkrieg, in einem Augenblick also, da das amerikanische Wachstumsmodell seine volle Reife erfährt und weltweit imitiert wird[52]. Während der 20er Jahre steckte diese Entwicklung, wie zu zeigen sein wird, noch ganz in den Kinderschuhen.

Zweitens: Was das Verhältnis von Zentrum und Peripherie betrifft, bleibt die von der klassischen Imperialismustheorie und ihren modernen Nachfolgern übernommene These zu Recht umstritten, daß die kapitalistische Akkumulation in den Zentren ohne den erzwungenen »Surplus-Zufluß« aus der Peripherie undenkbar gewesen wäre. Der Gegenthese, daß die entscheidenden Wachstumsimpulse aus den Ländern des Zentrums selber aufgrund der dort herrschenden spezifischen gesellschaftlichen Verhältnisse und der dadurch ermöglichten Massennachfrage, Innovationen usw. kamen, ist nicht minder plausibel und empirisch eher besser belegt[53]. Diese Kontroverse zeigt wieder einmal, wie wichtig es ist, die Wechselbeziehung von Weltmarktposition und innergesellschaftlicher Verfassung einer genaueren Analyse zu unterziehen.

Drittens: Wenn, wie *Wallerstein* meint, »Weltökonomie« und »Weltstaatensystem« durch eine jeweils besondere Logik gekennzeichnet sind, bleibt ihr Zusammenspiel, das ja erst die Einheit des »Weltsystems« ausmacht, weitgehend im Dunkeln. Die Feststellung, daß der »Weltökonomie« dabei letztlich eine übergeordnete Bedeutung zufällt (»die Weltökonomie kann aus sich leben, der Nationalstaat nicht«), löst das Problem nicht. Denn die Dynamik nationaler Gesellschaften läßt sich nicht nur aus ihrer spezifischen Einbindung in den Weltmarkt begreifen[54]. Die überragende Bedeutung der Nationalstaaten muß auch *Wallerstein* anerkennen. »Staatsapparate beeinflussen die Verteilung der wirtschaftlichen Aufgaben, indem sie in den natürlichen Gang des Weltmarktmechanismus ›eingreifen‹ – um Monopole zu schaffen oder abzuschaffen, Produktionsaktivitäten zu subventionieren oder zu verteuern, die erzeugten Güter zu vernichten oder durch Zölle zu schützen. Daraus folgt, daß die Stärke der Staatsapparate (verstanden als deren Fähigkeit, ihre Politik gegen Widerstand im Innern und Opposition von außen durchzusetzen) eine entscheidende Variable im Prozeß des zyklischen Funktionswandels in der Weltwirtschaft ist[55].« Noch komplexer wird die Sache, wenn nicht nur vom Nationalstaat, sondern vom »Weltstaatensystem« gesprochen wird, mit der Betonung auf »System«. Die Klärung des Verhältnisses von »Weltökonomie« und »Weltstaatensystem«, das für die neueste Geschichte eine geradezu schicksalhafte Rolle spielt, ist, von *Wallerstein* ohne Zweifel angeregt, damit die herausragende Aufgabe für Forschung und Theoriebildung[56].

Daraus ergibt sich der *vierte* Kritikpunkt. Es läßt sich fragen, ob der Zusammenhang von Wirtschaftskrise (Abschwungphase), Umstrukturierung metropolitaner Ökonomien und Expansion mit dem Ziel einer Veränderung von internationaler Arbeitsteilung *und* »Weltstaatensystem« mit Hilfe *Wallersteinscher* Konzepte überhaupt faßbar und erklärbar ist. Die drei letzten Weltwirtschaftskrisen jedenfalls (1873–1895; 1929–1932; seit 1974/75) zeigen in dieser Hinsicht drei völlig unterschiedliche Erscheinungsbilder. Eine Theorie zu entwickeln, die fähig wäre, »nur« diese drei großen Krisen zu erklären und sich dabei nicht auf den lichten Höhen inhaltsleerer Abstraktion bewegt, wird für eine historische Sozialwissenschaft sicherlich eine immerwährende Aufgabe bleiben, aber keineswegs unmöglich sein[57]. Dabei geht es nicht darum, ob und inwieweit *Wallerstein* oder seine Kritiker »recht« haben. Es geht um die Diskussion selbst, die unbedingt erforderlich ist, um Forschung und Theoriebildung neue Perspektiven zu eröffnen. Dazu gehört, daß ein Theorieansatz, der, wie bei *Wallerstein*, der Gefahr des Ökonomismus und einer monistisch-deterministischen Geschichtsphilosophie zu erliegen droht[58], gerade auch aus diesem Grund in Frage gestellt wird. Gottlob ist *Wallerstein* der letzte, der dem »Weltsystem« jene übermächtige Manipulationskraft zubilligt, die es instand setzte, alternativen oder gar systemsprengenden Kräften von vornherein das Wasser abzugraben[59]. Hier trifft sich Geschichtsschreibung, Theoriebildung und praktische Politik.

Wie auch immer es um die Theoriebildung bestellt sein mag, erstaunlich ist, in welchem Maße sich die Zeitgenossen der 20er Jahre, von den Technokraten des Völkerbundes dabei systematisch unterstützt, über die Interdependenz von Weltwirtschaft und Weltpolitik sowie über die Einheit der Weltökonomie im klaren waren.

Kriegsfolgen[60], Nachkriegskonjunktur, Währungsstabilisierung, Reparationen, interalliierte Schulden, Austauschbeziehungen – alles dies erschien ihnen als Teilaspekte einer umfassenden Problematik, die die Weltwirtschaft als Ganzes betraf[61]. Als es aus diesem Grund 1927 zu einer Weltwirtschaftskonferenz kam (Kap. II/4), erklärte ihr Präsident in seiner Eröffnungsrede: »Es ist klar, daß viele, vielleicht die meisten der Punkte, denen wir besondere Aufmerksamkeit zuwenden, mehr oder weniger spezifisch europäisch sind. Aber wir dürfen nicht vergessen, daß wegen der zweifellosen – nein manifesten! – Abhängigkeit der Nationen untereinander jede Situation, jede Maßnahme, welche das wirtschaftliche Leben einer Nation oder einer Gruppe von Nationen berührt – vielleicht wenig, aber immer fühlbar – eine Wirkung in allen anderen Ländern hervorbringt[62].«

Solche Aussagen aber bleiben so lange abstrakt, wie das, was die Weltökonomie in jeder Phase ihrer Entwicklung kennzeichnet, die Dialektik von Vereinheitlichung und Fraktionierung, von Dominanz und Abhängigkeit, nicht genau bezeichnet wird. Die Tendenz zur Vereinheitlichung und Dominanz aber ging während der 20er Jahre eindeutig von den USA aus, die, wie es die Zeitgenossen schon begriffen hatten und nun auch die moderne Forschung erkennt, »politisch wie ökonomisch den Eckstein des internationalen Systems darstellten«[63]. Die amerikanischen Führungsschichten wußten dies ganz genau. Nicht zuletzt die scharfe Rezession von 1921 verstärkte unter den Verantwortlichen in beiden Parteien den Konsens darüber, daß Wohlstand und Prosperität der USA in einer interdependenten Welt von der Errichtung einer funktionsfähigen Weltwirtschaft abhingen[64]. Mehr noch: der Versuch einiger entwickelter europäischer Industrieländer, das fordistische Wachstumsmodell wenigstens in Ansätzen zu übernehmen, bedeutete einen ersten Schritt auf dem Weg zur globalen Vergesellschaftung, die sich aber erst nach dem Zweiten Weltkrieg voll durchsetzte. Unter den Bedingungen der 20er Jahre trug sie dazu bei, die bestehenden Probleme zu verschärfen, da, wie zu zeigen sein wird (Kap. II/2), die USA als dominierende Weltwirtschaftsmacht ihrer Aufgabe als Stabilisator (wie England in der Mitte des 19. Jahrhunderts unter dem Banner des Freihandels) nicht gerecht wurden. Damit gossen sie Öl in das ohnehin schon lodernde Feuer nationalistischer Außen- und Außenwirtschaftspolitik, mit deren Hilfe die Europäer ihrer sich verschlechternden Stellung innerhalb der internationalen Arbeitsteilung gegenzusteuern versuchten, jedes Land auf eigene Faust. Es ist kein Zufall, daß überall gerade jene Sektoren und Branchen, die am meisten vom Krieg profitiert hatten, sich nun zu den entschiedensten Vorkämpfern des Protektionismus mit dem zutiefst unsinnigen Ziel mauserten, die Kriegssituation zu verewigen. Die durch den Krieg ins Pathologische gesteigerten kulturell-ideologischen und ethnischen Gegensätze haben dann die Tendenz zur Abschließung der nationalen Gesellschaften mächtig gefördert.

4. Zum Verhältnis von »Versailler« und »Washingtoner System«

Das Weltstaatensystem, das nach dem Ersten Weltkrieg entstand, verfügte über politisch-strategische Organisationsformen, die nur zum geringen Teil mit denen der Weltökonomie übereinstimmten. Hier ist sicherlich eine der Ursachen für die wachsende Instabilität des Weltsystems zu suchen. Dies gilt vor allem für die wichtigste der »Friedensordnungen«, das »Versailler System«, wie es aus den Vorortverträgen hervorgegangen und durch das französische Bündnissystem (»Kleine Entente«) ergänzt worden war. Es war ganz auf die Sicherheitsinteressen eines Landes zugeschnitten, Frankreich. Damit fiel dieser Macht aber auch die Aufgabe zu, den nun bestehenden Status quo zu erhalten, wenn möglich zu konsolidieren. Dazu besaß sie zwar militärische, aber kaum ökonomische Mittel, was ihre Position in dem Augenblick schwächen mußte, da dem ökonomischen Wiederaufbau als Grundlage der Stabilität entscheidende Bedeutung zufiel und die Initiative hierbei auf die USA überging. Das »Washingtoner System« dagegen, das aus den Verträgen der Washingtoner Konferenz von 1921/22 vor allem zwischen den USA, England, Frankreich, Italien, Japan und China (je nach Vertrag mit unterschiedlicher Kombination der Unterzeichner) hervorgegangen war (Kap. IV/1), versuchte, im südostasiatischen Raum eine neue Stabilität dadurch zu erreichen, daß militärisch-strategisches Gleichgewicht mit einer Neuordnung der Handelsbeziehungen gekoppelt wurde: Das eine sollte das andere stützen.

Über beide Systeme gibt es eine ins Unermeßliche angeschwollene Literatur. Es ist nicht die Absicht dieser Untersuchung, über jedes der beiden Systeme neue Detailkenntnisse beizusteuern. Vielmehr geht es ihr darum, den Akzent auf drei Problembereiche zu legen, die bislang nicht genügend berücksichtigt wurden, freilich auch hier nur umrißhaft skizziert werden können:

Erstens: Für die Erkenntnis dessen, was das Weltstaatensystem der 20er Jahre charakterisiert hat, ist es unerläßlich, die Zusammenhänge, die zwischen beiden Systemen bestanden, deutlicher herauszuarbeiten, als es bislang geschehen ist. Tatsächlich waren alle Auseinandersetzungen in Südostasien, insbesondere im Machtdreieck USA–Japan–China, für die europäischen Länder von größter Bedeutung[65]. Dieser Sachverhalt ist auch für das Land, das aus naheliegenden Gründen am stärksten betroffen war, England, immer wieder beschrieben worden[66]: Da England trotz aller Interessengegensätze die Unterstützung der USA in Europa gegen den Hegemonieanspruch Frankreichs brauchte und suchte, war es im Fernen Osten gezwungen, seine Politik eng mit den USA abzustimmen, was schließlich darauf hinauslief, die Führung den USA zu überlassen. Das wiederum barg die Gefahr einer Entfremdung von Japan in sich: In der Hoffnung auf ein Funktionieren des »Washingtoner Systems« hatte England unter dem Druck der USA seinen Bündnisvertrag mit Japan von 1902 gekündigt. In dem Maße aber, wie es als Stützungsmacht des »Washingtoner Systems« in die Auseinandersetzungen im Fernen Osten hineingezogen wurde, war es unmöglich, sich ungestört Europa zu widmen. Englands Bindung an die Dominions gestattete es in keinem Augenblick, sich aus den südostasiatischen Machtkämpfen herauszuhalten, ganz abgesehen von den traditionell starken wirtschaftlichen und finanziellen Interessen, die es gegen die wachsenden Ambitionen der USA und Japans zu verteidigen galt.

Zweitens: Die Tatsache, daß die USA »politisch wie ökonomisch den Eckstein des internationalen Systems darstellten«, resultierte im wesentlichen daraus, daß sie für die Funktionsfähigkeit beider Systeme *die* entscheidende Rolle gespielt haben. Eine der folgenschwersten politischen Auswirkungen der Weltwirtschaftskrise bestand darin, dieser Rolle der USA den ökonomischen Boden entzogen zu haben, was den Zerfallsprozeß beider Systeme Anfang der 30er Jahre erheblich beschleunigt hat. Erst eine derartige Gesamtschau ermöglicht eine angemessene Beurteilung der außerordentlichen politischen und nicht nur ökonomischen Machtstellung der USA während der 20er Jahre.

Im übrigen war die Eroberung einer Dominanzposition in beiden Systemen die unerläßliche Voraussetzung für die Erreichung eines langfristigen Ziels: das Herausdrängen Englands aus seinen tradierten weltwirtschaftlichen und weltpolitischen Stellungen, um auf diese Weise den eigenen Hegemonialanspruch zu untermauern, nicht zuletzt auch in anderen Regionen der Welt wie Lateinamerika[67]. Schließlich fällt auf, daß sich die USA zur Durchsetzung ihrer Führung in beiden Systemen (wie nach dem Zweiten Weltkrieg) auf privilegierte Partner stützten: Deutschland in Europa, Japan in Südostasien. Dazu gehörte auch der Versuch, die inneren Machtverhältnisse in beiden Ländern zu beeinflussen. Daraus ergibt sich eine der Hauptthesen dieser Untersuchung: Da die USA in beiden Systemen eine entscheidende Stabilisierungsfunktion übernommen hatten, fungierten sie im Hinblick auf das Weltstaatensystem als regelrechte »Scharnier-Macht«. Während der 20er Jahre waren sie die einzige wirkliche Weltmacht. Das Interpretationsproblem liegt mithin nicht in der ohnehin sterilen Debatte über »Isolationismus« und »Interventionismus«[68], sondern in der Frage, ob, und wenn ja, inwieweit und aus welchen Gründen eine Diskrepanz herrschte zwischen Machtanspruch und Machtausübung. Mit anderen Worten: Standen die USA in der Tagespolitik auf der Höhe ihrer Verantwortung? Entfalteten sie über die Erreichung kurzfristiger ökonomischer Vorteile hinaus eine langfristige Perspektive? Waren sie überhaupt dazu bereit?

Drittens: Aus dem Gesagten ergibt sich, daß ein Phänomen, das sich bei näherem Zusehen geradezu aufdrängt, bislang kaum Beachtung gefunden hat: daß beide Systeme eine erstaunliche Parallelität in ihrer Entwicklung aufweisen. Beide durchliefen drei Phasen, die zeitlich fast identisch sind: eine schwierige Inkubation bis 1923/24, wobei die USA in Südostasien eine viel aktivere politisch-strategische Rolle spielten als in Europa; eine Phase der sog. »Stabilisierung« bis zum Ausbruch der Weltwirtschaftskrise sowie schließlich eine Phase des schrittweisen Zerfalls seit 1930/31, in deren Verlauf sich die zunächst privilegierten Partner in die schärfsten Gegner der USA verwandelten. Es liegt auf der Hand, daß diese Parallelität nur erklärbar ist, wenn es gelingt, Weltökonomie und Weltstaatensystem in ihrer wechselseitigen Dynamik als Einheit zu betrachten.

II. Fehlentwicklungen der kapitalistischen Weltökonomie 1924–1929

1. Die Illusion des Gold(devisen)standards

Von Anfang an standen die Bemühungen um eine Rekonstruktion der Weltwirtschaft unter dem Zeichen eines doppelten, verhängnisvollen Fehlurteils, das freilich nur die Bewußtseins- und Interessenlage der herrschenden Schichten in Politik und Wirtschaft widerspiegelte. Zum einen ging es um eine Rekonstruktion im engsten Wortsinn: Wiederaufbau der Verhältnisse, wie sie vor dem Krieg bestanden hatten. Der Krieg sollte ungeschehen gemacht werden. Daran orientierten sich Kriterien und Zielvorstellungen, die allen wirtschafts- und währungspolitischen Maßnahmen zugrunde lagen, wobei, wie so oft in der Geschichte, das Vorbild idealisiert wurde. Denn schon vor 1914 zeigten sich Krisenerscheinungen (die Depression 1913/14) und Veränderungen der internationalen Arbeitsteilung, die der Krieg nur verschärft hat. Damit verstellte man sich die Möglichkeit, die sich im Fluß befindlichen, z. T. einschneidenden Veränderungen auch nur wahrzunehmen[1]. Erst Ende der 20er Jahre brach sich die Erkenntnis Bahn, daß die durch den Krieg verursachten weltwirtschaftlichen Verwerfungen viel tiefgreifender waren als die materiellen Zerstörungen[2], auf deren Beseitigung sich alle Energien konzentrierten.

Zum anderen veranlaßten die Folgen des Krieges die nationalen Regierungen, die innergesellschaftlichen Kosten externer Stabilität viel genauer zu berücksichtigen, als dies vor 1914 der Fall und auch erforderlich gewesen war[3]. In der Praxis bedeutete dies, daß die Suche nach einem externen Gleichgewicht einer Fülle nationalstaatlicher Beschränkungen (Handel, Kapitalverkehr, Mobilität der Arbeitskraft usw.) unterworfen wurde. Das hieß in der Konsequenz, daß es zu einer Rekonstruktion der Weltwirtschaft als einem die nationalen Ökonomien übergreifenden System von vornherein nicht kommen konnte.

Im Unterschied zur Zeit nach dem Zweiten Weltkrieg, als die USA, natürlich auch aus Gründen des Eigeninteresses, die Weltwirtschaft mit Hilfe eines internationalen Währungssystems auf der Basis fester Wechselkurse, der Konvertibilität und des Dollars als Leitwährung (»Bretton Woods«) sowie eines institutionell abgesicherten Freihandels (»GATT«) wiederaufbauten, geschah nach dem Ersten Weltkrieg nichts dergleichen. Nicht zufällig war die Vorstellung, alles Heil von einer Rückkehr zu den Vorkriegszuständen zu erwarten, nirgends so ausgeprägt wie auf dem Gebiet der Währung. Alle Welt vertrat mit geradezu dogmatischer Verbissenheit, ja Blindwütigkeit die Meinung, die heiß ersehnte »Normalität« sei nur über die Wiederherstellung des Goldstandards möglich. Unerschüttert war der aus der klassischen Lehre abgeleitete Glaube, daß nur auf diese Weise interne wie externe »Gleichgewichtsstörungen« und ökonomische Fehlentwicklungen durch »automatische« Anpassungsprozesse korrigiert werden könnten[4]. Das war auch kein Wunder, denn damals (wie heute wieder) gehörte Geldwertstabilität zum innersten Kern bürgerlich-ökonomischer Tugenden und erschien zugleich als beste Garantie für die Verteidigung unternehmerischer Interessen. Aber der Preis, der dafür zu zahlen war, ließ nicht auf sich warten. Wer auf so ausschließliche Weise der Verwirklichung währungspolitischer Ideale (und damit finanzpolitischer Interessen) Vorrang vor anderen Problemen der Wirtschafts- und Sozialpolitik einräumt, mißachtet die Kosten dieser Politik und läuft Gefahr, damit das Gegenteil von dem zu erreichen, was angestrebt wird: Instabilität. So läßt sich an der Währungspolitik der 20er Jahre schon das Dilemma demonstrieren, das die ökonomische Rekonstruktion insgesamt kennzeichnete.

In Wahrheit bestand keine einzige der Bedingungen mehr, die das Funktionieren des Goldstandards vor 1914 ermöglicht hatten[5]. Die Inflation der Nachkriegszeit hat die Preise für Waren schneller steigen lassen als für Gold[6]. Das war einer der Gründe, warum die Goldproduktion zeitweilig erheblich zurückging. Außerdem war das Gold viel ungleichmäßiger verteilt als vor 1914. Wie sehr sich die Lage verändert hatte, zeigt allein die Tatsache, daß die USA bereits 1920 über die Hälfte der Weltgoldbestände verfügten. Vor allem aber ist der Goldstandard, wie es A. *Predöhl* treffend formuliert hat, eine »Schönwetterwährung«[7]. Sie setzt freien Wettbewerb auf den Märkten, das ungebrochene Spiel von Angebot und Nachfrage wie das Gleichgewicht der Zahlungsbilanzen voraus. Sie verlangt, daß die Zentralnotenbanken auf eine selbständige Kreditpolitik verzichten, da sich die Kreditgewährung ausschließlich nach dem Niveau der Goldvorräte zu richten hat. Hinzu kommt, daß es vor 1914, im Gegensatz zu den 20er Jahren, keine ernsthaften Konflikte zwischen binnen- und außenwirtschaftlichen Erfordernissen gegeben hat. Das ging nicht zuletzt auf das Konto der Londoner City, die die Rolle eines starken Finanzzentrums der Welt dank der Stellung des Pfund Sterling als Weltleitwährung ebenso flexibel wie wirksam zu spielen verstand.

Diese Rolle hätten nun die USA übernehmen müssen, da sie durch den Krieg von einem Schuldner- zum mächtigsten Gläubigerland innerhalb der kapitalistischen Weltökonomie aufgestiegen waren[8]. Sie haben zwar die ganzen 20er Jahre hindurch alle Anstrengungen unternommen, um England aus seiner traditionellen Stellung als Weltfinanzzentrum zu verdrängen, waren aber außerstande, die Funktion der Londoner City als Regulativ von Weltwährung und damit Weltwirtschaft zu übernehmen. Der Sündenfall fand 1919 statt, als die USA als erstes Land zum Goldstandard zurückkehrten und nun alle verfügbaren Hebel in Bewegung setzten, um möglichst viele Länder zu diesem Schritt zu bewegen, von dem ohne Zweifel die Zukunft der eigenen Währung abhing. Die USA erwarteten davon eine Verminderung des Golddrucks, der die Gefahr inflationärer Tendenzen auf dem Binnenmarkt beschwor, vor allem aber eine noch bessere Ausgangsposition im Kampf um die Vorherrschaft innerhalb des Weltwährungssystems. Während die USA kaum Schwierigkeiten mit der Einführung des vollen Goldstandards hatten, war das bei der großen Mehrzahl der anderen, in der Regel hochverschuldeten Ländern nicht der Fall: Für viele war die Rückkehr zu den alten Paritäten ausgeschlossen. Die Tatsache nun, daß eine Reihe unter ihnen als Ausweg auf eine Variante des Vorkriegssystems, den Gold*devisen*standard, zurückgriff, änderte nichts daran, daß das amerikanische Beispiel weiter als nachahmenswert galt. Dementsprechend verpflichteten sich auf der internationalen Expertenkonferenz in Genua 1922, auf der die Einführung des Golddevisenstandards beschlossen wurde, alle Teilnehmer, so schnell wie möglich zum Goldstandard zurückzukehren. Dieser Beschluß hat, so lautet das (wenigstens in diesem Punkt) weitgehend übereinstimmende Urteil in der Literatur[9], während der 20er Jahre entscheidend zur Destabilisierung der Weltwirtschaft, dann, während der Weltwirtschaftskrise, zum endgültigen Zusammenbruch dessen, was von der Weltwährung noch übrig war, beigetragen.

Über die Gründe, die zu diesem katastrophalen Ergebnis führten, waren sich schon viele Zeitgenossen, an ihrer Spitze die Experten des Völkerbundes[10], im wesentlichen einig. Diese Einigkeit in der kritischen bis vernichtenden Bewertung des neuen Währungssystems steht in merkwürdigem Kontrast zur Selbstgewißheit, ja Selbstgefälligkeit der Akteure, die sie zumindest nach außen vertraten. Leider fehlt eine vergleichende *sozial*historische Untersuchung über die Art und Weise, wie die Entscheidungen, vor allem im Hinblick auf die Festsetzung der neuen Paritäten, zustande gekommen sind. Das Scheitern des Weltwährungssystems läßt sich, grosso modo, auf vier, eng miteinander verbundene Ursachenkomplexe zurückführen.

Erstens: Der Golddevisenstandard entpuppte sich insofern eher als »eine Quelle der Schwäche als der Stärke«[11], weil der Umstand, daß nun an Stelle von Gold die Devisenbestände in Schlüsselwährungen (Dollar, Pfund Sterling) als Grundlage der Konvertibilität dienten (um der Goldknappheit entgegenzuwirken), naturgemäß zur Folge hatte, daß die Devisenanteile an den Zentralbankreserven erheblich zunahmen. Dadurch aber wurden, da es sich zumeist um kurzfristige Forderungen handelte, die zentralen Geldmärkte unter Druck gesetzt. Bei Änderung der Zinssätze, aus welchen Gründen auch immer, geschah es dann, daß große Beträge zwischen New York, London und, seit 1927/28, auch Paris hin und her geschoben wurden. Schließlich machte man von der Möglichkeit, Devisenreserven in Gold zu konvertieren, nach den Währungsstabilisierungen auch Gebrauch, was die Pression auf die Hauptzentren New York und London weiter verstärkte. Darunter litt London wegen seiner geringen Goldbestände und hohen Verbindlichkeiten mehr als New York, was das Pfund Sterling weiter schwächte und die Verantwortung für das Funktionieren des Währungssystems mehr und mehr nach New York verlegte, das sich dieser Aufgabe aber immer weniger gewachsen zeigte.

Zweitens: Erhebliche, ja unüberwindliche Probleme ergaben sich aus der Art und Weise, wie die Stabilisierung der Währungen von den einzelnen Ländern durchgeführt wurde. Erst 1928 war dieser Prozeß (mit Ausnahme Japans) weitgehend abgeschlossen, sei es als Rückkehr zum reinen Goldstandard (USA, Schweden, Niederlande, einige lateinamerikanische Länder), sei es in Form des Golddevisenstandards. Das Schlimme, aber Naheliegende war nun, daß jedes Land diesen Vorgang unter ausschließlicher Berücksichtigung nationaler Interessen vollzog. Absprachen oder wenigstens Abstimmung gab es nicht. Währungsstabilisierung galt geradezu als Symbol nationaler Souveränität[12], auch wenn es sich tatsächlich in den meisten Fällen um eine Fiktion handelte. Das galt insbesondere für die entscheidende, die gesamte Wirtschaft des Landes betreffende Frage nach der Höhe des Stabilisierungsniveaus. Kein Wunder, wenn die Festsetzung der Wechselkurse (Paritäten) eher auf innenpolitische als auf währungstechnische Erfordernisse Rücksicht nahm[13]. So entstand eine Situation, die man kaum anders als chaotisch nennen kann. Die einen kehrten zur Vorkriegsparität zurück (USA, England und die Dominions, Schweiz, die skandinavischen Länder, schließlich 1930 Japan). Andere mußten, als Folge völlig zerrütteter Währungen, neue Geldeinheiten schaffen (Deutschland, Sowjetunion, Österreich, Ungarn, Polen). Die Mehrheit der Länder stabilisierte nach einer Abwertung, die in Mittel- und Osteuropa am radikalsten ausfiel. Niemand fragte, ob die neuen Wechselkurse mit Kosten und Preisen übereinstimmten. So kam es, daß einige Währungen unterbewertet (z. B. der französische Franc vor der Stabilisierung), andere überbewertet waren (das Pfund Sterling)[14]. Damit entstand ein Nährboden, der Spekulation, hektische Kapitalbewegungen und Unterschiede in der Entwicklung von Weltmarktpreisen begünstigte. Die Fülle ungelöster wirtschaftlicher Probleme sowie die tiefe Kluft, die zwischen Gläubiger- und Schuldnerländern bestand, überforderten von Anbeginn den Goldstandard. Er war damit außerstande, den von ihm erwarteten Beitrag zur Gesundung der Weltwirtschaft, insbesondere zur Expansion des Welthandels, zu leisten.

Drittens: Nicht minder gravierend waren die binnenwirtschaftlichen und innergesellschaftlichen Auswirkungen dieser Art von wildwüchsiger Währungsstabilisierung. Früher wurden Goldzu- bzw. -abflüsse dafür verwendet, mit Ungleichgewichten der Zahlungsbilanz fertig zu werden. Jetzt aber waren die Zentralbanken (vor allem in den USA und in Frankreich) gezwungen, die Wirtschaft vor unkalkulierbaren Geldbewegungen zu schützen. So wurden Goldzuflüsse durch den Erwerb von Devisen neutralisiert. Dadurch, daß sich Goldüberschuß- und Defizitländer nicht annäherten, kam es zu einer außerordentlich ungleichen Verteilung der monetären Reserven in der Welt: Ende der 20er Jahre verfügten allein die USA, Frankreich und die europäischen Neutralen über rd. zwei Drittel dieser Reserven. Es war schon ziemlich absurd: Gold floß in Länder wie die USA, die es nicht brauchten, während andere, wie England, viel zu wenig für die Deckung ihrer Verbindlichkeiten hatten, was die Zahlungsbilanzen belasten mußte. Vor allem aber wurden überall die Binnenwirtschaften gezwungen, sich den unrealistischen Wechselkursen anzupassen. Im Fall der überbewerteten Währungen hieß das, Kosten und Preise zu senken, was, wie in England, aber auch in anderen Ländern, kaum möglich war, weil damit noch mehr Arbeitslosigkeit hingenommen werden mußte und Löhne und Preise ohnehin keinen Spielraum mehr zuließen. Die Währungsstabilisierungen haben mithin entscheidend dazu beigetragen, den notwendigen wirtschaftlichen Strukturwandel zu erschweren.

Noch ungenügend ist der damit verbundene innergesellschaftliche Herrschaftsaspekt untersucht. Inwieweit verfolgte diese Art von Währungsstabilisierung nicht nur den Zweck, die Stellung der eigenen Ökonomie in der internationalen Arbeitsteilung zu verbessern, sondern auch Lasten zu exportieren als Ventil für soziale Konflikte[15]? In Wirklichkeit aber wurde, jedenfalls in Europa, in der Regel das Gegenteil erreicht. Das Problem läßt sich am besten am Fall England beschreiben. In der Literatur zweifelt kaum jemand daran, daß die 1925 vollzogene Rückkehr zur Vorkriegsparität angesichts der allgemeinen Abkehr vom Freihandel ein »Atavismus«[16] war und alle bereits vorhandenen Strukturdefekte der Wirtschaft sowie die Dauerschwäche der Konjunktur weiter verschlimmert hat. Damit erhält *Keynes,* der gegen diese von *Churchill,* dem Schatzkanzler der konservativen Regierung, verwirklichte Politik als einsamer Rufer in der Wüste eine leidenschaftliche Polemik durchfocht[17], im nachhinein recht. Tatsächlich handelte es sich um eine Prestigepolitik, deren Hauptmotiv darin bestand, der Londoner City als Weltfinanzzentrum neuen Aufschwung zu geben. Freilich muß man zugeben, daß die von Jahr zu Jahr nachlassende Wirtschaftskraft dazu zwang, auf diese Weise eine wichtige Quelle des Reichtums weiter fließen zu lassen. Dazu war es nötig, Vertrauen in diesen Finanzplatz zu schaffen.

Aber die Wiederherstellung des alten Wertes der Währung im Interesse der internationalen Handels- und Finanzgeschäfte Englands kostete einen hohen Preis: eine deflationistische Politik auf dem Rücken der breiten Massen. Der Teufelskreis war komplett. Unter dem hohen Pfundkurs litt die Konkurrenzfähigkeit der Industrieprodukte auf dem Weltmarkt. Die Exporte gingen zurück, während die Importe, wiederum zu Lasten der einheimischen Industrie, anstiegen. Zugleich schrumpfte die Nachfrage, so daß die Unternehmer für die Modernisierung des Produktionsapparates nicht genug investierten. Das Wachstum verlangsamte sich und verursachte eine strukturelle Arbeitslosigkeit, die bereits vor Ausbruch der Weltwirtschaftskrise bei 10 % lag[18]. Unter diesen Bedingungen mußten sich die sozialen Konflikte verschärfen, was sich im Generalstreik von 1926 zeigte. In dieser Situation machte die Regierung gemeinsame Sache mit den Unternehmern, eine Front, gegen die die Gewerkschaften keine Chance hatten. Insofern ist die These berechtigt, daß die Währungsstabilisierung in England wie auch anderswo eine wichtige Voraussetzung für die »konservative Offensive« in der Mitte der 20er Jahre darstellte. Dennoch erklärte der Gouverneur der Bank von England, Sir Montagu *Norman*: »Ich denke, daß die Nachteile, die die Rückkehr zur Vorkriegsparität für die innere Situation des Landes mit sich bringt, relativ schwach sind im Vergleich zu den Vorteilen, die sie für die äußere Situation bedeutet[19].«

Viertens: Schließlich lag eine entscheidende Schwäche des internationalen Währungssystems (das freilich wenig von einem »System« an sich hatte) darin, daß Währungsprobleme und Währungspolitik integraler Bestandteil der außenwirtschaftlichen, vor allem aber außenpolitischen Machtkämpfe war. Eine Reihe von Schwierigkeiten, wie sie genannt wurden, hätten bewältigt werden können, wenn die Zusammenarbeit der wichtigsten Zentralbanken besser oder überhaupt funktioniert hätte. Aber eine komplexe Mischung aus politischen, währungstechnischen und persönlichen Faktoren verhinderte eine kontinuierliche Koordination. Es lag in der Natur der Währungsstabilisierungen, daß die Zentralbanken in erster Linie *nicht* ein optimales Funktionieren des internationalen Währungssystems im Auge hatten, sondern die Bewältigung binnenwirtschaftlicher Probleme, vornehmlich im Bereich der Geldpolitik. In dem Maße, in dem sich diese verschärften, verengte sich ihr Handlungsspielraum zusehends[20]. Daran konnte auch die Tatsache nichts ändern, daß sie von mächtigen und eigenwilligen Gouverneuren geleitet wurden: *Strong* (USA) bis zu seinem Tod im Oktober 1928; *Norman* und *Moreau* (Frankreich)[21]. Zu diesem Trio gesellte sich *Schacht* als Präsident der Reichsbank, der, nicht ohne Erfolg, versuchte, aus der wachsenden Rivalität der drei tonangebenden Zentralbanken Vorteile für Deutschland herauszuschlagen.

Was sich im Hinblick auf diese Rivalitäten abspielte, warf nicht nur ein bezeichnendes Licht auf die Zustände des Währungssystems, sondern der internationalen Lage insgesamt. Der Kampf zwischen New York und London um die währungspolitische Hegemonie, der trotz häufiger Kontakte der Gouverneure immer wieder durchbrach[22], verhinderte keineswegs, daß beide in bestimmten Situationen gemeinsam Front gegen die Bank von Frankreich machten. Nicht umsonst fürchteten die Franzosen, von den Angelsachsen ins zweite Glied gedrängt zu werden. Im Zusammenhang mit der Regelung der deutschen Reparationen glaubten sie, von ihren ehemaligen Verbündeten schlicht betrogen worden zu sein. So war es kein Wunder, wenn Paris, das nach der Franc-Stabilisierung zum drittmächtigsten Finanzzentrum der Welt aufgestiegen war, nun seinerseits alles daransetzte, die währungspolitische Dominanzposition der Angelsachsen zu beenden. Tatsächlich war die Bank von Frankreich, wie zu zeigen sein wird, durch die Liquidierung ihrer erheblichen Sterling-Guthaben 1931 entscheidend an der Erschütterung der britischen Währung, ihrer Abwertung und damit am Ende des Goldstandards beteiligt.

Von dem erbitterten Konkurrenzkampf zwischen der französischen und englischen Zentralbank hat Emile *Moreau* in seinen Erinnerungen ein lebendiges, wohl kaum übertriebenes Bild gezeichnet[23]. *Moreau* gibt offen zu, daß er seinen Kollegen *Norman* nicht leiden konnte. Er wirft ihm vor, zu eng mit Reichsbankpräsident *Schacht* zusammengearbeitet zu haben. Mehrfach nennt er ihn einen »Imperialisten«, der nichts anderes im Sinn habe, als mit Hilfe des Pfund Sterling Englands Einfluß im Welthandel, aber auch im Finanzkomitee des Völkerbundes (und von hier aus auf die nationalen Währungen), mit allen verfügbaren Mitteln zu verstärken. Er findet ihn »kompliziert«, »mysteriös«, undurchsichtig. Er kritisiert *Normans* tiefen Pessimismus im Hinblick auf die ökonomische und finanzielle Lage Europas. Freimütig bekennt *Moreau*, daß sein Ziel, den Goldstandard in Frankreich zu verteidigen, zwangsläufig dazu führen muß, ihn in England zu bedrohen[24].

Die Erinnerungen zeigen auch, daß die Auseinandersetzungen immer dann an Schärfe gewannen, wenn es um die Sicherung bzw. Ausdehnung des finanziellen und damit politischen Einflusses beider Länder in Ost- und Südosteuropa ging. Hier, so sieht es aus, rührte man ans »Eingemachte«. Der Versuch, den Balkan in zwei finanzielle Einflußzonen aufzuteilen, scheiterte. Anläßlich der Stabilisierung der rumänischen Währung prallten die gegensätzlichen Interessen besonders hart aufeinander, wobei New York in diesem Fall London Schützenhilfe leistete, so daß sich die Bank von Frankreich bei einem der wichtigsten Verbündeten nur mit Mühe durchsetzen konnte. In der Regel aber sprengte Paris, seitdem es wieder ein starkes Finanzzentrum geworden war, die gemeinsame Front zwischen den Angelsachsen, wenn sie einmal zustande kam. Erst 1936, als es viel zu spät war, wurden, auch dann nur ansatzweise, gewisse Formen einer Zusammenarbeit zwischen den drei Zentralbanken festgelegt[25].

So war klar, daß, wie *Keynes* es frühzeitig anprangerte[26], kein Land eine Politik verfolgte, die mit den im Goldstandard vorgegebenen Regeln vereinbar war[27]. Die ökonomische Realität erlaubte es nicht; die politische schon gar nicht. Für ein »Schönwetter-Währungssystem« waren die Zeiten wahrlich nicht geschaffen. Die Vorstellung, es könnte die vielen Ungleichgewichte zu überwinden helfen, erwies sich, wie so oft, als irrig. Im Gegenteil: Der mangelhaft praktizierte Goldstandard trug seinerseits dazu bei, die schon bestehenden Probleme weiter zu verschlimmern. Schließlich offenbarte das internationale Währungssystem in dem Augenblick seine Schwächen, ja seine Inexistenz, als es am meisten gebraucht wurde. Denn gerade während der sog. »Stabilisierungsphase«, als ein wachsender Kreislauf von Transfer- und Kapitalströmen durch Reparationen, Schuldenzahlungen, Anleihen und Direktinvestitionen die weltweite wirtschaftliche Interdependenz verstärkte, wurde damit auch die Verwundbarkeit der nationalen Ökonomien erhöht.

Weil all das bereits vor 1929 geschah, verwundert es nicht, wenn die Währungs- und Geldpolitik zu den Faktoren gehört, die die Große Krise mit auslösten. Ihr prominentestes Opfer war dann auch, konsequenterweise, der Goldstandard. Unter seiner Ägide gab es keine Chance, mit der Krise fertig zu werden. Alle Länder, auch die, die noch eine Weile an der Illusion des Goldstandards festhielten wie Frankreich, mußten diese Erfahrung machen. Niemand hat die Bilanz so anschaulich und treffend gezogen wie *Aldcroft:* »Wie ein feucht gewordener Knallfrosch, der nochmals angezündet wird, spuckte er [der Goldstandard] eine Weile und verzischte dann.«[28]

2. Die weltwirtschaftliche Dominanzposition der USA und ihre Folgen

Für *Wallerstein* sind Entwicklungen innerhalb der kapitalistischen Weltökonomie nicht auf politische Entscheidungen einzelner und sei es hegemonialer Staaten zurückzuführen. »Es ist einfach eine Tatsache, daß ein einzelner Staatsapparat weder das zwischenstaatliche System noch die Weltökonomie umwandeln kann, und daß es nicht so einfach ist, den Rest der Welt als unwesentlich zur Seite zu schieben[29].« Für die 20er Jahre trifft diese Behauptung allerdings nur in eingeschränktem Maße zu. Denn das weltwirtschaftliche Gewicht, das die USA nach dem Ersten Weltkrieg verkörperten, kann kaum überschätzt werden. Wie gezeigt, erlaubte ihnen die Stellung als wichtigste Gläubigermacht der Welt, den Gold(devisen)standard als jenes Währungssystem durchsetzen zu helfen, von dem sie glaubten, daß es die beste Voraussetzung dafür sei, den Dollar in die Position einer Weltleitwährung zu lancieren. Der Druck, der in dieser Hinsicht von den USA ausgeübt wurde, hat bei der Stabilisierung der Währungen eine große Rolle gespielt. Dies wäre aber kaum möglich gewesen, wenn nicht eine entscheidende Veränderung innerhalb der amerikanischen Wirtschaft stattgefunden hätte, die bereits auf die Zeit vor 1914 zurückging, während des Weltkriegs aber ihren säkularen Durchbruch erlebte: die geradezu explosionsartige Entfaltung der Produktivkräfte innerhalb eines Wachstumsmodells, das nun zugleich (und zwar mit Abstand) die entwickeltste Form der kapitalistischen Produktionsweise überhaupt darstellte. Die Konsolidierung dieses Wachstumsmodells, vor allem durch seine Anpassung an die Erfordernisse der Nachkriegszeit, verlangte gebieterisch, daß den USA bei der Rekonstruktion nicht nur der Weltwährung, sondern auch der Weltwirtschaft aus ureigenstem Interesse die Führung zufiel.

Im Vergleich zur Zeit nach dem Zweiten Weltkrieg gibt es freilich zwei entscheidende Unterschiede: einmal die Tatsache, daß das Engagement der USA (in Europa mehr als im Fernen Osten) wesentlich ökonomischer und nicht unmittelbar politischer Natur war. Das stellte nicht unbedingt einen Nachteil dar, da sich die USA gerade wegen ihrer ökonomischen Stärke eine gewisse politische Zurückhaltung auferlegen konnten[30]. Im übrigen kam militärisch-strategischen Erwägungen auch nicht in Ansätzen die Bedeutung zu wie unter den Bedingungen der Supermacht-Konfrontation nach dem Zweiten Weltkrieg. In einer Welt, in der es um wirtschaftlichen Wiederaufbau ging, war ökonomischer mit politischem Einfluß weitgehend identisch. Zum anderen blieb das, was man nun das »fordistische« Wachstumsmodell nennen sollte, im wesentlichen auf die USA beschränkt. Andere kapitalistische Ökonomien, wie insbesondere Deutschland, versuchten zwar, es zu imitieren. Aber der Erfolg blieb begrenzt und hatte darüber hinaus eher kontraproduktive Wirkungen, da er nicht selten dazu beitrug, die bestehenden Ungleichgewichte in den nationalen Ökonomien zu verschärfen. Während im Verlauf der 60er Jahre das nach dem Zweiten Weltkrieg vorhandene enorme Entwicklungsgefälle zwischen der amerikanischen und allen anderen entwickelten kapitalistischen Ökonomien schrittweise verringert werden konnte, geschah in den 20er Jahren nichts dergleichen. Der in der Literatur nicht mit dem nötigen Nachdruck gestellten Frage, welche Folgen dieser Tatbestand für die Rekonstruktion der Weltwirtschaft hatte, soll im folgenden, wenngleich nur umrißhaft, nachgegangen werden.

Was das wirtschaftliche Machtpotential der USA während der 20er Jahre betrifft, über das sich die Zeitgenossen innerhalb wie außerhalb der Vereinigten Staaten völlig im klaren waren, so sprechen alle Zahlen eine eindrucksvolle Sprache[31]. Die USA verfügten nicht nur, wie es treffend formuliert wurde, über das »weltwirtschaftliche Betriebskapital«[32], sie waren nicht nur der wichtigste »Weltbankier« und lösten damit in dieser Funktion die Europäer ab[33], sondern sie waren endgültig zur führenden Industrie- und Handelsmacht der Welt aufgestiegen (Tab. 1 und 2). Die jährlichen Indizes der Industrieproduktion (Tab. 3) zeigen, daß die USA während der 20er Jahre immer über dem Weltdurchschnitt lagen und dabei insbesondere die führenden europäischen Industrieländer Deutschland, England und Frankreich weit hinter sich ließen. Nur das faschistische Italien und die mit Macht neu industrialisierenden Länder der Peripherie wie Japan und die Sowjetunion (seit dem ersten Plan 1929/30) erreichten bessere Werte. Auch die Wachstumsraten der industriellen Produktion (Tab. 4) belegen für die 20er Jahre die Dynamik der amerikanischen Unternehmen. Seit 1923 waren die USA das wichtigste Export- und das zweitwichtigste Importland der Welt[34].

Das außerordentliche Gewicht der amerikanischen Ökonomie in

Tab. 1:
Anteil an der Weltindustrieproduktion (in %)
(1870; 1913; 1926/29; 1936/38)

Jahr	D	GB	F	USA	Rußland (SU)	Japan
1870	13,2	31,8	10,3	23,3	3,7	—
1913	15,7	14,0	6,4	35,8	5,5	1,2
[1913[1]]	14,3	14,1	7,0	—	4,4	—
1926/29	11,6	9,4	6,6	42,2	4,3	2,5
1936/38	10,7	9,2	4,5	32,2	18,5	3,5

[1] in den nach 1918 etablierten Grenzen.

Quelle: Société des Nations Hg., Industrialisation et Commerce extérieur, Genf 1945, Tab. 1, 14; auszugsweise zit. von W. Fischer, in: Mommsen u. a. Hg., 27f.

Tab. 2:
Anteil am Weltexport (in %)

	1913	1927–29
USA	13,3	15,7
D	13,2	9,1
GB	13,9	11,0
F	7,2	6,5

Quelle: Petzina u. Abelshauser, in: Mommsen u. a. Hg., 70.

Tab. 3:
Jährliche Indizes der industriellen Produktion (1920–1931)
(1913 = 100)

Jahr	Welt	USA	D	GB	F	SU	Ital.	Jap.
1920	93,2	122,2	59,0	92,6	70,4	12,8	95,2	176,0
1921	81,1	98,0	74,7	55,1	61,4	23,3	98,4	167,1

Jahr	Welt	USA	D	GB	F	SU	Ital.	Jap.
1922	99,5	125,8	81,8	73,5	87,8	28,9	108,1	197,9
1923	104,5	141,4	55,4	79,1	95,2	35,4	119,3	206,4
1924	111,0	133,2	81,8	87,8	117,9	47,5	140,7	223,3
1925	120,7	148,0	94,9	86,3	114,3	70,2	156,8	221,8
1926	126,5	156,1	90,9	78,8	129,8	100,3	162,8	264,9
1927	134,5	154,5	122,1	96,0	115,6	114,5	161,2	270,0
1928	141,8	162,8	118,3	95,1	134,4	143,5	175,2	300,2
1929	153,3	180,8	117,3	100,3	142,7	181,4	181,0	324,0
1930	137,5	148,0	101,6	91,3	139,9	235,5	164,0	294,9
1931	122,5	121,6	85,1	82,4	122,6	293,9	145,1	288,1

Quelle: Wie Tab. 1, 160. Nur wenig davon abweichend die Zahlen bei I. Svennilson, Growth and Stagnation in the European Economy, Genf 1954. Zur Verläßlichkeit dieser Daten vgl. Aldcroft, Zwanziger Jahre, 118. Nach anderen Quellen fallen die Zahlen für *Deutschland* noch ungünstiger aus; vgl. D. Petzina, Die deutsche Wirtschaft in der Zwischenkriegszeit, Wiesbaden 1977, 14.

Tab. 4: *Wachstumsraten der industriellen Produktion* *(1896/1900–1911/13; 1911/13–1926/29; 1926/29–1936/38)*

	1896/1900–1911/13	1911/13–1926/29	1926/29–1936/38
USA	+5,2	+3,5	+0,2
D	+4,0	+0,9	+2,2
GB	+1,6	−0,03	+2,9
F	+3,5	+2,0	−1,0
Jap.	+9,0	+7,6	+6,6

Quelle: Wie Tab. 1, 66.

der Weltwirtschaft zeigt sich darin, daß sie 1927/28 39 % der neun wichtigsten mineralischen und Agrarrohstoffe konsumierte, die in der Welt erzeugt wurden. Mit einem Anteil von 7 % an der Weltbevölkerung verbrauchten die USA 1927/28 75 % der Weltrohölproduktion, 48 % der Welteisen- und Stahlproduktion, 55,4 %

der Weltkupferproduktion, 75 % der Weltrohkautschukproduktion usw. Tab. 5 erlaubt einen Einblick in die Leistungsfähigkeit der amerikanischen Grundstoffindustrien; sie zeigt aber auch (Tonnenleistung pro Mann und Schicht in der Steinkohleförderung) die im Vergleich zu Deutschland, England und Frankreich weit überlegene Produktivität. Wie groß der Abstand geworden war, geht aus der Tatsache hervor, daß die jährliche Bruttowertschöpfung der verarbeitenden Industrie pro Kopf der Bevölkerung im Durchschnitt der Jahre 1926/29 in den USA fast doppelt so hoch lag wie in den drei europäischen Ländern. So verwundert es nicht, wenn die USA bis 1929 ein Wachstum des realen Sozialproduktes zu verzeichnen hatten, das sie zum reichsten Land der Welt machte (Tab. 6).

a) Widersprüche des fordistischen Wachstumsmodells. Die sich in diesen Zahlen widerspiegelnde rapide Entwicklung der Produktivkräfte war nur möglich, weil die kapitalistische Produktionsweise in den USA eine qualitativ neue Stufe ihrer Entfaltung erreicht hatte[35]. Der Kern des Vorgangs ist darin zu suchen, daß sie einen gewaltigen Schritt in Richtung auf ein intensives Wachstum vollzog, das sich nach dem Zweiten Weltkrieg voll durchsetzen sollte. Dabei bildete sich ein Gesamt neuer Produktions- und Konsumnormen als Grundlage eines neuen Typs von Massenproduktion heraus (»economics of scale«). Wichtigste Voraussetzung dafür ist eine Arbeitsorganisation, die eine durchgreifende, ja revolutionäre Erhöhung der Arbeitsproduktivität erlaubt, was so weit geht, »die Marktentwicklungen den Notwendigkeiten der Produktionsökonomie zu unterwerfen«[36]. Dieser Prozeß begann bereits Ende des 19. Jahrhunderts, als das System des »Taylorismus« schrittweise eingeführt wurde. Nach dem Weltkrieg erfuhr es eine Weiterentwicklung in Gestalt des »Fordismus«. Tatsächlich trat während der 20er Jahre das halbautomatische Produktionsband in allen Bereichen der Massenproduktion von dauerhaften Konsumgütern (Autos, Radios, Haushaltsgeräte usw.) seinen Siegeszug an. Der Zweck des Ganzen ist einfach zu durchschauen. Der Unternehmer schlug zwei Fliegen mit einer Klappe. Durch die Zerstückelung des Arbeitsvorgangs wurde nicht nur die Arbeitsleistung gesteigert. Hinzu kam, daß der einzelne Arbeiter an Autonomie verlor, was dann, dank der Trennung und fortschreitenden Spezialisierung der Aufgaben, die Kontrolle des Arbeitsvorgangs erleichterte und schließlich noch eine Abqualifizierung der Ar-

Tab. 5:
Zahlen zur Leistungsfähigkeit der amerikanischen Industrie im internationalen Vergleich (zweite Hälfte der 20er Jahre)

	USA	D[a]	GB	F
Steinkohleförderung (1928)				
– Jahresförderung in Mill. Tonnen	522,6[b]	150,1	241,3	51,4
– Tonnenleistung pro Mann und Schicht	4,3	1,2[c]	1,1	0,7
Roheisenerzeugung (1928)				
– Jahreserzeugung in 1000 Tonnen	38 768	11 804	6716	9981
– durchschnittl. Jahreserzeugung pro Hochofen in 1000 Tonnen	—	119	47	67
Stromerzeugung im Jahr 1927 in Mill. kWh	102 760	25 135	13 828	11 875
jährl. Bruttowertschöpfung der verarbeitenden Industrie, Durchschnitt der Jahre 1926/29 in Mill. Dollar	42 200	11 500	9 400	6 600
dito pro Kopf der Bevölkerung in Dollar	350	180	190	160

[a] Ohne Saargebiet,
[b] einschließlich eines geringen Braunkohleanteils,
[c] nur Ruhrgebiet.

Quellen: Wie Tab. 1, 69; Svennilson, 252 ff.; Statistisches Jahrbuch für das Deutsche Reich 1930, 42 ff. Diese Zusammenstellung verdanke ich J.-O. Spiller (Berlin).

Tab. 6:
Entwicklung des realen Sozialproduktes
(1913 = 100; 1890–1950)

	F	Dt. Reich (BRD)	GB	USA
1890	72,2	51,3	68,0	41,3
1913	100	100	100	100
1925	110,6	90,3	108,5	142,6
1929	130,6	106,2	122,8	164,5
1932	115,3	89,5	123,4	120,4
1938	109,4	149,9	149,5	162,6
1950	130,3	157,3	170,4	291,2

Quelle: A. Maddison, Growth and Fluctuation in the World Economy 1870–1960, in: Banca Nazionale del Lavoro Quarterly Review, 1962, 104f.; zit. in: D. Petzina u. W. Abelshauser, Deutsche Wirtschaftsgeschichte im Industriezeitalter. Konjunktur, Krise, Wachstum, Königstein 1981, 57.

beitskraft ermöglichte. Im ersten Drittel seines berühmten Films »Moderne Zeiten« (1932/35) nutzt Charly *Chaplin* die ihm eigene Komik, um die ganze Trostlosigkeit zu zeigen, die dies für den betroffenen Arbeiter bedeutet. »Technischer Fortschritt« wird also in erster Linie durch die Verschärfung der Arbeitsnormen erreicht. In einem entscheidenden Punkt geht der »Fordismus« aber über den älteren »Taylorismus« hinaus: Die Veränderungen im Arbeitsprozeß stehen in enger Verbindung mit den Lebensbedingungen der breiten Massen, indem das Funktionieren des »fordistischen Modells« an die Herausbildung sozialer Konsumnormen gekoppelt wird, die ihrerseits eine immer raschere Zirkulation der Massenprodukte bewirken.

Dieses fordistische Wachstumsmodell barg jedoch Widersprüche in sich, die sich wegen der weltwirtschaftlich dominanten Position der amerikanischen Wirtschaft auch nach außen manifestieren mußten, sobald sie diese Wirtschaft selber in Frage stellten. Die von den republikanischen Administrationen systematisch unterstützte Privilegierung des Kapitals zu Lasten der Arbeit mußte zwangsläufig zur Überakkumulation führen, wenn die Entwicklung der Masseneinkommen nicht Schritt hielt. Genau dieser Fall trat ein. Ein Zeichen dafür war, daß sich die bereits beträchtlichen

Einkommensunterschiede weiter verschärften[37]. Die für die republikanische Wirtschaftspolitik charakteristischen Mellon-Tarife verringerten die Steuersätze dergestalt, daß die hohen Einkommen und Unternehmergewinne, wie beabsichtigt, am meisten profitierten. 1920 verfügte 1 % der Bevölkerung über 12 % der verfügbaren individuellen Einkommen; bis 1929 konnte diese Gruppe ihren Anteil auf 18 % erhöhen. Im selben Zeitraum stiegen die Einkommen aus Gewinnen, Interessen und Renten um 45 %, diejenigen aus Löhnen und Gehältern nur um 13 %[38]. Bei den Industriearbeitern stellt man eine Quasistagnation des realen Stundenlohns fest (ein Ansteigen um 2 % zwischen 1920 und 1929). Damit hängt der Umstand zusammen, daß zwischen 40 und 45 % aller Haushalte nur die nötigsten Lebensbedürfnisse befriedigen konnten.

Diese sich akzentuierende Ungleichheit der Einkommen, die im Gegensatz zur Notwendigkeit stand, den Absatzmarkt für Produkte des Massenkonsums auszuweiten, verschlimmerte einen für das fordistische Wachstumsmodell bezeichnenden makroökonomischen Strukturdefekt: die wachsende Diskrepanz zwischen der Entwicklung des Konsumgüter- und des Produktionsgütersektors[39]. Allein zwischen 1923 und 1926 erhöhte sich die Produktion von Ausrüstungsgütern doppelt so schnell wie die der Industrieproduktion insgesamt. So diskutierten schon die Zeitgenossen die Frage, »ob ein zu großer Teil der Produktionsenergien des Landes der Herstellung von Kapitalausrüstung gewidmet wird«[40]. Tatsächlich stieß der Absatz von dauerhaften Konsumgütern seit 1926 bereits an Grenzen[41]:

	Wachstumsraten	
	zw. 1920 u. 1926	zw. 1926 u. 1929
Wohnungsbau	215 %	37 %
Konsum dauerhafter Güter	66 %	5 %

Diese Entwicklung zeigt, daß der für ein optimales Funktionieren des »fordistischen Modells« unbedingt erforderliche Zusammenhang von Massenproduktion und Massenkommerzialisierung noch nicht hergestellt war. Neben der Gefahr der Überakkumulation, die sicherlich zu den wichtigsten Ursachen der Krise von 1929 gehört, lag mithin das grundsätzliche Dilemma darin, daß die Lohnerhöhungen nicht den Produktivitätsgewinnen entsprachen. Diese Diskrepanz hätte überbrückt werden können, wären die Konsumpreise genügend gefallen, um die Binnennachfrage zu stützen. Tatsächlich stiegen die Preise zwischen 1922 und 1926 und gingen zwischen 1926 und 1929 nur um 3 % zurück. Damit gewinnt die These an Überzeugungskraft, daß die Krise bei einer gerechteren Verteilung der Früchte, wie sie die Prosperität bescherte, nicht dieses Ausmaß angenommen hätte[42]. Auf keinen Fall hätte die anhaltende Überproduktion hochwertiger Konsumgüter angesichts dieser ungleichen Entwicklung der Einkommen auf längere Sicht durchgehalten werden können.

Die Benachteiligung der Arbeit zugunsten des Kapitals fand ihre logische Ergänzung darin, daß die Republikanischen Regierungen die ohnehin höchst bescheidenen Sozialreformen der Demokraten wieder rückgängig machten. Im Fall von Arbeitskämpfen begünstigte die Justiz systematisch die Arbeitgeber. Wie in allen entwickelten kapitalistischen Ländern hatte auch die Gewerkschaftsbewegung in den USA während der unmittelbaren Nachkriegszeit schwere Niederlagen hinnehmen müssen[43]. Die Tatsache, daß konjunkturelle Rückschläge (wie 1927) die Zahl der Arbeitslosen sofort hochschnellen ließen (1928 über 2 Millionen), hätte als Warnsignal dienen sollen. Auf der anderen Seite förderten die Republikanischen Regierungen die Bewegung zur vertikalen und horizontalen Konzentration im Bereich der Großunternehmen, und zwar mit Hilfe der Steuerpolitik, die den Unternehmern eine Fülle von Erleichterungen verschaffte, und der Schutzzollpolitik, von der nicht zufällig gerade jene Unternehmen profitierten, die während des Krieges boomartig expandiert hatten. So kam es, daß in der Fertigwarenindustrie 50 Gesellschaften, die ein Sechstel aller Lohnarbeiter beschäftigten, 28 % des gesamten Produktionswertes erzeugten. Die 200 größten Konzerne beherrschten 41 % des gesamten Produktionswertes (mit 26 % aller Lohnarbeiter)[44]. Die Antikartellgesetzgebung, Symbol und Garantie des freien Wettbewerbs, wurde zum Schaden der Arbeitnehmer mit dem Ziel einer Stärkung der internationalen Wettbewerbsfähigkeit ständig, z. T. sogar mit Wissen und Billigung der Regierung, unterlaufen. Das krasseste Beispiel, das schon die Zeitgenossen durchschauten[45], war die regierungsamtliche Unterstützung der großen Erdölkonzerne in ihrem Kampf gegen englische (und französische) Interessen im Mittleren Osten.

b) Widersprüche der Prosperitätsphase. Wie das Gelbe im Ei steckten hektisches Investieren und ungezügelte Kreditvergabe im fordistischen Wachstumsmodell. Daraus ergab sich eine geschäftliche Euphorie, die sich bald im spekulativen Boom überstürzte und jene im grellen Licht schillernde Prosperitätsphase kennzeichnet, die 1922 begann, dann aber, insbesondere zwischen 1925 und 1929 (also in der Zeit der sog. Stabilisierung des »Versailler« und »Washingtoner Systems«), sowohl Erstaunen und Bewunderung als auch, bei klarsichtigen Zeitgenossen, vor allem ausländischen Beobachtern[46], Zweifel und Sorge provozierte. Da diese Prosperität die gesamte weltwirtschaftliche Konjunktur trug, muß sie genauer analysiert werden. Zunächst scheint sie im Gegensatz zu der Tatsache zu stehen, daß sie, im Sinn der Kontratieff-Zyklen, in eine säkulare Abschwungphase fällt, die die gesamte Zwischenkriegszeit umfaßt. In Wahrheit war die Prosperität nicht durch eine neue Welle technologischer Innovationen, sondern, wie gezeigt, durch Veränderungen im Produktionsprozeß verursacht worden. Hier lag, wie zahlreiche Untersuchungen bestätigen[47], einer der wichtigsten Gründe dafür, daß sie voller Widersprüche und Gefahren steckte, die nur durch den grenzenlosen Optimismus verdeckt wurden, daß eine Ära des Fortschritts zu immer mehr Wohlstand mit Hilfe des »American Way of Life« angebrochen sei. Um so schmerzlicher war das Erwachen nach dem Börsenkrach im Oktober 1929.

Ohne Zweifel stieg während dieser Prosperität das Bruttosozialprodukt der USA, und zwar von 74,2 Mrd. Dollar 1919 auf 104,4 Mrd. Dollar 1929 (real in stabilen Preisen). Das Pro-Kopf-Einkommen erhöhte sich in diesem Zeitraum um rd. 20 %. 1929 überflügelte die Gesamtproduktion die des Jahres 1922 um 34 % und des Jahres 1913 um etwa 65 %[48]. Träger und zugleich Hauptnutznießer der Prosperität war zunächst eine kleine Gruppe von Industrien, die die neuen Produktionsmethoden am konsequentesten anwendeten und damit das fordistische Wachstumsmodell mit Dynamik erfüllten: die Automobil-, Elektro- und chemische Industrie. Hier wurden die höchsten Produktions- und Produktivitätszuwächse sowie steigende Anteile an der Weltproduktion erzielt, was, wie im Fall der Automobilbranche, zu einer regelrechten Monopolstellung auf dem Weltmarkt führte[49]. Die Autoindustrie wiederum ließ eine Fülle von Zulieferbetrieben entstehen und gab kräftige Impulse für den Straßenbau, der seinerseits die Hochkonjunktur im Wohnungsbau begünstigte – insgesamt ein Wachstumsverlauf, der den Europäern in den goldenen Expansionsjahren nach dem Zweiten Weltkrieg vertraut werden sollte. Der vielzitierte *Hoover-Bericht* stellt fest, daß allein in der Automobilindustrie zum Zweck der Rationalisierung jährlich im Durchschnitt 750 Mill. Dollar investiert wurden[50]. »Es ist kaum möglich«, meint ein Kenner der Materie[51], »die ungeheuren Kapitalmengen abzuschätzen, die investiert wurden, um die Gesellschaft dem Auto anzupassen.«

Am Beispiel der dauerhaften elektrischen Konsumgüter, an ihrer Spitze die groß in Mode kommenden Radiogeräte, läßt sich zeigen, daß binnenwirtschaftliche Erfolge von Anfang an zur Eroberung von Weltmarktpositionen benutzt wurden. Das Radio leistete dabei insofern besonders wertvolle Dienste, als die USA mit seiner Hilfe eine beherrschende Stellung innerhalb des internationalen Kommunikationswesens und der Nachrichtenvermittlung als Wegbereiter und Stütze wirtschaftlichen und kulturellen Einflusses aufzubauen versuchten. Diesem Zweck dienten auch das nicht zuletzt aus militärischen Gründen angestrebte Kabel-Monopol ebenso wie die Bemühungen um die Errichtung eines internationalen Telekommunikationssystems unter ausschließlicher amerikanischer Kontrolle gegen die englische, französische und deutsche Konkurrenz in Südostasien (China) und Lateinamerika[52].

Einen zuvor nie gekannten Boom erlebte die Bauwirtschaft, die damit allerdings dem allgemeinen Drang zur Ausweitung der Produktionskapazitäten auf besonders verhängnisvolle Weise zum Opfer fiel. In den 20er Jahren nahmen die amerikanischen Großstädte jenes Bild an, das uns heute vertraut ist. In hektischer Aktivität schossen Hunderte von Wolkenkratzern aus dem Boden wie Pilze nach dem Regen. Sie war es vor allem, die den optimistischen Glauben an die grenzenlosen Möglichkeiten der amerikanischen Ökonomie nährte und die Tatsache verdrängte, daß es sich um eine gespaltene Konjunktur handelte. Die »alten« Industrien (Schiffbau, Textil, Leder usw.) wie auch die Grundstoffindustrien (Kohlebergbau) standen trotz aller Rationalisierungsmaßnahmen im Schatten der Prosperität. Die »Anpassung der Gesellschaft an das

Auto« als der wichtigsten neuen Konsumnorm begünstigte zwar den Straßenbau, ruinierte dagegen die Eisenbahn. Hauptopfer war die Landwirtschaft, die sich, trotz rasanter Mechanisierung, von der schweren Krise 1920/21 nie wieder erholt hat[53]. Die Stagnation der Preise zwischen 1925 und 1929, die hohe Verschuldung (insbesondere im Mittelwesten) sowie die Weigerung der Regierungen Harding und Coolidge, staatliche Hilfsprogramme durchzuführen, trugen zu einer Dauerkrise bei, die die Anfälligkeit der amerikanischen Wirtschaft gerade während und aufgrund der Prosperität vergrößerte.

Am meisten aber fiel den Zeitgenossen das auf, was viele als das Krebsübel der Massenkonsumgesellschaft erkannten: die fast unbegrenzte Ausweitung des Konsumentenkredits. Die private Verschuldung erhöhte sich zwischen 1920 und 1929 von 22 auf 29 Mrd. Dollar; die kurz- und mittelfristigen Kredite stiegen auf fast 6,5 Mrd. Dollar. Allein die Käufer von Autos schuldeten ihren Kreditgebern 1,4 Mrd. Dollar. Eine vom Staat ausgehende gegensteuernde Politik gab es nicht, weil die Regierung zwischen Maßnahmen gegen Kreditausweitung und Inflation einerseits und der Sorge vor einer neuen Rezession andererseits keine klare Linie fand. So verwundert es nicht, wenn 1927 ein schwerer konjunktureller Einbruch stattfand. Aber niemand nahm das Warnzeichen ernst. Ganz im Gegenteil: Im selben Jahr wurde eine Entscheidung zugunsten des leichten Geldes getroffen, die zwar die Konjunktur wieder in Schwung brachte, zugleich aber auch die Spekulation, die gewaltige Ausmaße annahm und nichts anderes bewirkte, als große Massen monetären Kapitals zwischen den Kapitaleignern zirkulieren zu lassen[54]. Es handelte sich also weitgehend um eine künstliche Euphorie. Der sich bereits ab Sommer 1928 abzeichnende Rückgang des amerikanischen Kapitalexports war eine Folge dieser Spekulation, heizte sie aber zugleich an. Das führte in Lateinamerika und in vielen europäischen Ländern (v. a. Deutschland) zu einer Verschlechterung der Konjunktur.

Als es im Sommer 1929 zu einer drastischen Erhöhung des Diskontsatzes kam, war es für eine wirksame Bekämpfung der Spekulation schon zu spät. Viel Schuld am Ausbruch der Krise trug schließlich die außerordentliche Anfälligkeit des amerikanischen Bankensystems, die trotz der Schaffung des »Federal Reserve System« (FED) nicht überwunden werden konnte. Bereits zwischen 1921 und 1929 haben nicht weniger als 5400 Institute, meist kleinere Banken in ländlichen Gebieten, Bankrott gemacht. Das geradezu archaische Einzelbankensystem (im Juni 1929 über 25 000 unabhängige Banken; 1933 noch immer 15 000), das eine wirksame Versicherung der Bankeinlagen nicht kannte, mußte im Fall einer Liquiditätskrise wie ein Kartenhaus einstürzen. Da das FED keine energische Geldpolitik praktizierte, wurden auch von dieser Seite keine Dämme errichtet. Die konservative Politik der republikanischen Regierung, die das Laissez-faire-Prinzip zum Dogma erhoben hatte, sah daher keinen Anlaß, die in Hektik überbordende Konjunktur abzubremsen.

c) Widersprüchliche Stellung in der internationalen Arbeitsteilung. Die bisherige Analyse legt den Eindruck nahe, daß die amerikanische Wirtschaft der 20er Jahre einem kraftstrotzenden Koloß auf tönernen Füßen ähnelte. In der Tat entfaltete die wildwüchsige Form der Expansion zugleich Kräfte der eigenen Zerstörung. Dieser Umstand mußte um so stärker ins Gewicht fallen, als es diese Ökonomie war, die aufgrund ihrer dominanten Position Struktur und Verlauf der Weltwirtschaft entscheidend mitbestimmte. Von ihr hing es weitgehend ab, ob der Versuch einer Rekonstruktion von Weltwirtschaft und damit auch Weltpolitik gelingen würde. Die Anfälligkeit der Prosperität und des sie tragenden fordistischen Wachstumsmodells stellte ohne Zweifel ein ernstes Handicap dar. Große Verantwortung fiel aber auch den inneren Entscheidungszirkeln der Republikanischen Regierungen zu. Welche außenpolitischen und außenwirtschaftlichen Zielsetzungen verfolgten sie vor dem Hintergrund der neuen wirtschaftlichen Machtstellung, aber auch höchst divergierender Interessen in Wirtschaft und Gesellschaft?

Die herausragende und zugleich in vieler Hinsicht typische Gestalt innerhalb der republikanischen Führungselite der 20er Jahre stellte ohne Zweifel Herbert *Hoover* dar. Die ganzen Jahre hindurch war er in einflußreicher Position tätig, zunächst als Handelsminister (1921–1928), dann, während der Weltwirtschaftskrise, als Präsident der Vereinigten Staaten (1929–1933). Er verkörperte die Kontinuität. Zugleich repräsentierte er auf vollkommene Weise jenes republikanische Glaubensbekenntnis, wonach Politik und Wirtschaft, vor allem aber Außenpolitik und »Big Business« eine möglichst enge Verbindung einzugehen haben. Für ihn wie für die Außenminister *Hughes* (1921–1925) und *Kellogg* (1925–1929) bestand folglich die wichtigste Aufgabe der Diplomatie darin, dem

Handel die Wege zu öffnen[55]. Alle waren überzeugte Anhänger der traditionellen Politik der »Offenen Tür«, die von dem Augenblick ab die Maxime allen außenpolitischen und außenwirtschaftlichen Handelns darstellte, da sich der Binnenmarkt zur Reproduktion von Wirtschaft und Gesellschaft als zu klein erwies[56].

Zugleich aber war die »Business Community«, wie viele Untersuchungen zeigen[57], alles andere als ein homogenes Gebilde. Immer wieder führten schwere Interessengegensätze zwischen verschiedenen Bankengruppen, zwischen binnenmarkt- und exportorientierten Industrien, zwischen Großkonzernen und der Masse der kleinen und mittleren Unternehmen zu Auseinandersetzungen, die noch durch regionale und parteipolitische Differenzen verschärft wurden. Daraus versteht sich auch, warum es kaum zu eindeutigen Frontbildungen kam. Die Vorstellung, daß die »Geschäftswelt« der Regierung ihre Forderungen diktieren konnte, geht weit an der Wirklichkeit vorbei. Im Gegenteil: In dieser Heterogenität wirtschaftlicher und finanzieller Interessen ist der Grund zu suchen, warum die amerikanische Außen- und Außenwirtschaftspolitik der 20er Jahre in vielen Einzelfragen, bisweilen aber auch im Hinblick auf grundsätzliche Optionen (z. B. gegenüber China), keinen klaren Kurs steuerte. Außerdem herrschte immer ein Spannungsverhältnis zwischen politischer Zurückhaltung als notwendiger Grundlage für nationale Unabhängigkeit und damit außenpolitische Flexibilität und gezieltem ökonomischen Engagement zur Festigung der weltwirtschaftlichen Dominanzposition. Erst nach dem Zweiten Weltkrieg, vor allem während der Zeit des Kalten Krieges, wurden politisch-strategische und ökonomische Interessen weitgehend gleichgeschaltet.

Dies alles schließt aber nicht aus, daß es etwas gab, was die Geschäftskreise einte und die Übereinstimmung ihrer grundlegenden Interessen mit den Zielen der Republikanischen Regierungen ermöglichte, nämlich der gemeinsame, tief verwurzelte Glaube, wonach allein die spezifisch amerikanische Kombination von Kapitalismus und Demokratie geeignet sei, Freiheit und Wohlstand zu Hause und in der Welt zu garantieren. Daraus wurde die ideologische und rhetorische Rechtfertigung für den Anspruch auf ökonomische und moralische Führerschaft abgeleitet. Hier lag auch der Ausgangspunkt für das Bemühen *Hoovers* als Handelsminister, des »Super-Businessman«, wie man ihn daraufhin nannte[58], die Geschäftswelt unter seiner Federführung stärker zu einen, um auf diese

Weise den ökonomischen Führungsanspruch wirksamer zu verwirklichen. Dieser Versuch brachte nicht die gewünschten Ergebnisse. Allerdings hat die Tatsache, daß das Handelsministerium als eine Art Clearing-Stelle zwischen Politik und Wirtschaft, aber auch zur Harmonisierung unterschiedlicher wirtschaftlicher Interessen diente, viele Entscheidungen erleichtert.

Wie wurde die zur Verfügung stehende finanzielle und ökonomische Macht konkret genutzt? An erster Stelle steht die Frage, wie die USA ihre neue Rolle als »Weltbankier«, als Lieferant des »weltwirtschaftlichen Betriebskapitals« ausfüllten, nachdem der Dollar bereits als wichtigste Leitwährung fungierte und New York, nicht zuletzt, wie gezeigt, im Kampf gegen die Londoner City, zum wichtigsten Finanz- und Börsenzentrum der Welt aufgestiegen war. Im Gegensatz zur Aktivität der Londoner City vor 1914 rangierte für die USA das Ziel einer Stabilisierung der Weltwährung nicht an der Spitze der Prioritäten. Das war schon deshalb kaum möglich, weil das amerikanische Kapital mit einer durchschnittlichen Profitrate arbeitete, die weit über derjenigen des europäischen Kapitals lag. Unmittelbarer fiel ins Gewicht, daß die von der amerikanischen Notenbank praktizierte Diskontpolitik weniger überschaubar und entschieden ausfiel, als das früher unter der Ägide der Londoner City der Fall gewesen war. Man muß freilich die Zwangslage, in der sich die amerikanische Notenbank befand, nachvollziehen. Angesichts der Fülle des ihr zur Verfügung stehenden Geldvorrats stand sie ständig dem Dilemma gegenüber, durch Zinserhöhungen weiteres Kapital aus dem Ausland anzuziehen und damit die für die Stabilisierung der Weltwirtschaft unbedingt erforderliche weltweite Verteilung des Kapitals noch mehr zu stören, als dies ohnehin schon der Fall war.

Wurde die Rate aber niedrig gehalten, heizte man dadurch wiederum die Effektenspekulation an. Absurderweise zog New York als wichtigster Markt für Wertpapiere aller Art vor dem Hintergrund der Prosperität sogar Kapital aus Ländern mit höheren Zinsen an, da es ja nicht auf Zinsgewinne, sondern auf Spekulationsgewinne ankam. So wurde die New Yorker Börse zum hauptsächlichsten Unruheherd der Weltwährung. Hinzu kommt, daß die Entwicklung der New Yorker Bankrate[59] für die Europäer von großer Bedeutung war, weil ihr Einfluß auf die meisten europäischen Diskontsätze erheblich größer war als umgekehrt. Keine europäische Zentralbank, auch nicht die Bank von England, konnte sich den

Schwankungen am amerikanischen Geldmarkt entziehen. Hier siedelt sich die Problematik der kurzfristigen Anleihen an, die zwangsläufig Nervosität und Unsicherheit in die europäischen Geld- und Effektenmärkte hineintragen mußten.

Grundsätzlich ist zu sagen, daß die Prinzipien, nach denen der für die Entwicklung der Weltwirtschaft lebenswichtige amerikanische Kapitalexport vonstatten ging, niemals kodifiziert worden sind. Angesichts der vorherrschenden Wirtschaftsphilosophie des Laissez-faire war dies auch gar nicht möglich. Dennoch haben *Hoover, Mellon, Hughes* und *Kellogg* immer wieder versucht, so etwas wie eine verbindliche Politik zu definieren[60]. Danach gehörte der Kapitalexport nicht in die Kompetenz des Staates, sondern der Privatbanken, deren Aktivität jedoch von der Regierung überwacht werden sollte. Nicht selten wehrten sich die Bankiers sogar gegen diese überaus lockere Kontrolle. Aber die Exekutive wollte naturgemäß auf dieses wirksame Instrument zur Ausübung politischer Macht nicht verzichten. Als sehr allgemein formulierte Leitlinie galt, daß zunächst solche Länder in den Genuß amerikanischen Kapitals kommen sollten, die ihren »Verpflichtungen« gegenüber den USA, insbesondere in der Frage der interalliierten Schulden, nachkamen. Ausländische Regierungen sollten so lange keine Kredite zum Ausgleich ihrer Haushalte bekommen, wie sie nicht genug Steuern erhoben. Hier hat übrigens die Praxis des Internationalen Währungsfonds nach dem Zweiten Weltkrieg ihre Wurzeln. Es konnte sogar passieren, daß man ausländischen Unternehmen amerikanisches Kapital verweigerte, wenn die Preise ihrer Produkte für amerikanische Konsumenten zu hoch waren.

Der Hauptzweck des Kapitalexports bestand ohne Zweifel darin, wie schon Zeitgenossen erkannt haben[61], die internationale Wettbewerbsfähigkeit amerikanischer Großkonzerne zu verbessern, was nur zu Lasten der Europäer gehen konnte. Das Kriterium der Kriegsschulden hatte zur Folge, daß ehemalige Verbündete wie Frankreich, Belgien, Griechenland, Rumänien, Jugoslawien und Italien so lange auf Kredite warten mußten, bis sie bilaterale Abkommen mit den USA über die Regelung dieser Zahlungsverpflichtungen abgeschlossen hatten, während Deutschland unter diesen Bedingungen privilegiert wurde. Daraus entstand der ökonomisch widersinnige Kreislauf, der so oft beschrieben worden ist[62]: Die USA liehen Deutschland Geld, das damit in die Lage versetzt wurde, die Reparationen zu zahlen, was den Gläubigern

Deutschlands wiederum die Aussicht eröffnen sollte, ihre Schulden gegenüber den USA zu begleichen (was diese jedoch in der Regel auf die lange Bank schoben). Mit dieser Kreditpolitik erwiesen sich die USA als ein Element der Spaltung innerhalb der Gruppe der Siegermächte, was nicht dazu beitrug, das »Versailler System« zu stabilisieren.

Um die enorme Bedeutung des amerikanischen Kapitalexports zu begreifen, ist es nötig, sich einige Zahlen vor Augen zu halten[63]. Zwischen 1919 und 1929 stiegen die langfristigen Auslandsinvestitionen um fast 9 Mrd. Dollar; 1929 stellten sie zwei Drittel aller Neuinvestitionen in der Welt dar. Dadurch wuchs das amerikanische Auslandsvermögen auf insgesamt 15,4 Mrd. Dollar. Davon entfielen 7,8 Mrd. Dollar auf Netto-Portfolio-Anlagen und 7,6 Mrd. Dollar auf Direktinvestitionen, wovon 1,8 Mrd. Dollar amerikanischen Tochtergesellschaften im Ausland zugute kamen. Insgesamt 7,5 Mrd. Dollar flossen allein nach Deutschland, was den Anteil Europas am gesamten Kapitalexport der USA auf 31,4 % ansteigen ließ. Es folgten Lateinamerika und Kanada. Damals wie heute floß der Löwenanteil des Kapitals in hochentwikkelte oder sich auf dem Weg der Industrialisierung befindliche Länder, während die Masse der Peripherieländer zu kurz kam. Der wachsende Anteil Deutschlands zeigt, daß man das exportierte Kapital nicht nur besser kontrollieren, sondern über die Gründung ausländischer Tochtergesellschaften verstärkt Machtpositionen auf ausländischen Märkten aufbauen wollte.

Auch in diesem Punkt wird ein wichtiger Unterschied zur Entwicklung in Europa deutlich. Während der erste Versuch einer Internationalisierung des Kapitals über die Gründung ausländischer Tochtergesellschaften, wie ihn führende deutsche, französische, englische, italienische oder schweizerische Konzerne (Bayer, Daimler, Michelin, Lever, Fiat, Nestlé) vor 1914 begonnen hatten, in den 20er Jahren stagnierte oder rückläufige Tendenzen zeigte, fingen die amerikanischen Konzerne nun erst richtig an[64]. Ihr Hauptstoß richtete sich auf Europa, wo diese Art von Investitionen keineswegs immer freundlich aufgenommen wurde. Als ITT die lukrative Aufgabe erhielt, das französische Telefonnetz zu erneuern, kam es in der französischen, aber auch in der deutschen Elektroindustrie zu einer regelrechten Explosion von Ressentiments gegenüber den USA[65].

Es war kein Zufall, wenn dabei die wichtigste Wachstumsbranche, die Autoindustrie, an der Spitze marschierte[66]. Tatsächlich hatte die Massenproduktion in den USA ein Niveau erreicht (man denke nur an das legendäre, von Ford entwickelte »Modell T«, das für rd. 900 Dollar zu haben war), daß kein europäisches Automobilunternehmen auch nur im entferntesten damit konkurrieren konnte. Im Gegenteil: Die europäischen, insbesondere die technologisch führenden französischen Unternehmer hielten an der Überzeugung fest, daß das Auto weitgehend den »oberen Schichten« als teures Luxusobjekt vorbehalten blieb – eine Überzeugung, die vortrefflich ins Bild großbürgerlicher Restauration paßt. Es kam sogar zu einer besonderen Art von Arbeitsteilung, indem die Europäer ihre wenigen und teuren Automobile exportierten (auch in die USA), während die Amerikaner den Weltmarkt eroberten und ihre beherrschende Position ausbauten. Mehr noch: Inzwischen hatte die Produktion ein Ausmaß erreicht, daß Produktionsstätten im Ausland errichtet werden mußten, um die Produktionskosten weiter zu senken. Zuerst waren es einfache Montagewerke, dann, seit der zweiten Hälfte der 20er Jahre, auch autonome Produktionsstätten.

Ford ging hierbei voran: Bereits 1920 gab es Montagewerke in zwanzig Ländern (Europa, Südafrika, Australien, Japan, Lateinamerika, sogar Indien). Dann folgte seit 1926, im Zusammenhang mit dem intensivierten Kapitalexport nach Europa, die Errichtung von Produktionsstätten, insbesondere in England und Deutschland, in geringerem Umfang auch in Frankreich[67]. Es ist bezeichnend, daß Fords Auslandsgeschäft fast so alt wie die Gesellschaft selbst ist (gegr. 1903). General Motors und, mit Abstand, Chrysler folgten. 1939 fand, trotz der verheerenden Auswirkungen der Weltwirtschaftskrise, 23,2 % der Gesamtproduktion im Ausland statt. Die Monopolposition der Amerikaner läßt sich daran erkennen, daß Ford für seine neuen Tochtergesellschaften in Europa sogar europäisches Kapital zu einem erheblich günstigeren Zinssatz erhielt als seine europäischen Konkurrenten[68]! Unter diesen Umständen konnte es nicht ausbleiben, daß die Internationalisierung des amerikanischen Kapitals schließlich auch die Großbanken erfaßte: Während 1913 nur vier unter ihnen über sechs Filialen im Ausland verfügten, stieg der Gesamtbestand dieser Filialen in den 20er Jahren auf über hundert an, ein Niveau, das bis 1950 unverändert blieb[69].

Schon diese wenigen Hinweise zeigen, in welchem Maße das

fordistische Wachstumsmodell die nationalen Grenzen zu überspringen begann. Was aber der amerikanischen Wirtschaft und ihrer Expansion diente, gereichte den Empfängern amerikanischen Kapitals im Ausland nur selten zu dauerhaftem Vorteil. Die verhängnisvollen Auswirkungen des amerikanischen Kapitalexports auf die Weltwirtschaft, insbesondere auf die europäische Wirtschaft, sind oft und eindringlich beschrieben worden[70]. Es genügt daher, die wichtigsten Zusammenhänge zu rekapitulieren. Dazu gehört, daß die USA den Europäern stets weniger Kapital liehen, als sie von ihnen erhielten. In der Bilanz der Kapitalbeziehungen entstand, und zwar quantitativ wie qualitativ, ein klares Ungleichgewicht zugunsten der USA. Wie ein Magnet zogen sie Kapital an. Für die nach Europa exportierten, viel billigeren Industrie- und Agrarprodukte nahmen sie große Mengen an Gold ein. Da der Dollar die begehrteste Devise war, hielten zugleich alle europäischen Noten- und Kreditbanken in New York Guthaben von erheblichem Umfang. Außerdem waren die Anlagemöglichkeiten, vor allem von kurzfristigen Geldern auf den Effektenmärkten, in den USA immer mannigfaltiger und gewinnbringender als auf anderen Märkten.

Damit wurde die ohnehin starke finanzielle Situation der amerikanischen Unternehmen weiter verbessert, was ihnen, allerdings zum Preis bedrohlich werdender Kapazitätsausweitungen, ermöglichte, ihren Produktivitätsvorsprung gegenüber den europäischen Unternehmen noch zu vergrößern. Was England auf der Höhe seiner weltwirtschaftlichen Machtstellung zwischen 1815 und 1875 nicht vermocht hatte, gelang den USA in den 20er Jahren: ihre gefährlichsten Konkurrenten niederzuhalten. In dieselbe Richtung wirkte die Tatsache, daß ein erheblicher Teil der Kredite kurzfristiger Natur waren und oft nicht in produktiver, sondern spekulativer Absicht gegeben wurden. Das hinderte die Europäer und an erster Stelle die Deutschen nicht, kurzfristige Kredite immer häufiger zur Finanzierung langfristiger Projekte zu verwenden. Dies mußte eine instabile Lage mit der Gefahr einer steigenden Zahl von Insolvenzen heraufbeschwören. Wie man das Blatt auch dreht und wendet, immer erweisen sich die USA als Gewinner.

Ende der 20er Jahre änderte sich die Lage, und daran waren die Amerikaner selbst schuld. Auch die Investoren wurden von der Spekulationswelle erfaßt und mitgerissen; sie wandten sich Börsengeschäften zu. Das dafür nötige Geld zogen sie aus normalen

Geschäftstransaktionen ab, und als erste mußten die ausländischen Partner dran glauben. Der damit zusammenhängende Stillstand des amerikanischen Kapitalexports seit Juni 1928[71] hatte, lange vor Ausbruch der Krise, schwerwiegende Folgen für die europäische Wirtschaft, die in besonderer Weise von diesem Kapitalzufluß abhängig geworden war. Sie geriet in den inneramerikanischen Strudel nach der Parole: »Mitgefangen – mitgehangen!« Noch verhängnisvoller wirkte sich die Tatsache aus, daß der Zufluß amerikanischen Kapitals den Eindruck wirtschaftlicher Gesundung erweckte, während er in Wahrheit die bestehenden strukturellen Verwerfungen nicht nur verdeckte, sondern noch verschlimmerte[72]. Er täuschte eine zutiefst illusionäre Stabilität vor. Sie äußerte sich auch darin, daß Ende der 20er Jahre viele Schuldner mehr an Zinsen zu zahlen hatten, als sie in Form neuer Kredite erhielten. Als der Kapitalfluß versickerte und die Preise fielen, wuchsen vielen Schuldnern die Schwierigkeiten über den Kopf. Das galt nicht nur für Europa[73], sondern, sogar in höherem Maße, für Lateinamerika, der zweitwichtigsten Region für amerikanische Anlagen. In der zweiten Hälfte der 20er Jahre nahmen die Auslandsverpflichtungen vieler lateinamerikanischer Länder einen bedrohlichen Umfang an: Rückzahlungen und Schuldendienst erreichten nahezu das Dreifache des Kapitalzuflusses. Überall schuf die Kreditaufnahme nach der Stabilisierung der Währungen mehr Probleme, als sie löste, da zu wenig darauf geachtet wurde, sie in devisenbringenden Wirtschaftszweigen einzusetzen. Aber das Hochzüchten von Konkurrenten stand nun einmal nicht auf dem Programm der amerikanischen Investoren.

Für viele Ökonomien ergab sich daraus ein wahrer Teufelskreis. Überall, besonders ausgeprägt in Süd- und Südosteuropa, glaubte man, durch eine Deflationspolitik ausländisches Kapital anzuziehen, nicht zuletzt zu dem Zweck, über möglichst günstige Wechselkurse einen künftigen Transfer des Schuldendienstes zu erleichtern. Diese Politik hatte jedoch selbstzerstörerische Folgen, da sie sich negativ auf die inländische Kapitalbildung auswirkte. Das wiederum behinderte den Prozeß struktureller Anpassung der nationalen Volkswirtschaften, der, wie in weniger entwickelten Ländern, z. B. eine stärkere Diversifizierung innerhalb des Industrie-, aber auch des Agrarsektors hätte anstreben können, um auf diese Weise die im internationalen Vergleich zu hohen Produktionskosten zu senken und Marktchancen zu verbessern. Schon viele Zeitgenossen, an ihrer Spitze, wie so oft, die Experten des Finanzkomitees des Völkerbundes[74], durchschauten diese Zusammenhänge, die ein führender Ökonom jener Jahre, G. *Haberler*, dann auch prägnant auf den Begriff brachte: »Eine wachsende Immobilität der Wirtschaft verhinderte eine Anpassung, und die Fehlanpassungen häuften sich, bis die Seifenblase in der Weltwirtschaftskrise platzte.«[75]

Die USA trugen aber nicht nur durch den Kapital-, sondern auch durch den Warenexport dazu bei, die Weltwirtschaft zu destabilisieren, und das um so mehr, als, im Gegensatz zur Zeit vor 1914[76] und nach 1945, die Parallelität von Kapital- und Warenexport in den 20er Jahren erheblich weniger ausgeprägt war, wie schon die Zeitgenossen monierten[77]. Damit entstanden zwei voneinander unabhängige Gefahrenherde für die Rekonstruktion der Weltwirtschaft. Was die nun auch im Welthandel dominante Stellung der USA anlangte, konnten sie während der 20er Jahre einen regelrechten Durchbruch erzielen. Zunächst nahm allein in den Jahren zwischen 1925 und 1930 der Anteil der Fertigwaren am Export von 38,3 % auf 50,2 % zu, während der Anteil von Fertigwaren am Import im selben Zeitraum von 18,8 % auf 24,7 % anstieg (Tab. 7)[78]. So verwundert es nicht, wenn sich auch der Anteil amerikanischer Industrieprodukte am Weltexport bis 1929 stark auf Kosten vor allem der englischen, aber auch der deutschen Industrie erhöhte[79]. Damit traten die USA in die Fußstapfen der ehemals dominierenden europäischen Mächte, vor allem Englands und Deutschlands, indem nun auch sie die klassische internationale Arbeitsteilung zwischen den Industrieländern des Zentrums und den Rohstoffproduzenten der Peripherie verfestigen halfen. Andererseits trug der übermäßige Außenhandelsüberschuß zwischen 1920 und 1929 dazu bei, daß die Prosperität der Binnenwirtschaft oberflächlich blieb und sich das fundamentale ökonomische Ungleichgewicht zwischen den wichtigsten Industrieländern vertiefte[80]. Verstärkt wurde diese Tendenz durch die von den Republikanischen Regierungen verfolgte Hochschutzzollpolitik (in Gestalt des berüchtigten »Fordney-McCumber-Tariff« von 1922), die die Möglichkeit erheblich einschränkte, daß Defizit- und Schuldnerländer durch den Export von Waren und Dienstleistungen ihr Konto in der Handels- und Zahlungsbilanz aufbessern konnten.

Natürlich handelte es sich hierbei um eine besonders egoistische Vertretung nationaler Interessen durch die USA, die jedoch im

Tab. 7:
Außenhandel der USA: prozentualer Anteil nach Verarbeitungsgrad
1910; 1920; 1925–1932

	Exporte					Importe				
Jahr	mineral. Rohstoffe	agrarische Rohstoffe	verarbeitete Rohstoffe	Halbfertigwaren	industr. Fertigwaren	mineral. Rohstoffe	agrarische Rohstoffe	verarbeitete Rohstoffe	Halbfertigwaren	industr. Fertigwaren
1910	33,6	6,4	15,1	15,7	29,2	37,1	9,3	11,7	18,3	23,6
1920	23,3	11,4	13,8	11,9	39,7	33,8	10,9	23,5	15,2	16,6
1925	29,5	6,6	11,9	13,7	38,3	41,4	11,7	10,2	17,9	18,8
1926	26,8	7,1	10,7	13,9	41,5	40,5	12,2	9,4	18,1	19,8
1927	25,1	8,8	9,7	14,7	41,6	38,2	12,1	10,8	17,9	21,0
1928	25,7	5,9	9,3	14,2	44,9	35,8	13,4	9,9	18,6	22,1
1929	22,2	5,2	9,4	14,1	49,1	35,4	12,2	9,6	20,1	22,6
1930	21,9	4,7	9,6	13,6	50,2	32,7	13,1	9,6	19,9	24,7
1931	23,8	5,3	10,4	13,4	47,1	30,7	14,6	10,6	17,8	26,3
1932	32,6	5,7	9,6	12,5	39,6	27,1	17,6	13,1	16,4	25,7

Quelle: W. S. u. E. S. Woytinsky, World Commerce and Governments, N. Y. 1955, Tab. 42, 129.

Verständnis der regierenden Republikaner durchaus konsistent war. Die Schutzzollpolitik kam jenen Sektoren zugute, die durch den Krieg profitiert hatten und nun in Schwierigkeiten gerieten. Sie schottete aber auch ganz allgemein den Binnenmarkt von den Schwankungen und Unsicherheiten der Weltwirtschaft ab. Zugleich stellte sie ein Stimulans für den Export von Kapital und Waren dar. Die Republikaner waren überzeugt, so etwas wie ein volkswirtschaftliches Ei des Kolumbus entdeckt zu haben: Stärkung der Weltmarktposition bei gleichzeitigem Schutz nicht konkurrenzfähiger Branchen! Expansion und Abschließung waren also zwei Seiten derselben Medaille. Der Umstand, daß die Handelspartner und damit die Stabilität der Weltwirtschaft darunter zu leiden hatten, gehörte nicht ins schlaue Kalkül. Sicherlich trifft die Kritik ins Schwarze, daß die USA ihre faktische weltwirtschaftliche Führungsrolle vor allem deshalb nicht wahrgenommen haben, weil sie sich außerstande zeigten, Kapital- und Warenexport, Schutzzollpolitik und Kriegsschuldenfrage als Teilaspekte eines übergreifenden Gesamtzusammenhangs zu verstehen[81].

Für die Zeitgenossen war dies jedoch so lange ein schwieriges, wenn nicht unmögliches Unterfangen, als sie binnenwirtschaftlichen Problemen absoluten Vorrang einräumten. Der Wandel gesellschaftlicher Strukturen, der wohl in keinem Land so rasch verlief wie in den USA, leistete dieser Sichtweise Vorschub. Dazu gehörte die oft panische Angst der Besitzenden angesichts der revolutionären Vorgänge in Europa. Wie tief sie reichte, zeigt sich u. a. darin, daß nun die Einwandererquoten scharf beschnitten wurden[82], nicht zuletzt aus Sorge vor dem Import marxistischer Ideen und den möglicherweise daraus entstehenden sozialen Unruhen; eine Sorge, die sich als unbegründet erwies, aber doch eine für die USA ungewohnte Art von Abwehrreflex darstellte. Auch die Rationalisierungen und die Furcht vor einem Absinken des Lebensstandards zwangen zur Begrenzung der Arbeitskraft, obwohl damit ein Faktor der Vorkriegsprosperität in Frage gestellt wurde: die relative internationale Mobilität der Arbeitskraft[83]. In den 20er Jahren bedeutete das, die bereits gravierenden sozialen und ökonomischen Probleme in den traditionellen Auswandererländern Ost-, Südost- und Südeuropas weiter zu verschärfen[84].

Damit wird das ganze Ausmaß der widersprüchlichen Stellung der USA in der internationalen Arbeitsteilung deutlich. Auf der einen Seite verkörperten sie jene einzigartige Verbindung von fordistischem Wachstumsmodell und deflationistischer Politik als Vehikel innergesellschaftlicher Herrschaftssicherung (vor allem gegen die Gewerkschaften), die in Wahrheit aber, wie wir sahen, eine Fülle destabilisierender Wirkungen sowohl nach innen als auch nach außen produzierte. Auf der anderen Seite begünstigten die USA damit (durch Goldstandard, Kapitalexport, Gleichgewicht der Haushalte) die »konservative Offensive« in Europa und die Machtausübung einer liberal-konservativen Geschäftsbourgeoisie in Japan, hier, wie zu zeigen sein wird (Kap. IV/2), vornehmlich mit Hilfe der Handelsbeziehungen. Aber die einen wie die anderen agierten unter den äußeren Rahmenbedingungen einer von den USA entscheidend mitverursachten Pseudostabilisierung, die ihren innenpolitischen und binnenwirtschaftlichen Handlungsspielraum erheblich einschränken mußte. Indem sie unter diesen Umständen mit den Problemen der eigenen Gesellschaft nicht oder nur unter großen sozialen Opfern fertig wurden, belasteten sie ihrerseits die Rekonstruktion der Weltwirtschaft, die damit von vornherein wenig Aussicht auf Erfolg hatte. Kein Wunder, wenn es zur »Großen Krise« kam, die zugleich den Anfang vom Ende der »Nachkriegsordnung« einläutete.

3. Gebremster Welthandel, Niedergang Europas und gebrochene Konjunktur

Sicherlich hat der amerikanische Kapitalexport dazu beigetragen, daß der Welthandel zwischen 1924 und 1929 einen Aufschwung erlebte, der bei vielen den Anschein einer dauerhaften Erholung erweckte. Aber es waren, wie wir sahen, gerade die negativen Auswirkungen der weltwirtschaftlichen Dominanzposition der USA, die auch der Expansion des Welthandels enge Grenzen setzten. Dennoch gibt es noch andere, nun größtenteils von den USA unabhängige Gründe, die erklären, warum der Welthandel trotz unverkennbarer Fortschritte in diesen Jahren auch nicht ansatzweise die Dynamik entfaltete, wie das vor 1914 der Fall gewesen war, von der Zeit nach dem Zweiten Weltkrieg gar nicht zu reden[85]. In keinem Augenblick ging von ihm für die nationalen Volkswirtschaften ein zusätzlicher Wachstumsimpuls aus. Dem Umstand, daß sich diese Strukturschwäche mit den Auswirkungen der amerikanischen Dominanzposition verband, war es letzten Endes zu danken, wenn es in der zweiten Hälfte der 20er Jahre nicht zu einer gleichgerichteten Konsolidierung welt- und binnenwirtschaftlicher Verhältnisse kam.

Tatsächlich weist die Entwicklung des Welthandels in diesem Zeitraum eine Reihe von Schwachstellen auf, über die sich schon viele Zeitgenossen im klaren waren. Der Index des Umfangs der Exporte überstieg zwar 1924 das Vorkriegsniveau, entwickelte sich aber, besonders von 1925 auf 1926 (wegen eines erneuten Konjunktureinbruchs in vielen Ländern) nur mühsam und schleppend (Tab. 8). Keines der hochindustrialisierten Länder erzielte zwischen 1913 und 1929 Zuwachsraten, die an diejenigen aus der Vorkriegszeit heranreichten. Aber es gab bezeichnende Unterschiede: während Europa stark zurückfiel (am meisten Deutschland, England und die Schweiz; am wenigsten Frankreich), konnten die USA (aber auch Kanada) an die Vorkriegsleistungen anschließen[86].

Für den Zustand des Welthandels ist die Tatsache aufschlußreich, daß er, wiederum in krassem Gegensatz zur Zeit vor 1914 und nach 1945, langsamer wuchs als die Weltproduktion[87]. Das galt für die ganzen 20er Jahre hindurch für die Fertigwaren. Was die Produktion von agrarischen und mineralischen Rohstoffen betraf, stellte das Jahr 1925 einen Wendepunkt dar. Noch in diesem Jahr übertraf sie den Stand von 1913 um 17 %, während die Weltbevölkerung nur um 6 % und der Welthandel nur um 7 % anstieg. Betrachtet man den Zeitraum zwischen 1926 und 1929, ändert sich das Bild: Jetzt nahm der Welthandel stärker zu als die Produktion. Aber auch dies war kein Glücksfall, da die Angebotskapazität der Peripherieländer (die »weißen Dominions«, Länder in Lateinamerika dank der neuen Strategie der »Importsubstitution«) schneller stieg als die Nachfrage der industrialisierten Zentren. Der damit zusammenhängende Verfall der Rohstoffpreise war einer der wichtigsten Gründe für den Zusammenbruch des Weltagrarmarktes[88].

Diese Schwächen sind insofern von fundamentaler Bedeutung, als sie zeigen, daß die internationale Arbeitsteilung, also der Grad der Verflechtung zwischen nationalen Ökonomien, stark an Kraft verloren hatte. Daraus erklärt sich, warum der Welthandel als Wachstumsfaktor für die Weltwirtschaft weitgehend ausfiel. Viele Länder, vornehmlich in Europa, hatten einen Rückgang ihrer Exportquoten, d. h. des Anteils des Außenhandels am Volkseinkommen, zu verzeichnen. Langfristig gefährlicher aber mußte sich die seit 1928, mithin vor Ausbruch der Weltwirtschaftskrise, deutlich

Tab. 8:
Welthandel: Exporte, Importe, Index des Umfangs der Exporte (1913; 1920–1932; zum Vergleich: 1938, 1949, 1951)

Jahr	Exporte (in Mill. Golddollar)	Importe (in Mill. Golddollar)	Umfang der Exporte (Index: 1929 = 100)
1913	19800	20800	74,0
1920	31600	34200	53,5
1921	19700	22100	55,0
1922	21700	23600	59,0
1923	23800	25900	65,5
1924	27850	28980	75,7
1925	31550	33150	83,2
1926	29920	32120	85,2
1927	31520	33760	91,9
1928	32730	34650	95,2
1929	33024	35595	100,0
1930	26480	29080	93,0
1931	18910	20800	85,5
1932	12885	13970	74,5
	(in US-Dollar)		
1938	20700	23200	89,0
1949	53700	58500	100,1
1951	75400	80200	124,2

Quelle: Wie Tab. 7, 39.

werdende Tendenz zur Regionalisierung des Welthandels auswirken, genauer: die Polarisierung dieses Handels innerhalb von Präferenzzonen oder gar »Blöcken«. Das bedeutet, daß der intraregionale Handel wichtiger wird als der Handel zwischen den regionalen Zonen. Ende der 20er Jahre beginnen sich vier solcher Zonen herauszubilden: Europa (plus Kolonien), die Sterling-Zone, die Dollar-Zone (USA, Kanada, Lateinamerika) und, schon früher, die Sowjetunion. Auch das waren Warnzeichen für den Zerfall der Weltwirtschaft[89], der noch dadurch beschleunigt wurde, daß die Agrar- und Rohstoffdepression die traditionelle, hochgradig ungerechte »komplementäre« internationale Arbeitsteilung in Frage stellte[90], ohne daß sie durch eine andere Form von Arbeitsteilung ersetzt worden wäre.

Tab. 9:

a) Anteil der Regionen am Weltexport
1913, 1926, 1929, 1932, 1937, 1947 (Welt = 100)

Jahr	Nord-amerika	Mittel-amerika	Süd-amerika	Europa	Rußland (SU)	Asien	Afrika	Ozeanien
1913	15,8	2,4	6,7	50,9	4,3	12,5	4,7	2,7
1926	20,7	3,0	6,4	42,9	1,2	18,1	4,4	3,3
1929	19,5	9,6		47,4	1,4	14,9	4,5	2,7
1932	16,3	9,1		48,8	2,3	13,7	6,7	3,1
1937	17,1	10,3		44,8	1,1	16,2	7,1	3,4
zum Vergleich:								
1947	36,1	3,9	8,8	32,2	1,0	9,7	5,5	2,9

b) Anteil der Regionen am Weltimport
1913, 1926, 1929, 1932, 1937, 1947 (Welt = 100)

Jahr	Nord-amerika	Mittel-amerika	Süd-amerika	Europa	Rußland (SU)	Asien	Afrika	Ozeanien
1913	12,4	1,9	5,7	57,9	3,6	11,8	4,1	2,6
1926	17,6	2,2	5,5	50,6	1,2	15,3	4,4	3,2
1929	16,1	7,7		54,2	1,3	13,2	4,8	2,7
1932	14,2	7,2		53,7	2,5	13,7	6,2	2,5
1937	15,5	8,6		50,2	1,0	14,9	6,7	3,1
zum Vergleich:								
1947	26,4	4,1	8,3	38,8	2,1	11,3	6,5	2,6

c) *Außenhandel insgesamt*
1913, 1926, 1929, 1932, 1937, 1947 (Welt = 100)

1913	14,1	2,1	6,2	54,5	3,9	12,1	4,4	2,7
1926	19,1	2,6	6,0	46,9	1,2	16,6	4,4	3,2
1929	17,7	8,6		51,1	1,3	14,0	4,6	2,7
1932	14,2	7,2		53,7	2,5	13,7	6,2	2,5
1937	15,5	8,6		50,2	1,0	14,9	6,7	3,1
zum Vergleich:								
1947	26,4	4,1	8,3	38,8	2,1	11,3	6,5	2,6

Quelle: Wie Tab. 7, 45.

Tab. 10:
Anteil der Regionen am Export ausgewählter Länder (1913 und 1927; in %)

Land/Jahr		Nordamerika	Mittelamerika	Südamerika	Europa	Asien	Afrika	Ozeanien
USA	1913	16,4	7,7	5,9	60,4	6,2	1,2	2,2
	1927	17,4	8,4	9,0	47,5	11,5	2,2	4,0
GB	1913	10,3	1,8	9,5	34,7	25,2	9,8	8,7
	1927	10,7	1,8	8,4	34,0	22,3	11,3	11,5
F	1913	6,6	1,1	9,5	69,0	3,9	13,3	0,4
	1927	7,3	1,3	4,7	63,6	7,3	15,1	0,7
D	1913	7,7	1,0	6,6	75,2	6,4	2,1	1,0
	1927	7,8	1,1	6,3	74,0	7,6	2,4	0,8
Japan	1913	30,0	0,1	0,3	23,3	43,8	0,3	2,2
	1927	43,2	0,3	1,0	7,4	42,4	2,6	3,1
China	1913	9,2	0,0	0,0	25,3	65,4	0,0	0,1
	1927	13,4	0,0	0,1	19,2	67,2	0,0	0,1

Quelle: Wie Tab. 7, 74f.

Eine weitere, folgenschwere Veränderung stellte der schon von den Zeitgenossen beklagte Niedergang Europas in der Weltwirtschaft dar[91]. Im Gegensatz zu den USA stagnierte das Pro-Kopf-Einkommen in den drei wichtigsten Industrieländern, England, Deutschland und Frankreich. Der Anteil jedes dieser Länder an der Weltindustrieproduktion ging zurück (Tab. 1, S. 46). Am besten schnitt Frankreich ab, das dann aber in den 30er Jahren als Folge der Weltwirtschaftskrise, der Deflationspolitik sowie der Tatsache, daß in den 20er Jahren der Wiederaufbau zur Modernisierung der Grundstoffindustrien, des Maschinenbaus und der Autoindustrie zu Lasten der »alten« Konsumgüterindustrien genutzt worden war, schwere Einbußen hinnehmen mußte. Es liegt auf der Hand, daß von keinem der drei Länder die Aufgabe einer Anpassung an die neuen weltwirtschaftlichen Rahmenbedingungen bewältigt worden war. Dazu gehörte die bisweilen explosionsartige Ausweitung der Produktionskapazitäten nicht nur in den USA, sondern auch in einer Reihe von Peripherieländern wie Kanada, Australien, Neuseeland, Japan, Argentinien, Brasilien, sogar Indien[92]. Zwar gab es zwischen den europäischen Volkswirtschaften, und erst recht zwischen nationalen Sektoren und Branchen Unterschiede im Hinblick auf die Produktivitätsentwicklung[93]; im Ergebnis gelang es keiner von ihnen, die vor 1914 erreichten Positionen innerhalb der internationalen Arbeitsteilung zurückzugewinnen, geschweige denn auszubauen. Keine von ihnen wurde von der schweren Strukturkrise der Landwirtschaft verschont. Hier bestand kein Unterschied zu den USA, allerdings mit der gravierenden Ausnahme, daß die Mechanisierung der amerikanischen Großfarmen unvergleichbare Fortschritte erzielt hatte[94].

So erstaunt es nicht, daß der Anteil Europas auch am Welthandel zurückging (Tab. 9). Selbst in den Jahren relativer Erholung konnten die Exportverluste gegenüber 1913 nicht wieder aufgeholt werden. Während der intraeuropäische Handel 1913 40 % des Welthandels ausmachte, sank dieser Anteil bis 1928 auf 29,2 %; gleichzeitig stieg der Anteil des Handels zwischen außereuropäischen Ländern am Welthandel von 23,3 % auf 28,9 %[95]. Dagegen erzielten Nordamerika (v. a. USA) und Asien (v. a. Japan) erhebliche Fortschritte, die zwar in den späten 20er Jahren nicht gehalten werden konnten, als die Europäer wieder Anteile zurückeroberten (ohne das Vorkriegsniveau zu erreichen), aber auch dann noch über dem Vorkriegsniveau lagen. Der Trend zu einer »Enteuropäi-

Tab. 11:
Anteile einzelner Länder am europäischen Binnenhandel
(Exporte nach Gesamteuropa und Rußland)
(in %)

1913		1928	
1. Deutschland	25,3	Deutschland	21,5
2. Frankreich	12,8	Frankreich	12,7
3. England	12,6	England	11,5
4. Rußland	9,9	Belgien/Luxemburg	6,0
5. Belgien	7,8	Niederlande	5,9
6. Österreich-Ungarn	6,6	Tschechoslowakei	5,3
7. Niederlande	5,0	Italien	4,4
8. Italien	4,3	Dänemark	4,2
9. Schweiz	2,7	Schweden	3,2
10. Schweden	2,7	UdSSR	3,0

Quelle: H. Gaedicke u. G. von Eynern, Die produktionswirtschaftliche Integration Europas, Berlin 1933, 27.

sierung« des Welthandels war unverkennbar. Er wurde auch nicht durch den teilweise erfolgreichen Versuch Deutschlands und Englands kompensiert, den russischen Markt »wieder zu eröffnen«. Bemerkenswert ist die Tatsache, daß die Bedeutung Europas für den amerikanischen Export zurückging zugunsten aller anderen Regionen (Tab. 10). Frankreich und England machten Exportverluste dadurch wett, daß sie den Handel mit ihren Kolonien intensivierten, ganz im Sinn der oben angesprochenen Tendenz zur Regionalisierung des Welthandels. Sogar in ihrer ureigensten Domäne, dem europäischen Markt, verloren die Hauptexporteure Deutschland, Frankreich und England an Boden zugunsten der kleinen Länder (Tab. 11).

Wie in einem Brennglas erscheint der Verfall der Position Europas in der internationalen Arbeitsteilung, betrachtet man die Situation der beiden am stärksten zum Weltmarkt geöffneten Länder: England und Deutschland[96]. In beiden Ländern trug die Überbewertung der Währungen zur Verminderung der Konkurrenzfähigkeit bei; beide Länder hatten, wie gezeigt, bei der Stabilisierung ihrer Währungen die Produktivitätsunterschiede nicht berücksichtigt, die seit dem Weltkrieg im Vergleich zu den USA eingetreten waren. In beiden Ländern verschlechterte sich die Handelsbilanz, die in England allerdings seit jeher negativ war. Angesichts der mächtigen amerikanischen Konkurrenz mußte England auf fast allen wichtigen Weltmärkten, in Lateinamerika, Südostasien, im Mittleren und Nahen Osten (hier im Kampf um die Erdölvorkommen), sogar in den Dominions (Kanada, Australien) sowohl als Kapitalgeber wie auch als Warenexporteur den Rückzug antreten, was im Gegenschlag die wirtschaftliche Stagnation, den Niedergang ganzer Wirtschaftszweige, vor allem in den »alten« Industrien, und damit die strukturelle Arbeitslosigkeit weiter verschlimmern mußte[97]. Hier liegt einer der Hauptgründe für die Schwächung der Stellung Englands sowohl innerhalb des »Versailler Systems« (als Vermittler oder »Schiedsrichter« zwischen Frankreich und Deutschland) als auch innerhalb des »Washingtoner Systems«. Diese Verschlechterung der weltwirtschaftlichen und weltpolitischen Rolle Englands gab folgerichtig allen jenen Kräften im Lande Auftrieb, die, im Anschluß an *Chamberlains* Greater-Britain-Bewegung aus der Zeit vor dem Weltkrieg[98], das Empire als Rettungsanker betrachteten, um sich wenigstens auf diese Weise noch einen Abglanz alter Macht und Herrlichkeit vorzugaukeln.

Aber auch die Exportstärke der deutschen Wirtschaft hatte, vornehmlich in der ersten Hälfte der 20er Jahre, beträchtlich nachgelassen. Im Vergleich zu 1913 lag das Nettosozialprodukt 1928 bei 103 %, der Warenimport bei 102 %, der Warenexport aber nur bei 86 %[99]. Die Exportquote sank von 17,5 % 1910/13 auf 14,9 % 1924/25, die Importquote von 20,2 % auf 17 %. Besonders schmerzhaft war, daß beide Länder gegenüber den USA Anteile an den Weltexporten von Fertigwaren verloren. Während der Anteil Nordamerikas (im wesentl. USA) von 10,6 % 1913 auf 19,2 % 1928 stieg, ging der Anteil Englands in diesem Zeitraum von 25,3 % auf 21,8 % und derjenige Deutschlands von 21,3 % auf 16,4 % (1925 13,9 %) zurück[100]. G. *Bienstock* hat berechnet, daß der Anteil Deutschlands am Fertigwarenexport der vier wichtigsten Länder (England, Deutschland, USA, Frankreich), die vor dem Weltkrieg fast drei Viertel der Weltfertigwarenausfuhr bestritten, 1913 rd. 30 % betrug, 1925 rd. 20 % und 1928 rd. 25 %. Wenn Deutschland im Vergleich zu England seine Weltmarktposition dennoch besser verteidigen konnte, lag das daran, daß es zunächst gelang, den Anteil der Fertigwaren am Export von 53,3 % 1910/13 auf 59,1 % 1924/25 zu steigern, wobei sich der Maschinenbau, neben Elektroindustrie, Feinmechanik und chemischen Fertigwaren, weiterhin als Hauptstütze des Exports erwies. Während der Index des Exportvolumens von Fertigwaren (1913 = 100) nur einmal während der 20er Jahre das Vorkriegsniveau überschritt (1929 = 106,7), entwickelte sich dieser Index für Maschinen erheblich günstiger: 1924 = 60,5; 1925 = 78,4; 1926 = 86,4; 1927 = 91,2; 1928 = 110,1; 1929 = 129,6; 1930 = 134,4[101]. Da wegen der mangelhaften Aufnahmefähigkeit der Binnenmärkte die Bedeutung auswärtiger Märkte gerade für Produkte des Maschinenbaus erheblich zugenommen hatte, schlug die Exportstärke in diesem Bereich besonders vorteilhaft zu Buche. Dagegen verlor die deutsche Farbenindustrie während der 20er Jahre Weltmarktanteile, obwohl sie vor 1914 eine regelrechte Monopolstellung erobert hatte[102]. Untersucht man schließlich die Entwicklung der Marktanteile nach Produktgruppen (Tab. 12), so zeigt sich erneut, in welchem Maße sich die USA im Bereich der Maschinen, vor allem der Transportausrüstung, aber auch der Chemie gegenüber den Europäern durchzusetzen vermochten.

Die von einer Reihe neomarxistischer Autoren vertretene These[103], wonach die technologische und organisatorische Überlegenheit des amerikanischen Kapitalismus, vor allem seine Fähigkeit zur Internationalisierung, Industrieländer wie Deutschland, aber auch Japan in die »Halbperipherie« zurückgeworfen hätte, ja daß es zwischen 1914 und 1945 einen »Dreißigjährigen Krieg« zwischen den USA und Deutschland um die Hegemonie zumindest in der Weltwirtschaft gegeben habe, schießt sicher weit übers Ziel hinaus. Weder Deutschland und schon gar nicht Japan waren in den 20er Jahren dazu in der Lage. Dennoch steckt in dieser These ein Korn Wahrheit, über das sich nachzudenken lohnt. Ist der Gedanke so abwegig, daß ein Motiv für die Hinwendung Deutschlands zum Nationalsozialismus und Japans zum Militarismus darin zu suchen ist, daß beide Länder angesichts des unaufhaltsam scheinenden ökonomischen Aufstiegs der USA, der durch die Weltwirtschaftskrise nur vorübergehend unterbrochen war, zunehmend von der Sorge erfüllt wurden, von den USA weltwirtschaftlich marginalisiert zu werden? Da aber beide Länder auf den Weltmarkt als entscheidende Bedingung ihrer Reproduktion angewiesen waren, mußten sie die Dominanzposition der USA zu-

Tab. 12:
Anteile an den Exporten von 8 Industrieländern[1]; Marktanteile nach Produktgruppen (alle 8 Länder = 100)

		GB	D	F	USA
Elektrische und nichtelektrische Maschinen	1913	29,4	34,8	3,5	23,5
	1928	23,9	28,2	5,9	31,2
	1938	24,6	30,4	2,8	30,2
Transportausrüstung	1913	37,3	17,3	16,4	17,3
	1928	21,0	4,4	8,4	58,8
	1938	21,9	19,6	4,0	45,1
Chemie	1913	23,4	44,0	11,9	7,6
	1928	17,4	42,8	11,7	16,2
	1938	15,7	40,7	9,7	17,4
Textilien	1913	46,8	15,4	14,6	3,2
	1928	41,7	12,9	19,6	6,8
	1938	42,2	15,3	11,1	7,7
Gesamtexporte	1913	24,6	23,2	12,8	23,4
	1928	22,0	18,1	12,8	31,6
	1938	21,9	20,7	8,5	29,3

[1] Großbritannien, Deutschland, Frankreich, Italien, Belgien-Luxemburg, Schweiz, Schweden, USA.

Quelle: Svennilson, 187.

mindest als Herausforderung empfinden. Auch die andere Möglichkeit, daß die USA Deutschland im »Versailler System« und Japan im »Washingtoner System« zu ihren privilegierten wirtschaftlichen Verbündeten machten, mußte auf lange Sicht zum selben Ergebnis führen: Politischer Revisionismus und Streben nach ökonomischer Autonomie verschmolzen dann zu einer explosiven Mischung. Die Weltwirtschaftskrise war es konsequenterweise, die den Weg in diese Richtung freimachte.

Betrachtet man noch den Verlauf der Weltkonjunktur während der 20er Jahre, wird erneut deutlich, daß auch er weitgehend von der inneramerikanischen Entwicklung bestimmt wurde. Der konjunkturelle Aufschwung, wie er 1922 in den USA und 1924 in Europa begann, war, wie einsichtige Zeitgenossen schnell merkten, weniger verbreitet und anhaltend, als es zunächst schien[104]. Auch seine Intensität fiel in den einzelnen Ländern höchst unterschiedlich aus. Fast überall gab es einschneidende Unterbrechungen, z. T. sogar nachhaltige Einbrüche. Eine Reihe von Ländern hatte eher schwache Wachstumsraten zu verzeichnen, oder die wirtschaftliche Entwicklung stagnierte (England, Italien, Dänemark, Norwegen, Schweden, Österreich, Australien, Indien); besonders hohe Wachstumsraten gab es in den USA, in Kanada, in einigen lateinamerikanischen Ländern, aber auch in Japan und in Südafrika. Größere Rezessionen, die oft schärfer ausfielen als vor dem Kriege, erschütterten in regelmäßigen Wellen die führenden Industrieländer: 1926 Deutschland und England, 1927 die USA, Frankreich, Italien. Schon 1928 erlebte Japan eine schwere Bankenkrise, wie sich überhaupt in diesem Jahr bereits die Krisenzeichen häuften (Deutschland, Polen). In der ohnehin kurzen Phase zwischen 1922/24 und 1929 konnte sich der konjunkturelle Aufschwung also nur wenige Monate hindurch halten.

Mit dieser Zerbrechlichkeit der Konjunktur hängt auch ihr zweites Kennzeichen zusammen: die unzureichende Stimulierung der Nachfrage. Die Preise sanken zu langsam; erst vom ersten Halbjahr 1929 ab begann der Verfall der Großhandelspreise[105], während die Durchschnittslöhne in den meisten Ländern nur unwesentlich stiegen. Zwischen 1925 und 1929 lag die Arbeitslosenquote in einigen Ländern sogar höher als zwischen 1921 und 1924. Zwei Tendenzen stießen aufeinander und kumulierten ihre Wirkungen, wobei das, was in den USA geschah, sich, wenn auch mit unterschiedlicher Intensität, in vielen, insbesondere entwickelten Ländern, wiederholte: die Krise der ökonomischen Strukturen (der Schrumpfprozeß im Bereich der »alten« Industrien; die erste Welle der Rationalisierungen v. a. in den Wachstumsbranchen; die katastrophale Lage der Landwirtschaft) und die sich aus der Deflationspolitik sowie der Konzentration und Zentralisierung des Kapitals ergebende ungleiche Verteilung der Einkommenszuwächse[106].

4. Das Scheitern der Weltwirtschaftskonferenz von 1927

Die Fehlentwicklungen in Weltwirtschaft und Weltwährung blieben allen denen nicht verborgen, die ein Interesse an der Stabilisierung der »Nachkriegsordnung« in Gestalt des »Versailler« und »Washingtoner Systems« hatten und mit Recht fürchteten, daß ein Zerfall eher wirtschaftliche als politisch-strategische Ursachen haben könnte. So nahm der Völkerbund eine nicht zufällig schon 1925 von Frankreich (Louis *Loucheur*) lancierte Idee zur Abhaltung einer internationalen Wirtschaftskonferenz auf, die nach mühsamen Vorverhandlungen schließlich vom 4. bis 23. Mai 1927 in Genf tagte und den Versuch darstellte, die politische Entspannung durch die Lösung der dringendsten weltwirtschaftlichen Probleme zu untermauern[107]. Tatsächlich hatte die Völkerbundsversammlung in ihrer ordentlichen Sitzung von 1925 eine Resolution verabschiedet, in der es heißt, daß »der wirtschaftliche Friede in weitem Maße zur Sicherheit unter den Nationen beitragen wird«. Also sei es nötig, »die wirtschaftlichen Schwierigkeiten zu untersuchen, welche einem Wiederaufleben einer allgemeinen Prosperität im Wege stehen und die besten Mittel festzustellen, diese Schwierigkeiten zu besiegen und Auseinandersetzungen zu verhindern«. Ausdrücklich wird zwischen »Prosperität« und »Weltfrieden« ein Kausalzusammenhang hergestellt. 47 Staaten folgten der Einladung des Völkerbundes, darunter die USA und die Sowjetunion, was als nicht geringe Sensation empfunden wurde. Die Delegationen setzten sich aus Vertretern der Regierungen, der Unternehmerverbände und der Gewerkschaften zusammen, wobei die letzteren bezeichnenderweise völlig unterrepräsentiert waren. Insgesamt trafen sich 194 offizielle Konferenzmitglieder und 157 Experten.

Natürlich glaubte niemand ernsthaft, daß diese Mammutkonferenz die gewaltigen Strukturprobleme der Weltwirtschaft plötzlich überwinden könnte. Es war ein schlechtes Omen, daß ausgerechnet Frankreich, das die Initiative zur Konferenz ergriffen hatte, im Augenblick ihrer Eröffnung einen neuen, besonders prohibitiven Zolltarif verkündete. Die Diagnose der weltwirtschaftlichen Schwierigkeiten, die der Präsident der Konferenz, M. *Theunis* (Belgien), in seiner Eröffnungsrede vorlegte, war ein Musterbeispiel an Klarsicht und analytischer Schärfe. Auf der Grundlage einer Fülle von Einzeluntersuchungen und Denkschriften, die ein prägnantes Bild der Weltwirtschaft zeichnen (und im übrigen einer genaueren Analyse harren), attackierte die Konferenz drei der wichtigsten Probleme: die Beschränkungen des internationalen Handels sowie die Lage der bedeutendsten Industriezweige und der Landwirtschaft.

Für den Zweck unserer Untersuchung ist es nicht erforderlich, den Gang der Debatte zu verfolgen. Bemerkenswert ist die Tatsache, daß die Forderung nach einer Rückkehr zu Vorkriegsverhältnissen jetzt allgemein als überholt bezeichnet wurde. In der Tat wären alle in der Schlußresolution aufgeführten »Empfehlungen« geeignet gewesen, einen Teil der weltwirtschaftlichen Schwierigkeiten zu bewältigen. Als Mittel zum Abbau von Hemmnissen im internationalen Handel wurde zwar mit Inbrunst das hohe Lied des Freihandels gesungen, aber jeder wußte, daß es sich um eine schöne Illusion handelte. Daher begnügte sich die Resolution damit, die Aufnahme einer bedingungslosen Meistbegünstigungsklausel in die Handelsverträge zu fordern. Der Völkerbund wurde sogar beauftragt, einheitliche Grundsätze in dieser Sache auszuarbeiten. Etwas blauäugig wurden »überhöhte« Zollsätze als »verderblich« für den einzelnen Staat wie für die Weltwirtschaft verurteilt. Alle Regierungen wurden aufgefordert, Pläne für eine allmähliche Senkung der Zölle vorzulegen. Um den Zollabbau zu beschleunigen, legte die Resolution ein kollektives Vorgehen der Staaten nahe. Ausfuhrzölle sollten nur erhoben werden, »soweit es für den Staatshaushalt unbedingt erforderlich« wäre oder falls es galt, mit einer besonders schwierigen Wirtschaftslage fertigzuwerden.

Das ist nur ein Auszug aus den umfangreichen »Empfehlungen«, deren ökonomische Vernünftigkeit unmittelbar einleuchtet. Aber wie so oft und bis in unsere Tage hinein ist es ein weiter Weg von der guten Einsicht zur entschlossenen Tat. Schon zeitgenössische Kritiker bemängelten zu Recht den vagen und unverbindlichen Charakter der »Empfehlungen«, immer auf dem kleinsten gemeinsamen Nenner und mit vielen Schlupflöchern versehen. Die Konferenz hätte eher einer »Enquête-Kommission« geähnelt, die sich über die Ursachen der Krise den Kopf zerbricht, als einem zu Entscheidungen befähigten Gremium[108]. Das ganze Dilemma wird deutlich, wenn die »Empfehlungen« das hochaktuelle Thema der Rationalisierungen ansprechen. Hier überlagerten sich zwei Konfliktlinien: der Gegensatz zwischen nationalen Interessen und den

Positionen der Arbeitgeber und der Gewerkschaften, der nun quer durch die nationalen Delegationen verlief. Da die ersteren jede Zusammenarbeit mit den Gewerkschaften bei der Planung und Durchführung von Rationalisierungsmaßnahmen kategorisch ablehnten, blieb selbst die bescheidene Forderung nach *Berücksichtigung* von Arbeiterinteressen ungehört. Bis heute hat der Konflikt keine befriedigende Lösung gefunden.

Auch die Debatte um die internationalen Industriekartelle verlief so kontrovers, daß sich die Konferenz einer »prinzipiellen Stellungnahme« enthalten mußte. Einerseits herrschte Einmütigkeit, daß sie wenig geeignet seien, einen Beitrag zur Überwindung weltwirtschaftlicher Schwierigkeiten zu leisten. Andererseits brächten sie auch Vorteile, allerdings unter der Voraussetzung, daß es nicht zu Monopolbildungen komme, die den technischen Fortschritt hemmten und die Interessen sozialer Gruppen und bestimmter Volkswirtschaften mißachteten. Ein wahrer Balanceakt auf dem Hochseil wirtschaftsdiplomatischer Kompromißformeln! Kein Wunder, wenn sich die Konferenz nur zu einem Negativkatalog durchrang (Ablehnung »künstlicher« Preissteigerungen z. B.) und dann auch noch jeder Form internationaler Kontrolle eine Absage erteilte. Bei der Endabstimmung über eine sich in Absichtserklärungen erschöpfende Resolution enthielten sich die USA wie die Sowjetunion, aus entgegengesetzten Gründen, der Stimme.

Die Realitätsferne der Konferenz spiegelt sich in der Tatsache wider, daß so beherrschende Themen wie die Reparationen und die interalliierten Schulden gar nicht erst auf die Tagesordnung kamen und dort ja auch nichts zu suchen hatten. Keine der hierbei involvierten Mächte erlaubte, daß diese Fragen in einem Völkerbundsgremium entschieden wurden. Tatsächlich war der Völkerbund ungeeignet, neben seiner Aufgabe der Schaffung und Vertiefung der kollektiven Sicherheit noch die Funktion einer Art weltwirtschaftlicher Zentralorganisation zu übernehmen. Genau gegen diese in der Resolution durchscheinende Absicht opponierten, nun gemeinsam, die USA und die Sowjetunion, die aber nur die Spitze des Eisbergs darstellten. So überließen sie das Gremium seinem Schicksal[109]. Der Umstand, daß kollektive Sicherheit ohne Berücksichtigung ökonomischer Realitäten angestrebt wurde, offenbart dennoch einen fundamentalen Konstruktionsfehler des Völkerbundes, der nicht zufällig durch die Weltwirtschaftskrise zur Bedeutungslosigkeit verurteilt wurde.

Praktische Auswirkungen hatte die Konferenz um so weniger, als sich einige Monate später, noch vor Ausbruch der »Großen Krise«, die wirtschaftliche Lage in vielen Ländern verschlechterte. Zwar kam im August 1927 der deutsch-französische Handelsvertrag als Kernstück des angestrebten kontraktuellen Systems zustande, aber schon im Verlauf des Jahres 1929 verstärkte sich erneut der Trend zu Zollerhöhungen, besonders im Bereich der Agrarprodukte. Außerdem befürchteten nun die Regierungen noch mehr, daß ein Abbau der Zölle schwache Industrien vernichten und damit die Arbeitslosigkeit weiter erhöhen könnte. Verheerend wirkten sich die Diskussionen in den USA aus, die weitere massive Zollerhöhungen für unausweichlich hielten. Ein Jahr später, unter dem Eindruck der Krise, wurden sie dann verkündet, was allen Bemühungen um einen Zollabbau den Todesstoß versetzte.

III. Strukturprobleme des »Versailler Systems« 1924–1929

1. Die Legende von der Phase der »relativen Stabilität«

a) Die USA als treibende Kraft. Hatte es Ende 1923 noch so ausgesehen, als würde das »Versailler System« einen »eventuellen Kollaps«[1] erleben, mehrten sich im Verlauf des Jahres 1924 die Anzeichen, daß die chaotischen Verhältnisse der unmittelbaren Nachkriegszeit, innergesellschaftlich wie zwischenstaatlich, schrittweise überwunden wurden. Nicht zuletzt als Folge des Booms in den USA erholte sich auch in Europa die Konjunktur. In allen führenden Industrieländern stieg die industrielle Produktion an und erreichte bis 1929, wenngleich mit stark unterschiedlicher Geschwindigkeit und Intensität, das Niveau von 1913 (Tab. 3, S. 46f.). Dennoch verlief der Anstieg der industriellen Produktion seit 1924 regional gleichgewichtiger als in der ersten Hälfte der 20er Jahre[2]. Sogar die Rohstoffproduktion wurde von diesem Aufschwung erfaßt, allerdings mit größeren regionalen Unterschieden. Zugleich expandierte der Welthandel; um 1924 bewegte sich das Volumen der Weltexporte wieder auf Vorkriegsstand (Tab. 8, S. 69). Zwischen 1925 und 1929 nahm der Umfang des Welthandels um 21 % zu. Das alles bringt *Aldcroft* zu dem Urteil, daß »die Welt 1925 im ganzen genommen reicher war als 1913«[3].

Hinzu kam, daß sich auch der politische Horizont aufzuklären begann. Die Annahme des Dawes-Plans signalisierte erste Fortschritte auf dem beschwerlichen Weg zu einer Regelung der Reparationsfrage, die bislang der Hauptgrund für die Vergiftung des Klimas gewesen war. Daran hatte der Wahlsieg eher links orientierter politischer Kräfte in England (Dezember 1923) und Frankreich (Mai 1924) nicht unerheblichen Anteil. Dies wiederum bereitete den Boden vor für das, was man seit 1925 den »Geist von Locarno« nannte, der darauf beruhte, daß Deutschland die im Versailler Vertrag enthaltenen Bestimmungen über seine Westgrenze nicht nur akzeptierte, sondern darüber hinaus im Rahmen des Völkerbundes am Auf- und Ausbau eines Systems kollektiver Sicherheit mit seinen beiden Hauptsäulen, der internationalen Schiedsgerichtsbarkeit und Abrüstung, mitzuwirken schien. Alles dies lief darauf hinaus, zwischen Siegern und Besiegten einen Modus vivendi zu installieren, der tragfähig genug war, um die Situation zumindest im westlichen Teil Europas zu stabilisieren. Diese Veränderungen bezogen aber auch den Osten ein. Die diplomatische Anerkennung der Sowjetunion durch England und Frankreich stellte einen ersten Versuch dar, die Beziehungen zur revolutionären Macht par excellence zu normalisieren, sie aus der Quarantäne hinter dem »cordon sanitaire« herauszuholen, nachdem die Sowjetunion selber über die »Neue Ökonomische Politik« und den Rapallo-Vertrag bereits eine zwar begrenzte, aber deutliche Öffnung zum Westen vollzogen hatte. Das war die Reaktion auf das Eingeständnis, daß der von *Lenin* erwartete revolutionäre Flächenbrand nicht eingetreten war. Damit fand auch an der ideologischen Front eine gewisse Beruhigung statt. Daher schien es einen Augenblick, als konvergierten wirtschaftliche, währungs-, innen- und außenpolitische Entwicklungen, um dem »Versailler System« neues Leben einzuhauchen.

Dennoch täuschte dieser Eindruck, der aber noch immer das Bild bestimmt, das die Geschichtsschreibung von jener Epoche zeichnet. Sicherlich war Europa, trotz z. T. erheblicher Anteilsverluste an Weltindustrieproduktion und Welthandel, nach den USA die zweitstärkste Industrieregion der Welt. Es ist auch unbestritten, daß ein Drittel des Welteinkommens auf Europa (ohne UdSSR) entfiel[4]. Dennoch überwogen, wie gezeigt, die Stagnationstendenzen sowohl im Hinblick auf die Entwicklung der Pro-Kopf-Einkommen als auch des Produktivitätszuwachses, was natürlich die Überwindung der sozialen Probleme nicht gerade erleichterte. Was wir als »weltwirtschaftlichen Niedergang Europas« bezeichnet haben, insbesondere im Verhältnis zu den USA, änderte sich in der zweiten Hälfte der 20er Jahre nicht grundlegend. Gerade die Währungsstabilisierungen, die am meisten dazu beigetragen haben, das Gefühl einer »Rückkehr zur Normalität« zu verbreiten, haben in Wahrheit, wie oben gezeigt wurde, die wirtschaftlichen Schwierigkeiten, national wie international, eher noch verschärft.

Am stärksten fällt eine Tatsache ins Gewicht, die bislang, zumindest bei europäischen Historikern[5], nicht die Beachtung gefunden hat, die sie verdient: daß der Impuls zur Aufrechterhaltung des »Versailler Systems« nicht von innen, nicht aus eigener Kraft kam, sondern entscheidend von den USA ausging. Ausgerechnet jene Macht bewahrte es vor einem frühen Zusammenbruch, die sich politisch und institutionell bewußt außerhalb gestellt hatte. Das konnte naturgemäß nur um den Preis eines Substanzwandels der europäischen »Friedensordnung« geschehen, der die Frage aufdrängt, ob sie durch diese Intervention tatsächlich an Stabilität gewonnen hat. Dagegen lag das Interesse der USA auf der Hand: Eine Fortdauer der chaotischen Zustände in Europa hätte eines Tages die amerikanische Prosperität in diesen Strudel gerissen, vor allem aber jene Open-Door-Strategie, die entweder weltumspannend oder gar nicht funktionierte und die schon von *Wilson* auf der Pariser Friedenskonferenz erneut proklamiert worden war. Ihr Erfolg hing wesentlich von der Einbeziehung eines wiederaufgebauten Europas ab.

Der einzige Unterschied bestand darin, daß die Gegner *Wilsons* die »Offene Tür« ohne formelles, völkerrechtlich relevantes Engagement zu realisieren gedachten, das ihrer Meinung nach die politische Entscheidungsfreiheit unnötig eingeschränkt hätte. Jetzt, nach der Entfaltung der Prosperität in ihrem Land, waren die Republikaner entschlossen, ihr »Grand Design« in die Tat umzusetzen und gemeinsam mit den entwickeltsten Industrienationen, an erster Stelle mit Deutschland, »eine ›community of ideals, interests and purposes (*Hughes*)‹ aufzubauen, und zwar durch einen friedlichen Ausgleich (notfalls mit ökonomischem Druck)«[6]. Ohne Zweifel war es dieses Ziel, dem der Dawes-Plan, das Kernstück der Operation, seine Entstehung verdankte.

Im übrigen hatte sich die Lage der USA seit 1919 entscheidend verbessert[7]. Vielfach wird ihr ursprünglicher Rückzug damit erklärt, daß sie vor der Übernahme weltpolitischer und weltwirtschaftlicher Verantwortung zurückschreckten[8]. Aber eine andere Interpretation, die von W. A. *Williams* und seiner Schule, insbesondere von C. P. *Parrini*, vertreten und inzwischen vertieft worden ist[9], erscheint plausibler: Daß es sich nicht um einen Akt des »Isolationismus« gehandelt hat, sondern um einen taktischen Schritt, den eine momentane Schwäche unvermeidbar machte. Tatsächlich war *Wilson* 1919, im Gegensatz zu *Truman* 1947, zunächst nicht in der Lage, Europa mit Hilfe öffentlicher Kredite wieder auf die Beine zu helfen. Er stand unter dem starken Druck des Treasury Departement, das, vom Federal Reserve Board unterstützt, gegen eine Verlängerung der während des Krieges den alliierten Regierungen gewährten Kredite eintrat, und zwar trotz der Pressionen einflußreicher Bankiers, diese Politik fortzusetzen, also erneut internationale Verantwortlichkeit zu übernehmen. Dafür verlangte es, wie der Kongreß und die gesamte öffentliche Meinung, die möglichst rasche Konsolidierung der Kriegsschulden der ehemaligen Verbündeten.

Hier lag der Hauptgrund für den Widerstand gegen eine systematische Beteiligung der USA am europäischen Wiederaufbau (was einen bescheidenen Kapitalexport nicht ausschloß). Wegen der in Europa herrschenden politischen, sozialen und wirtschaftlichen Unsicherheit hatten aber auch die Bankiers Schwierigkeiten, Kapital zu mobilisieren[10]. Schließlich war die Durchsetzung der Open-Door-Politik nicht ohne weiteres möglich, da sich sowohl England als auch Frankreich energisch dagegen sträubten, den Grundsatz der Nichtdiskriminierung in den Handelsbeziehungen sowie eine kommerzielle Regelung der Reparationsfrage als Voraussetzung einer Zusammenarbeit der USA mit Europa zu akzeptieren. Die Nichtratifizierung des Versailler Vertrags, der Boykott internationaler Konferenzen (Brüssel 1920, Genua 1922), die Verweigerung einer Kooperation im interalliierten ökonomischen Komitee sowie die Verfolgung einer strikt nationalen Währungspolitik waren nicht zuletzt Ausdruck und Folge des eingeschränkten Handlungsspielraums.

Angesichts der umfangreichen Literatur[11] ist es nicht nötig, die Genesis des Dawes-Plans im einzelnen nachzuzeichnen. Für unseren Zusammenhang ist nur die Frage wichtig, warum es den USA gelang, ihre Position so weit zu verbessern, daß sie im Lauf des Jahres 1923 die Zügel an sich reißen und schließlich sogar die Bedingungen diktieren konnten, unter denen sie sich in Europa engagierten. Dabei konvergierten innere und äußere Faktoren. Zunächst hatte sich gezeigt, daß der Konjunkturaufschwung seit 1922 im wesentlichen Sache der Binnenwirtschaft war, die Außenwirtschaft also nur eine marginale Rolle spielte[12]. Tatsächlich waren die USA 1919 viel stärker vom europäischen Markt abhängig als 1923: Die Handelsbilanzüberschüsse verminderten sich in diesen Jahren von 4,5 Mrd. Dollar auf 0,4 Mrd. Dollar; die Exportquote sank von 10 % auf 4,8 % und die Arbeitslosenquote von 11,9 % 1921 auf 3,2 % 1923, was den determinierenden Anteil der Binnenwirtschaft an der Konjunktur unterstreicht. Der Rückgang des Exportüberschusses ergab sich daraus, daß der Bedarf Europas an Rohstoffen und Lebensmitteln nachließ.

Überdies nahm die Dollarknappheit immer bedrohlichere Ausmaße an, wozu die USA wohl absichtlich beigetragen haben, um die Europäer zur Stabilisierung ihrer Währungen auf Goldbasis, zur Sanierung ihrer Haushalte sowie zu Zugeständnissen im Sinn der Open-Door-Politik zu bewegen. Zugleich verzeichnete das Jahr 1923 wegen der Spannungen in Europa einen Tiefpunkt des Kapitalexports. Für die dollarhungrigen Europäer, aber auch für die im Dollarüberfluß schwimmenden Amerikaner war es nun dringend geboten, den Kapitalstrom erneut und in erheblich größerem Umfang fließen zu lassen. Dafür aber waren, wie Washington unmißverständlich klarmachte, die Stabilisierung der deutschen Währung auf der Grundlage der sofortigen Einführung einer unbeschränkten Goldparität sowie die Regelung der Reparationsfrage unerläßliche Voraussetzungen. Indem sich die USA gegen den Widerstand Frankreichs und anfangs auch Englands durchzusetzen begannen, sammelten sie einen ersten entscheidenden Punkt, indem sie auf diese Weise die Rückkehr aller europäischen Währungen zum Gold(devisen)standard einleiteten und dabei die in den europäischen Führungsschichten ohnehin vorhandenen Dispositionen ausnutzten.

Hinzu kam der wachsende Druck der notleidenden Landwirtschaft, aber auch der Industrie, die nach stabilen Absatzmärkten und sicheren Wechselkursrelationen verlangten. Es verstärkten sich auch Befürchtungen, daß es im Zusammenhang mit der Reparationsfrage zu einer möglicherweise monopolistischen Kooperation zwischen deutschen und französischen Wirtschaftsinteressen kommen könnte. Sogar die Gefahr einer Art von paneuropäischer Präferenzzone unter englischer Führung wurde nicht ausgeschlossen. Gegen diese tatsächlichen oder eingebildeten Tendenzen, die natürlich der Open-Door-Politik entgegenstanden, richtete sich nicht zuletzt der Abschluß des amerikanisch-deutschen Handelsvertrages (8. Dezember 1923) mit der ungewöhnlich langen Laufzeit von zehn Jahren auf der Basis unbedingter Meistbegünstigung[13] – ein zweiter Punkt für die USA. Dieser Vertrag zeigte, daß Regierung und Wirtschaftsgruppen in den USA nach Wirtschaftskrise und Ruhrbesetzung endgültig den engen Zusammenhang zwischen der Prosperität im eigenen Land und in Europa begriffen hatten[14].

Schließlich hatte sich seit Ende 1922/Anfang 1923 die Haltung Englands verändert. Auch hier verstärkte sich die Sorge vor dem wachsenden Hegemonieanspruch Frankreichs, gekoppelt mit der befürchteten Entstehung eines kontinentalen schwerindustriellen

Blocks unter französischer Führung. In dieser Lage blieb England nichts anderes übrig, als wieder näher an die Seite der USA zu rücken. Es stellte die Versuche ein, die Open-Door-Politik zu konterkarieren und anerkannte sogar formell im »Fundierungsabkommen« vom 19. September 1923 seine Kriegsschulden gegenüber den USA in Höhe von 4,6 Mrd. Dollar (Rückzahlung innerhalb von 62 Jahren bei einem Schuldendienst von 3 bis 3,5 %) – ein dritter Punkt für die USA. Aber auch England mußte wegen der desolaten Lage seiner Wirtschaft und als hochgradig exportabhängiges Land an einer wirtschaftlichen Gesundung Europas dringend interessiert sein, um die Absatzchancen für seine Produkte zu verbessern[15]. Ohne amerikanische Kapitalhilfe war das jedoch nicht möglich. Als dann Anfang 1924 Frankreich als Folge einer gefährlichen Spekulation gegen seine aufwertungsverdächtige Währung in eine schwere Finanzkrise stürzte, war auch Paris zum Einlenken in der Reparationsfrage bereit, was, um mit S. A. *Schuker* zu sprechen, »das Ende der französischen Prädominanz in Europa«[16] bedeutete – ein vierter Punkt für die USA.

Damit war die Situation für eine Regelung der Reparationsfrage im Sinn der amerikanischen Interessen reif. Frankreich und England waren am Ende ihrer Weisheit. Der lang gehegte Wunsch, auch in Europa einen »Economic Peace« nach dem Vorbild der Washingtoner Konferenz 1921/22 (Kap. IV/1) zu errichten, konnte nun Wirklichkeit werden. Zudem erwies sich das Reparationsproblem geradezu als idealer Hebel für die Erreichung amerikanischer Ziele in Europa. Bei dieser Gelegenheit konnte den verbleibenden weltwirtschaftlichen und währungspolitischen Ambitionen Englands (so dem Versuch, die neue deutsche Währung an den Sterling-Block zu binden) ein gewaltiger Dämpfer aufgesetzt werden[17]. Es verstand sich von selbst, daß, ohne vertragliche Fixierung, die zentrale Machtposition innerhalb der Dawes-Plan-Regelung, wie sie der Generalagent darstellte, mit einem Amerikaner besetzt wurde. Über die Kontrolle der deutschen Wirtschaft und Finanzen, die zur Hauptaufgabe des Generalagenten gehörte, bestand die Möglichkeit, Europa in jene konservativ-kapitalistische Weltordnung einzubinden, die den adäquaten Rahmen für das Funktionieren des fordistischen Wachstumsmodells abgab. So ist die Behauptung nicht übertrieben, daß der Dawes-Plan letztlich bedeutete, Europa in eine Geisel der amerikanischen Hochfinanz zu verwandeln[18].

b) Die amerikanisch-deutschen Beziehungen als Stabilisator? Hat die Intervention der USA, wie viele Zeitgenossen zunächst glaubten, zu einer Konsolidierung der wirtschaftlichen und damit der politischen Verhältnisse in Europa beigetragen? Angesichts der nun auftretenden, neuen Widersprüche verflog die ursprüngliche Euphorie schnell. Der Dawes-Plan, der Deutschland zur Zahlung von Jahresraten in zunächst wachsender Höhe verpflichtete (während des ersten Jahres eine Milliarde Goldmark; während des fünften Jahres, 1928/29, 2,5 Mrd. GM – ein Betrag, der dann jährlich ohne zeitliche Begrenzung zu leisten war) und diese Forderungen durch die Verpfändung von Eisenbahn- und Industrieobligationen absicherte[19], litt an einem grundlegenden Konstruktionsfehler, der auch schnell durchschaut wurde: Er löste das weltwirtschaftlich und weltpolitisch entscheidende Problem einer finanziellen Liquidierung des Krieges nicht[20]. Entsprechend der in den USA, aber auch anderswo vorherrschenden konservativen Währungs- und Wirtschaftsdoktrin blieben seine Maßnahmen einem engen budgetären Denken verhaftet.

Hinzu kam eine zweite Crux. Der Plan schätzte zwar die Produktivkraft der deutschen Wirtschaft hoch ein, gab aber keine Antwort auf die Schlüsselfrage, wie sie angesichts der weltwirtschaftlichen Rahmenbedingungen zugunsten der Gläubiger genutzt werden könnte, ohne daß zugleich deren binnen- und außenwirtschaftliche Interessen bedroht würden[21]. Schließlich hätte eine Lösung des Reparationsproblems mit Hilfe einer auch nur partiellen Kommerzialisierung ein so hohes Maß an internationaler politischer und ökonomischer Kooperation verlangt, wie keiner der Akteure sie aufzubringen imstande und willens war. Im übrigen gehörte es zur Logik des »Versailler Systems«, die Weltmarktposition Deutschlands zu beschneiden, was insbesondere England am Herzen lag.

Wie sahen nun aber, nach der Intervention der USA, die Machtverhältnisse in Europa aus? Hat, wie *Schuker* meint[22], der Dawes-Plan nicht nur die Hegemonialstellung Frankreichs geschwächt, sondern gleichzeitig Deutschland die traditionelle ökonomische Überlegenheit in Europa zurückgegeben? Der erste Teil der These ist unbestreitbar. Frankreich hat in der Tat einige Mittel aus der Hand geben müssen, mit deren Hilfe es hoffte, seiner Aufgabe als wichtigste Status-quo-Macht im »Versailler System« gerecht zu werden. Die vom Quai d'Orsay entwickelten

Vorstellungen, die deutsche Wirtschaft über die Reparationen in ein komplementäres, also abhängiges Verhältnis zur französischen Wirtschaft zu bringen, waren endgültig gescheitert[23]. Bis zur Währungsstabilisierung 1926/28 fiel der Einsatz der finanziellen Waffe aus. Dagegen ist der zweite Teil der These *Schukers* anfechtbar. Sicherlich hat, wie W. *Link* in seiner grundlegenden Arbeit feststellt[24], die deutsch-amerikanische Interessenparallelität kräftig dazu beigetragen, das Reich von einem Objekt der internationalen Beziehungen wieder zu einem Subjekt werden zu lassen. Das war fraglos ein gewaltiger »Fortschritt« auf dem Weg zur heiß ersehnten Rückgewinnung des Großmachtstatus. Aber die Frage stellt sich, ob dafür nicht ein zu hoher Preis in Gestalt wachsender finanzieller Abhängigkeit von den USA gezahlt worden ist. Zumindest tauchte hier das Dilemma auf, aus dem bald neue Gegensätze zwischen Deutschland und den USA entstehen mußten.

Einen Vorgeschmack lieferte schon der amerikanisch-deutsche Handelsvertrag. Da er auch als Druckmittel gegenüber Frankreich mit dem Ziel diente, es zu Gewährung der Meistbegünstigung und zur Aufgabe seiner unnachgiebigen Haltung in der Schuldenfrage zu bewegen, setzte er, als gewollte Nebenwirkung, einer wirtschaftlichen deutsch-französischen Annäherung von vornherein Grenzen. Zum anderen besaß die Meistbegünstigung für die USA wegen der unterschiedlichen Zollsysteme einen höheren Wert als für Deutschland, dessen handelspolitische Bewegungsfreiheit eingeschränkt wurde. Noch schwerer wog die Tatsache, daß die aus dem Dawes-Plan sich ergebende spezifische Art der Reintegration der deutschen Wirtschaft in die internationalen Austauschbeziehungen (Waren und Kapital) nicht ausreichte, um einen grundlegenden Strukturwandel als Voraussetzung für eine verbesserte Stellung in der internationalen Arbeitsteilung und damit auch für eine unabhängigere Außenpolitik zu bewirken.

Dabei spielte das nun nach Deutschland einfließende, zum überwiegenden Teil amerikanische Kapital eine höchst ambivalente, im Grunde verhängnisvolle Rolle, wie es kritische Beobachter vom konservativen Reichsbankpräsidenten *Schacht* bis zur linken Opposition auch frühzeitig bemerkten und die neuere Forschung bestätigt hat[25]. Das amerikanische Kapital wurde in Deutschland »zum eigentlichen konjunkturellen Bestimmungsfaktor« (*Lüke*), was nur bedeuten konnte, daß diese Art von massivem Kapitalimport die Verwundbarkeit der gesamten Wirtschaft, Industrie, Banken, Landwirtschaft, erhöhen mußte. Tatsächlich hat der Dawes-Plan die Strukturprobleme der deutschen Wirtschaft eher verschlimmert als vermindert. Der Hauptgrund ist darin zu sehen, daß das nun stattfindende Recycling der internationalen Liquidität über den Kreislauf der Transfer- und Kapitalströme bis zur Weltwirtschaftskrise, wie *Schiemann* zu Recht hervorhebt[26], einen internationalen Zahlungsbilanzausgleich ermöglichte, ohne daß Deutschland genötigt wurde, seine eigene Zahlungsbilanz durch Exportüberschüsse auszugleichen. Denn die gewaltigen Auslandsanleihen intensivierten die Importneigung und schwächten den Exportdruck ab. Genau dieses Ergebnis kam den Interessen der Siegermächte hinsichtlich ihrer Wettbewerbsposition auf dem Weltmarkt entgegen, wenn Deutschland sich durch Kapitalimporte weiter verschuldete und zugleich eine Ausweitung des Exports zum Zweck des Zahlungsbilanzausgleichs unterblieb.

Die entscheidende Fehlentwicklung ergab sich also weniger aus den Reparationsleistungen, deren Aufbringung auch nicht übermäßig schwer fiel, als aus diesem Ungleichgewicht des Außenhandels. Ein Exportüberschuß hätte nämlich die Lage sofort zugunsten Deutschlands verändert: Er hätte »den Anreiz für übermäßige Auslandskredite ... vermindert und die für die Reparationen erforderlichen Devisen verschafft«[27]. So aber griff man zu einem gefährlichen Mittel, indem man das Ungleichgewicht im Außenhandel durch die Aufnahme kurzfristiger Auslandskredite auszugleichen versuchte, was nicht nur die allgemeine Instabilität verschärfte, sondern auch noch das ohnehin schwierige Transferproblem, also die Überweisung der Reparations-Jahresraten in Devisen, belastete. Rund 13 % der Importe im Gesamtwert von 70,8 Mrd. RM für die Jahre 1924 bis 1929 (Importüberschuß = 9,4 Mrd. RM) mußten mit Devisen bezahlt werden, die über Auslandskredite erworben worden waren und für den Transfer von Reparationszahlungen nicht zur Verfügung standen. Um dieses Loch zu stopfen (insgesamt 8,3 Mrd. RM Devisen für Reparationsleistungen waren erforderlich), mußten neue Auslandsanleihen aufgenommen werden. Als seit 1928 die amerikanischen Anleihen stark zurückgingen, geriet konsequenterweise das ganze Gebäude ins Wanken. Die finanzielle Situation Deutschlands verschlechterte sich derart, daß eine Revision des Dawes-Plans unausweichlich wurde.

Der zweite Aspekt des Kapitalimports, die gewaltige Verschuldung Deutschlands im Ausland, beunruhigte die Zeitgenossen am meisten. Im Laufe der Zeit verstärkte sich der Eindruck, daß die weitgehend unkontrollierte Kreditausweitung nur zu einer wirtschaftlichen Scheinblüte, zu einer Prosperität »auf Pump«, geführt habe. Dieser Eindruck wurde dadurch unterstrichen, daß die öffentliche Hand, vor allem die Gemeinden, das aufgenommene Kapital überwiegend in unproduktive Projekte steckte[28]. Reichsregierung und Reichsbank durchschauten diese Auswirkungen der Kreditaufnahme durchaus. Bereits Ende 1926 wurden Maßnahmen ergriffen, um langfristige Anleihen im Ausland zu ermutigen, allerdings ohne den erwünschten Effekt. Alle Regierungen waren Gefangene eines Kreislaufs, den sie selber mitgeschaffen hatten: Sie brauchten ausländisches Kapital, um die Wirtschaft anzukurbeln, was dann höhere Steuereinnahmen ermöglichte, die wiederum zur Deckung des enorm gestiegenen Finanzbedarfs benötigt wurden (öffentliche Investitionen, Erhöhung der Beamtengehälter, soziale Leistungen). Damit trugen die Auslandsanleihen aber nur zur Verschleierung des defizitären Haushalts bei.

Deshalb konnte es nicht ausbleiben, daß die Verschuldung von Staat, Ländern, Gemeinden, Unternehmen bis zu den Bauern bedrohliche Ausmaße annahm. Zwischen Ende 1923 und Sommer 1930 flossen insgesamt rd. 21 Mrd. RM an ausländischen Krediten nach Deutschland, davon 4 Mrd. für die öffentliche Hand, 10 Mrd. für Unternehmen, 7 Mrd. für Banken[29]. Die Auslandsanlagen durch Deutsche in diesem Zeitraum betrugen 7,7 Mrd. RM. Die Differenz von rd. 13,3 Mrd. RM entsprach der Höhe des Exportwertes von 1929 und würde, wie *Henning* berechnet hat[30], auf die Verhältnisse der Bundesrepublik übertragen »eine Nettoverschuldung gegenüber dem Ausland in Höhe von etwa 125 Mrd. DM von 1967 bis 1972 bedeuten«.

Ende 1930 betrug die Gesamthöhe der deutschen Auslandsverschuldung (öffentliche Hand, Banken, Unternehmen, Private) zwischen 25,3 und 25,8 Mrd. RM, davon 14,5 Mrd. kurzfristig[31]. Dem standen ein Bankensystem gegenüber, dessen Liquidität sich im Vergleich zur Vorkriegszeit noch verschlechtert hatte, so daß schon der Abruf geringer Mittel es aus dem Gleichgewicht bringen konnte[32], sowie nicht voll mobilisierbare Auslandsforderungen von rd. 9,7 Mrd. RM, während die Reichsbankreserven im Dezember 1930 2,7 Mrd. RM betrugen, von denen zwei Drittel durch gesetzliche Deckung gebunden waren. Bei einem eventuellen

»Run« auf die deutsche Währung hatte die Reichsbank also nur knapp eine Milliarde an Gold und Devisen einzusetzen. In diesem Mißverhältnis lag dann auch eine durch die restriktive Geldpolitik der Reichsbank noch verstärkte Ursache für die Währungs- und Bankenkrise vom Sommer 1931[33] – wohl eine der wichtigsten Etappen im Verfallsprozeß der Weimarer Republik (s. Kap. V/2). Entscheidend ist daher nicht die immer wieder strapazierte Frage nach mangelnder Vorausschau von Reichsbank und Reichsregierung; vielmehr war die Verschuldung Deutschlands die notwendige Folge des Versuchs, das »Versailler System« durch den Dawes-Plan zu retten und zu stabilisieren.

Inwieweit diese externen Bedingungen dafür verantwortlich waren, daß die wirtschaftliche Entwicklung in Deutschland während der zweiten Hälfte der 20er Jahre im Vergleich zu anderen Industrieländern eher gedämpft verlief, kann mangels detaillierter Untersuchungen über die Verwendung des Kapitalimports hier nicht eindeutig entschieden werden. Die in der Literatur noch immer geäußerte Auffassung, der Dawes-Plan habe für die Weimarer Republik eine Zeit der Erholung eingeleitet, »für deren Breite und Kraft man in Deutschland bis dahin kein Vorbild hatte«[34], geht weit an der Wirklichkeit vorbei und ist durch die neuere Forschung auch revidiert worden[35]. Zwar lag die Wachstumsrate bei 4 % jährlich; angesichts des extrem niedrigen Ausgangsniveaus muß sie aber relativiert werden. Im Grunde gab es nur drei Wachstumsjahre: 1924, 1925 und 1927. Im Vergleich zu anderen Industrieländern (vor allem den USA und Japan) bewegte sich Deutschland unter dem Weltdurchschnitt. Weder das reale Pro-Kopf-Einkommen im Durchschnitt dieser Jahre, noch der Lebensstandard der Bevölkerung, noch, als besonders aufschlußreicher Hinweis für die allgemeine Wachstumsschwäche, die Investitionsquote erreichten das Niveau der letzten Vorkriegsjahre. In den Jahren zwischen 1924 und 1929 wurden Nettoinvestitionen in Höhe von 45 Mrd. RM getätigt. Aber der damit verbundene Modernisierungsschub reichte nicht aus, um den Rückstand gegenüber anderen führenden Industrieländern sowohl im Hinblick auf die Produktionstechnik als auch das Produktionsvolumen aufzuholen (vgl. Tab. 3)[36]. Steigende Steuern und Soziallasten wie vor allem das hohe Zinsniveau im Gefolge der deflationistischen Politik der Reichsbank (um das Handelsbilanzdefizit zu verringern und Kapital ins Land zu holen) drückte die Investitionsbereitschaft weiter.

Die »normalen«, insbesondere in Deutschland üblichen Methoden zur Krisenüberwindung wie Kartellisierung[37], Konzentration[38] und Rationalisierung[39] steigerten zwar die Arbeitsproduktivität und erweiterten die ohnehin schon bestehenden Überkapazitäten, trugen damit aber nicht dazu bei, der »gesamtindustriellen Strukturkrise« der Weimarer Republik beizukommen. Ganz im Gegenteil. *Petzina* und *Abelshauser* haben als Quintessenz ihrer Forschungen festgestellt[40], daß alle diese Maßnahmen einen Trend verstärkten, der sich schon vor dem Kriege zeigte und eine Hauptursache der intern bedingten Stagnation in allen europäischen Industrieländern, aber auch, wie gezeigt, in den USA darstellte: die immer klarer hervortretende Wachstumsdisparität zwischen Produktions- und Verbrauchsgütersektor, wobei das langsamere Wachstum des letzteren nicht ausgeglichen werden konnte, und zwar weder durch das Wachstum der anderen Branchen noch durch die Auslandsnachfrage. Sie war trotz gewisser Exporterfolge zu bescheiden, um diese Strukturdefekte kompensieren zu können, was wiederum zur Schwächung des weltwirtschaftlichen Gewichts der deutschen Wirtschaft führen mußte.

Von den »goldenen zwanziger Jahren« kann also in wirtschaftlicher Hinsicht keine Rede sein. Erneut wird deutlich, warum, wie *Petzina* und *Abelshauser* zusammenfassend bemerken[41], Deutschland neben England zu den beiden Hauptverlierern des industriellen Wettlaufs während der 20er Jahre gehörte, gleichgültig, ob man den Vorgang als »relative Stagnation« oder »verzögerte Rekonstruktion« kennzeichnet. Es wurde nicht viel mehr erreicht, als den Niedergang der Industrie während des Weltkrieges einigermaßen wettzumachen und auch das nur so lange, wie das ausländische Kapital weiterfloß. Auf einer derart labilen wirtschaftlichen Grundlage war eine dauerhafte Rekonstruktion unmöglich und damit die Krise, als sie eintrat, um so schlimmer.

Der Dawes-Plan hat über die mit ihm verbundenen Kontrollen und Sicherungen den USA erhebliche Einwirkungsmöglichkeiten nicht nur auf die deutsche Finanz-, sondern auch auf die Innen- und Außenpolitik gegeben. Die Rolle, die der Generalagent, der amerikanische Finanzmagnat Parker *Gilbert* als »offizieller Vertrauensmann der Gläubiger«, dabei gespielt hat, ist kaum zu überschätzen; Arthur *Rosenberg* hielt ihn für einen »der mächtigsten Männer in Berlin«[42]. Wie weit die Abhängigkeit von der amerikanischen Politik und Hochfinanz ging, läßt sich am Beispiel der

Überwindung der schweren Wirtschaftskrise im Winter 1925/26 zeigen[43]. Sie demonstriert, wie brüchig der Boden war, auf dem sich die Weimarer Republik trotz währungs- und außenpolitischer Entspannung bewegte. Die wichtigste Ursache der Krise war die mangelhafte Aufnahmefähigkeit des Binnenmarktes. Zwischen September 1925 und Frühjahr 1926 gab es eine Rekordzahl von Unternehmenskonkursen. Ähnlich wie im Winter 1918/19 und im Winter 1923/24 erreichte die Zahl der Arbeitslosen im Februar 1926 mit knapp 2,1 Mill. einen neuen Höhepunkt.

Für den Zusammenhang unserer Fragestellung ist der Umstand wichtig, daß der Staat nun zum ersten Mal versuchte, mit Hilfe einer systematischen, aufwendigen antizyklischen Konjunkturpolitik (Preisabbau, Steuersenkungen, Exportförderung, Kredithilfen für den Wohnungsbau, Vermehrung öffentlicher Aufträge, Verbesserung der Sozialleistungen zur Ankurbelung der Binnennachfrage, regionale Strukturhilfen) der Krise Herr zu werden – eine Politik, die durchaus Erfolge zeitigte[44]. Allerdings tauchte hier ein bezeichnendes Dilemma auf: Der Staat stieß insofern an die Grenzen seiner Interventionsmöglichkeiten, als die Finanzierung der Arbeitsbeschaffung haushaltspolitisch nicht abgesichert war. Das lag daran, daß die Reichsregierung nicht bereit war, ihre Konjunkturpolitik den Reparationen unterzuordnen, obwohl die höchste Jahreszahlung mit 2,5 Mrd. GM für 1928/29 noch bevorstand.

Folgerichtig hat der Reparationsagent *Gilbert* dieses Verhalten der Reichsregierung mit aller Schärfe kritisiert. Die Fronten waren klar: Während die Regierung die Sozialgesetzgebung als eine wichtige Voraussetzung für die Leistungsfähigkeit des Landes ansah, erachtete *Gilbert* sie als Gefährdung der Ausführung des Dawes-Plans. Aus dieser Zwickmühle zwischen Reparationsverpflichtungen und den Erfordernissen innergesellschaftlicher Stabilität konnte nach deutscher Vorstellung nur eine Revision des Dawes-Plans herausführen, wobei zugleich verhindert werden mußte, daß das Haushaltsdefizit zu deutlich nach außen in Erscheinung trat, da dann die Kreditwürdigkeit in Frage gestellt würde. Als Haushaltsdefizit, starke Devisenabflüsse der Reichsbank und die bevorstehende erhöhte Reparationsleistung für 1928/29 zusammenfielen, stand eine Transferkrise unmittelbar bevor.

In dieser für Deutschland denkbar ungünstigen Situation ging die Initiative zur Revision des Dawes-Plans von den USA aus, genauer vom Gouverneur des Federal Reserve Board, B. *Strong*, der nicht zuletzt unter dem Eindruck der französisch-englischen Notenbankkonfrontation eine Erschütterung des gesamten, durch den Dawes-Plan mit so großer Mühe aufrechterhaltenen Währungssystems befürchtete[45]. Er wurde von *Gilbert* unterstützt, der den Zufluß ausländischen Kapitals mit wachsender Sorge beobachtete und von der Furcht geplagt wurde, daß Länder, Städte und Gemeinden ihre Auslandsschulden nicht mehr verzinsen, geschweige denn tilgen könnten.

Andererseits verstärkte sich auch die innenpolitische Opposition gegen den amerikanischen Einfluß und erreichte während der Ausarbeitung des Young-Plans in der öffentlichen Meinung bis tief in die großindustriellen Kreise hinein einen ersten Höhepunkt. Die sog. Young-Plan-Krise vom Frühjahr 1929, die sich an der Frage der deutschen Kreditwürdigkeit entzündete, warf ein Schlaglicht auf die politische Schwäche Deutschlands als Folge der Abhängigkeit von kurzfristigen Auslandskrediten. Unter dem Damoklesschwert einer angedrohten (teilweise auch verwirklichten) Abziehung dieser Kredite gab die Regierung jeden Widerstand auf. Um den Wechselkurs zu halten, mußte die Reichsbank auf ihre Währungsreserven zurückgreifen und unter dem Druck von Banken, die als Hauptschuldner von Auslandskrediten besonders betroffen waren, Kreditrestriktionen und Diskonterhöhung beschließen.

In Wahrheit aber hatte die deutsche Regierung kein Interesse daran, die Verhandlungen scheitern zu lassen, als sich zeigte, daß das schließlich ausgehandelte Young-Abkommen eine Reihe von Vorteilen enthielt. So wurde endlich die deutsche Gesamtschuld festgesetzt, was den erneuten Zustrom ausländischen Kapitals erleichterte. Die zu zahlenden Jahresraten fielen niedriger aus[46]; das bedeutete eine Entlastung des Staatshaushalts. Außerdem wurden die Transferbedingungen verbessert. Besonders wichtig war das Ende der Kontrollorgane im Dawes-Plan, die so tief in die Souveränität des Reiches eingegriffen hatten. Die Reparationsleistungen betrugen zwischen 1929 und 1932 durchschnittlich nicht mehr als 7,9 % des Außenhandelswertes, waren also durchaus verkraftbar[47]. Auch die Schaffung der Bank für internationalen Zahlungsausgleich (BIZ) eröffnete sowohl für die Abwicklung des Transfergeschäftes wie für die (sogar im Statut festgesetzte) Verbesserung der Zusammenarbeit zwischen den Zentralbanken positive Perspektiven.

Wie sehr sich jedoch inzwischen die Lage verschlechtert hatte, zeigt die Tatsache, daß trotz seiner Vorteile der Young-Plan von großen Teilen der deutschen Öffentlichkeit nicht akzeptiert wurde. Das Young-Referendum offenbarte auf erschreckende Weise, wie hoch die Wellen nationalistischer Erregung schlugen und in welchem Maße sich der »Geist von Locarno« verflüchtigt hatte. Auf eine andere Folgewirkung hat *Hertz-Eichenrode* hingewiesen[48]. Aus der begrenzten Handlungsfähigkeit bei der Überwindung der Krise von 1925/26 wie aus den Erfahrungen der Finanz- und Reparationspolitik von 1929 hat kein Geringerer als *Brüning*, der kurz nach dem Inkrafttreten des Young-Abkommens (Januar 1930) Reichskanzler wurde, die verhängnisvolle Lehre gezogen, künftig der definitiven Lösung der Reparationsfrage absoluten außenpolitischen Vorrang einzuräumen und zugleich, um den Handlungsspielraum der deutschen Regierung zu vergrößern, den Haushalt auszugleichen. Naturgemäß schloß das jede Politik einer expansiven Krisenüberwindung aus. Es war diese Koppelung einer verstärkt nationalistischen Außenpolitik mit einer radikalen Deflationspolitik, die dann, unter den Bedingungen der Weltwirtschaftskrise, das Ende der Weimarer Republik eingeläutet hat.

Aber Ende der 20er Jahre traten auch die Widersprüche der momentanen amerikanisch-deutschen Interessenparallelität zutage. Sicher hat die Abhängigkeit vom ausländischen, insbesondere amerikanischen Kapital die Möglichkeit eingeschränkt, das wirtschaftliche Potential zugunsten einer deutschen Revisionspolitik einzusetzen. Das war ohne Zweifel die positive Seite des Engagements der USA in Europa, auch wenn Frankreich und England damit zähneknirschend die Kontrolle über die innereuropäischen wirtschaftlichen, währungspolitischen und z. T. sogar politischen Entwicklungen verloren, nachdem Deutschland als privilegierter Partner in das von den USA dominierte Weltwirtschaftssystem integriert worden war.

Allerdings wurden auf diese Weise, wie *Link* treffend herausgearbeitet hat[49], die tiefer liegenden, langfristigen Interessengegensätze zwischen den USA und Deutschland keineswegs ausgeräumt. Wie wir gesehen haben, ging es den amerikanischen Bankiers in erster Linie darum, ihr Kapital so profitabel wie möglich anzulegen und zu sichern. Alle Reichsregierungen aber verstanden die enge Bindung an die USA als ein Vehikel zur Wiedererlangung des Großmachtstatus, also zur Revision des Versailler Vertrags. Daraus versteht sich die Bedeutung, die der Zusicherung der Räumung militärisch besetzter Gebiete im Zusammenhang mit der Regelung der Reparationsfrage zukam. Tatsächlich hat Deutschland politischen Profit aus dieser Bindung an die USA gezogen und vor allem gegen die Status-quo-Macht Frankreich zu nutzen verstanden. Dabei half ein grundlegender Widerspruch in der amerikanischen Europa- und Deutschlandpolitik. Einerseits wünschten die USA im eigenen Interesse politische und wirtschaftliche Stabilität und einen friedlichen Ausgleich nationaler Gegensätze. Andererseits beharrten sie insbesondere in der Handels- und Schuldenpolitik auf bilateralen Abmachungen, die das tiefe Mißtrauen gegenüber jeder Art von europäischen Gemeinschaftsaktionen widerspiegelten, die man als gegen die eigenen Interessen gerichtet wähnte.

Hinzu kam, daß auch nur die bescheidenste Erholung der deutschen Wirtschaft die Konkurrenz auf dem Weltmarkt verschärfen mußte und das um so mehr, als die USA, bereits seit der Zeit der Ruhrbesetzung[50], dabei waren, in traditionelle Hochburgen der deutschen Exportindustrie einzudringen (Stahl; Chemie, insbesondere Farbstoffe; Seide; Leder) – ein Unternehmen, das seit 1924 auf wachsenden Widerstand der deutschen Industrie stieß. Gerade die Ausweitung der Produktionskapazitäten mußte den Drang zum Exportieren verstärken. Zwar wurde die Konkurrenz auf dem amerikanischen Markt durch den Schutzzolltarif von 1922 wirkungsvoll eingeschränkt. Dennoch gab es, z. B. im Bereich der Kaliproduktion, scharfe Auseinandersetzungen, die sich für viele andere Produkte auf Drittmärkten zuspitzten. Die kurze Zeitspanne zwischen 1924 und 1929 reichte nicht aus, diesen objektiv unvermeidbaren Konkurrenzkampf voll ausbrechen zu lassen. Paradoxerweise und sicherlich ohne jede Absicht haben die USA dennoch dazu beigetragen, über die politische Stärkung Deutschlands die Grundlagen zur aktiven Revisionspolitik zu legen. In dem Maße, wie das geschah, mußten eines Tages auch die ökonomischen Begrenzungen gesprengt werden, wozu dann die Weltwirtschaftskrise den Anlaß gab.

c) Die deutsch-französischen Beziehungen als Stabilisator? Hat nun der vielbeschworene »Geist von Locarno«, die Annäherung der beiden Hauptrivalen Frankreich und Deutschland auf der Grundlage machtpolitischer Kompromißformeln, zur Stabilisierung des »Versailler Systems« beigetragen? Viele Zeitgenossen haben das geglaubt. Tatsächlich war der Kontrast im Umgang miteinander, wie er sich in den beiden Außenministern *Briand* und *Stresemann* verkörperte, im Vergleich zu den vorangegangenen Jahren so einschneidend, daß sich eine neue Perspektive für Frieden und Verständigung zu eröffnen schien. Es sah so aus, als würden die Locarno-Verträge (Oktober 1925), die den Status quo an Deutschlands Westgrenze konsolidierten, dem Versailler Vertrag das Odium eines »Diktats« nehmen, wie *Briand* befriedigt feststellte. Neben Frankreich, Deutschland und Belgien als den unmittelbar Betroffenen traten England und Italien als Garantiemächte auf, und über Schiedsverträge wurden auch noch Polen und die Tschechoslowakei in das komplexe Vertragswerk einbezogen.

Der Eintritt Deutschlands in den Völkerbund, verbunden mit einem ständigen Sitz im Völkerbundsrat, erweckte den Eindruck, als werde die Revisionsmacht par excellence, nun als Großmacht wieder anerkannt, durch die Einbindung in das System der kollektiven Sicherheit die jetzt zustande gekommene Friedensordnung vorbehaltlos mittragen. Bei dieser Gelegenheit hielten *Briand* und *Stresemann* am 10. September 1926 in Genf Reden, in denen beide mit großer rhetorischer Kraft ihre friedlichen Absichten bekräftigten und einen tiefen Eindruck in den öffentlichen Meinungen hinterließen. In beiden Ländern beruhigten sich die Geister, vor allem im Lager der jeweiligen nationalistischen Rechten. Es entwickelte sich sogar so etwas wie eine deutsch-französische Begeisterung, die von einer Fülle von Gruppen, Komitees und Einzelpersönlichkeiten getragen und gefördert wurde.

In Wahrheit hat die deutsch-französische Annäherung, die nur eineinhalb Jahre lang zwischen 1925 und 1927 einigermaßen funktionierte, die im »Versailler System« angelegten antagonistischen Interessen der beiden Länder eher verdeckt als, auch nur ansatzweise, überwunden. Die neuere Forschung hat viel Wasser in den Wein der Bewunderung für das Werk *Briands* und *Stresemanns* gegossen[51]. Die Frage, wie nach Locarno das schwierige Verhältnis von Stabilisierung und Veränderung im Sinn eines »peaceful change« zu gestalten wäre, hat keiner von beiden jemals offen gestellt, geschweige denn konkret beantwortet. Beide hatten ihre Hintergedanken: *Briand* wollte begreiflicherweise ein Mehr an Stabilisierung, *Stresemann* ein Mehr an Revision. Bei allem Taktieren und »Finassieren« verlor keiner von beiden dieses Ziel aus den Augen.

Von Anfang an wußte *Briand*, daß *Stresemann* die Locarno-Verträge nicht zuletzt als Ausgangspunkt benutzen wollte, um die

Revision der deutschen Ostgrenze in Gang zu setzen. Deshalb versuchte er, das französische Bündnissystem, vornehmlich die Stellung Polens, zu stärken, freilich ohne großen Erfolg. Die diplomatische Anerkennung der Sowjetunion verfolgte auch den Zweck, in Fortsetzung alter außenpolitischer Traditionen ein Gegengewicht zu Deutschland zu schaffen. Wiederum wurden die Hoffnungen enttäuscht. Seit 1927 aber erhielten in beiden Ländern jene Gruppen mächtigen Auftrieb, die meinten, der jeweilige Außenminister habe dem anderen Land zu viel Konzessionen gemacht. Überspitzt könnte man sagen, daß, ähnlich wie nach dem Zweiten Weltkrieg, die Entspannung nur die Fortsetzung des »Kalten Krieges« mit anderen Mitteln bedeutete – ein Vorgang, der den Akteuren durchaus bewußt war.

Selbst das, was als das beste Stück der deutsch-französischen Annäherung gilt, die Normalisierung der wirtschaftlichen Beziehungen, war nicht frei von Widersprüchen und Ungleichgewichten. Obwohl die französische Industrie, und zwar sowohl die Wachstumsbranchen wie die »alten« Industrien, während der zweiten Hälfte der 20er Jahre höhere Wachstumsraten kannte als die deutsche[52] und die Unterbewertung des Franc bis zur Stabilisierung 1926/28 den Export begünstigte, gelang es Frankreich nicht, sich vom Import wichtiger Investitionsgüter aus Deutschland unabhängig zu machen[53]. Daran sieht man, daß eine traditionelle Schwachstelle im französischen Produktionsapparat nicht beseitigt werden konnte. Ohne Zweifel hat der deutsch-französische Handelsvertrag von 1927 zur Normalisierung der Austauschbeziehungen beigetragen. Aber die Aufwertung des Franc als Folge der Währungsstabilisierung zeigte sofort Auswirkungen: Zwischen 1927 und 1930 verringerten sich die französischen Exporte nach Deutschland um 38 %. Gleichzeitig stieg Deutschland zum wichtigsten Handelspartner Frankreichs auf. Die Importe aus Deutschland wuchsen um 60 %, während sich die Importe aus England um 13 % und die aus den USA um 21 % verringerten. 1930 kamen 15 % der französischen Gesamtimporte aus Deutschland, darunter 30 % der importierten Kohle, 40 % der chemischen Produkte, 35 % der Eisen- und Stahlerzeugnisse und, entscheidend, 52 % (!) der Werkzeugmaschinen. Die industrielle Entwicklung Frankreichs hing mithin in hohem Maße von Importen aus Deutschland ab.

Auch der Versuch, die politische Annäherung ökonomisch durch die Bildung von Kartellen zu untermauern, erwies sich als zweischneidiges Schwert. Unter dem Druck beider Regierungen mußten sich die arg verfeindeten Eisenindustriellen in beiden Ländern einigen. Nach zweijährigen, überaus mühsamen Verhandlungen kam es im September 1926 zur Gründung eines Kartellverbandes zwischen den Eisenindustriellen aus Deutschland, Frankreich, Belgien, Luxemburg und dem Saargebiet, der sog. Internationalen Rohstahlgemeinschaft, die die Stahlproduktionsquoten für die einzelnen Länder festlegte (Deutschland = 40,45 %, Frankreich = 31,89 %, Belgien = 12,57 %, Luxemburg = 8,55 %, die Saar = 6,54 %). Nach diesem Vorbild soll auch heute die Stahlkrise innerhalb der Europäischen Gemeinschaft gelöst werden. Es ist zwar richtig, daß fortab bis 1939 Stahl- und Kohleprobleme zwischen beiden Ländern nicht mehr auftauchten[54]. Der Nachteil bestand nur darin, daß es sich, wie immer bei Marktabsprachen, um eine defensive, malthusianische Strategie handelt, die kaum geeignet war, die bereits damals vorhandenen Strukturprobleme der Branche zu lösen. Sie schafft Waffenstillstände, nicht mehr. Schon gar nicht enthielt diese Politik konstruktive Zukunftsperspektiven, etwa im Hinblick auf die so dringend gebotene Entstehung einer für beide Seiten nützlichen deutsch-französischen Arbeitsteilung, die natürlich niemand wollte[55]. Ähnliche Versuche, wie das Kaliabkommen und das Internationale Farbstoffkartell (1927), standen unter dem gleichen Handicap. Im übrigen haben Produktionsrückgang und der Zerfall des Weltmarktes während der Weltwirtschaftskrise diese Kartelle weitgehend überflüssig gemacht.

So war es kein Wunder, wenn diese Bemühungen, die die herrschenden und, wie wir sahen, außerordentlich labilen ökonomischen Kräfteverhältnisse ohnehin nur festzuschreiben versuchten, die seit 1927 wieder beginnende Verschlechterung der deutsch-französischen Beziehungen nicht aufhalten konnten. Wie nicht anders zu erwarten, lag der Hauptgrund in dem ungeklärten Verhältnis von Konsolidierung des Status quo und seiner Veränderung. Dieser hinter dem »Geist von Locarno« sich verbergende grundsätzliche Konflikt zwischen beiden Ländern mußte in dem Maße wieder stärker hervortreten, wie beide Protagonisten, *Briand* wie *Stresemann*, erkannten, daß die mit diesem »Geist« verbundenen Hoffnungen auf die Erreichung langfristiger Ziele sich nicht erfüllten. Da dies natürlich auch einem wachsenden Teil der öffentlichen Meinungen nicht verborgen blieb, bekamen beide einen schärferen innenpolitischen Wind zu spüren.

Die Reaktion beider Außenminister ist symptomatisch. *Briand* versuchte, das »Versailler System« dadurch zu konsolidieren, daß er die USA sicherheitspolitisch wieder stärker an die Seite Frankreichs zurückbrachte. Das wäre in der Tat ein enormer Fortschritt auf dem Wege gewesen, Frankreichs Stellung als Hüterin des Status quo zu verbessern. *Briand* wäre, versteht sich, ein regelrechter französisch-amerikanischer Pakt am liebsten gewesen. Aber er machte die Rechnung ohne den Wirt. Der amerikanische Außenminister *Kellogg,* der wie die gesamte Republikanische Regierung von der Überzeugung durchdrungen war, politische Ziele vornehmlich mit wirtschaftlichen und finanziellen Mitteln, nicht aber über völkerrechtliche Bindungen zu erreichen, durchkreuzte folgerichtig den Plan *Briands,* indem er den ursprünglich angestrebten bilateralen Pakt in einen multilateralen Kriegsächtungspakt (1928) verwandelte und diesem dann auch noch jeden konkreten Inhalt nahm, nicht zuletzt mit Rücksicht auf den privilegierten Partner Deutschland. Tatsächlich hatte *Kellogg Stresemann* von Anfang an in das Projekt eingeweiht.

Mit dem Endprodukt konnte *Stresemann* zufrieden sein. Es versetzte ihn in die Lage, das Ausmaß der französischen Rüstung als unangemessen zu kritisieren. Obwohl der Kriegsächtungspakt schließlich von etwa sechzig Staaten unterzeichnet wurde, war er, wegen fehlender Sanktionsmöglichkeiten, nicht das Papier wert, auf dem er geschrieben stand[56]. Die Konferenz in Den Haag 1929, die die vorzeitige Evakuierung des Rheinlandes ohne Gegenleistung für Frankreich beschloß, warf ein bezeichnendes Licht auf das sich anbahnende Scheitern der Politik *Briands.* Mit der Rückkehr großbürgerlich-konservativer Kräfte unter *Poincaré* an die Macht 1926 wurde ihr auch zunehmend die innenpolitische Basis entzogen, obwohl *Poincaré* selber eine vergleichsweise gemäßigte Position gegenüber Deutschland vertrat.

Nicht anders erging es *Stresemann.* Er akzentuierte seinerseits den revisionistischen Gehalt der deutschen Außenpolitik. Schon das berühmte Treffen von Thoiry (September 1926) vermittelte einen Vorgeschmack davon. Im Rahmen eines vorzüglichen Dejeuners mit entsprechendem Weinkonsum faßten beide Außenminister eine globale Lösung der deutsch-französischen Probleme ins Auge. Zutage kam dabei eine Kompromißformel, die, über diplomatische Kanäle vorbereitet, zeigt, in welchem Maße Frankreich in diesem Augenblick mit dem Rücken zur Wand stand. Gegen die vorzeitige Räumung des Rheinlandes, die Rückgabe der Saar und die Abschaffung der Militärmission, die die deutsche Abrüstung zu überwachen hatte, bot *Stresemann* eine kräftige Kapitalhilfe an, auf die Frankreich angesichts eines erneuten Franc-Sturzes auch dringend angewiesen war[57].

Dieser Versuch scheiterte auf der ganzen Linie nicht nur deshalb, weil sich die USA und England energisch gegen einen deutsch-französischen Alleingang wehrten, sondern weil zugleich seine innenpolitischen Voraussetzungen entfielen. *Briand* wurde von Regierung und Parlament desavouiert. Als *Poincaré* dann den Franc erfolgreich sanierte und Frankreich nun zur drittstärksten Kapitalmacht der Welt aufstieg, erübrigte sich der Kompromiß von Thoiry von selbst. Sogar unter diesen Bedingungen profitierte Deutschland, als der Völkerbund den Abzug der Militärmission beschloß. Die deutsch-französische Verständigung verkam nun immer mehr zur Sache idealistischer Literaten und marginaler Klubs, während sich die politischen Spannungen verschärften.

Daran trug Deutschland ein gerüttelt Maß an Verantwortung. Kurz vor dem Tod *Stresemanns* im Oktober 1929 verkündete die Reichsregierung unter dem in Mode kommenden Schlagwort der »Gleichberechtigung« das Recht auf Wiederaufrüstung für den Fall, daß es nicht zu einer allgemeinen Abrüstung käme. Tatsächlich stagnierten die Abrüstungsverhandlungen im Rahmen des Völkerbundes. Dann schien sich mit dem Young-Plan auch für die deutsch-französischen Beziehungen noch einmal ein Ausgleich anzukündigen, da die völlige Räumung der besetzten Gebiete mit einer finanziellen Neuregelung verbunden wurde, die, eine alte Forderung Frankreichs, Reparationen und interalliierte Schulden zwar nicht systematisch, aber doch partiell miteinander verknüpfte. So war Frankreich bereit, auf einen Teil der Reparationen zu verzichten, sofern auch die USA in gleicher Höhe von ihren Forderungen heruntergingen. Aber gerade der Young-Plan erwies sich im Zusammenhang mit der beginnenden Wirtschaftskrise als geradezu ideales Sprungbrett für die Nationalsozialisten, ihre Massenbasis entscheidend zu verbreitern. Natürlich mußte ihr erdrutschartiger Sieg anläßlich der Reichstagswahlen vom 14. September 1930 in Frankreich einen schweren Schock auslösen.

Damit trat das Grunddilemma der Locarno-Politik aufs deutlichste hervor[58]. In dem Maße, wie *Stresemanns* Versuch, mit ihrer

Hilfe einer Revision des »Versailler Systems« erheblich näher zu kommen, nicht von dem Erfolg gekrönt wurde, den man erhofft hatte, mußten sich die enttäuschten Erwartungen nun gegen diese Politik überhaupt richten und damit ihre unbedingt notwendige innenpolitische Basis einschränken. Denn jetzt bekamen jene Kräfte auf dem rechten Spektrum gewaltigen Auftrieb, die schon seit eh und je behauptet hatten, das »Versailler System« lasse sich nicht mit immanenten Methoden revidieren.

Daraus folgte ein zweites Dilemma. Der verblassende Glanz der Locarno-Politik stärkte alle diejenigen Kräfte in Politik und Wirtschaft, die glaubten, daß die Wiedergewinnung der Großmachtstellung nur mit Hilfe einer expansionistischen Handelspolitik möglich sei, die noch den zusätzlichen Vorteil besaß, nach innen als Klammer der immer stärker divergierenden Interessen innerhalb der führenden Klassen und damit als »Garant« der bürgerlichen Gesellschaftsordnung zu dienen. Hier ist der wichtigste Grund dafür zu suchen, daß das traditionelle »Mitteleuropa«-Konzept Ende der 20er Jahre erneut aufgegriffen wurde, also die Forderung, Ost- und Südosteuropa in ein von Deutschland dominiertes Wirtschaftsgebiet einzubeziehen[59]. Tatsächlich verstärkte sich die wirtschaftliche Expansion Deutschlands in diesen Raum zur gleichen Zeit.

Damit war der nächste Schritt vorprogrammiert: die Schaffung einer deutsch-österreichischen Zollunion. Schon im August 1928, als *Stresemann* anläßlich der Unterzeichnung des Briand-Kellogg-Paktes *Poincaré* in Paris traf, warnte dieser vor einem derartigen Projekt, freilich vergeblich. Andererseits mußte der Einsatz wirtschaftlicher Macht so lange begrenzt bleiben, wie sie »im entscheidenden Teil nur geliehen war« (*Maxelon*). Mit der ökonomischen Waffe war also nicht viel Staat zu machen[60]. Daraus versteht sich, warum der Young-Plan, der trotz der Beseitigung der Kontrollen und anderer Vorteile an der finanziellen Abhängigkeit von den USA grundsätzlich nichts änderte, für einen wachsenden Teil der Öffentlichkeit weit hinter den Erwartungen herhinkte. Da andere als ökonomische Mittel für die Revision des »Versailler Systems« im Rahmen der Locarno-Politik nicht in Frage kamen, stand *Stresemann* am Ende seines Lebens mit leeren Händen da, wozu er selbst freilich kräftig mitgeholfen hatte.

Für *Briand* stellte sich die Lage nicht weniger verzweifelt dar; auch er war in die Sackgasse geraten. In einem letzten Aufbäumen versuchte er, verlorengegangenes Terrain im Hinblick auf eine Konsolidierung des Status quo wieder aufzuholen. Dazu sollte sein Vorschlag einer »Europäischen Union« dienen, den er Anfang September 1929 zum ersten Mal vortrug. Bezeichnenderweise reagierte er damit auf eine Forderung *Stresemanns* vom März, die darauf hinauslief, daß der Völkerbund Garantien für nationale Minderheiten geben sollte. Rein zahlenmäßig stellten die deutschen Minderheiten die größte Gruppe dar. Auch dies war ein Schachzug im großen revisionistischen Spiel. Entsprechend fiel die Antwort *Briands* aus. In seinem Memorandum vom 1. Mai 1930 schlug er eine Art konföderative Bindung zwischen den europäischen Staaten vor (bei voller Erhaltung der Souveränität), gekoppelt mit einer Ausdehnung des Locarno-Systems auf alle europäischen Länder, was natürlich bedeutet hätte, die deutschen Ostgrenzen zu stabilisieren. Das Ganze verfolgte offensichtlich den Zweck, den deutschen, schon übermächtigen Drang nach Revision, vor allem mit Hilfe der »Mitteleuropa«-Strategie, einzudämmen. Für *Stresemanns* Nachfolger *Curtius* war es ein leichtes, diese Absicht zu durchschauen. So half er kräftig mit, das auch anderswo nicht gerade beliebte Projekt zum Scheitern zu bringen.

Mit anderen Worten: Schon vor Ausbruch der Weltwirtschaftskrise hatte sich die Locarno-Politik totgelaufen. Da die Krise von Deutschland trotz momentaner wirtschaftlicher Nachteile massiv im Sinn einer Beschleunigung der Revisionspolitik genutzt wurde, erscheinen die Jahre zwischen 1924 und 1929 als eine merkwürdig irreale Parenthese in der Geschichte der deutsch-französischen Beziehungen, in der die »Verständigung« wie aufgesetzt wirkte. Tatsächlich mußten an den niemals überwundenen Widersprüchen die Versuche einer Stabilisierung des »Versailler Systems« zerbrechen.

Neben der überragenden Bedeutung, die den amerikanisch-deutschen und, davon abgeleitet, den deutsch-französischen Beziehungen zukommt, treten andere Faktoren, vor allem die Haltung Englands, zurück[61]. Die seit 1927 erneut hervortretenden Konflikte mit den USA schränkten die Möglichkeit Londons ein, jene Rolle weiter zu spielen, die zwischen 1923 und 1926 darin bestanden hatte, zwischen Frankreich und Deutschland zu vermitteln. Auf diese Weise hatte England paradoxerweise dazu beigetragen, amerikanische Interessen in Europa zu unterstützen, was die eigenen Einflußchancen zwangsläufig verringern mußte, sowohl im sicherheitspolitischen wie im wirtschaftlichen und finanziellen Bereich. Das ursprüngliche Ziel, Frankreich einen gewissen Vorteil gegenüber Deutschland zuzubilligen, zugleich aber einen deutschen Revisionismus zuzulassen, sofern er sich in Grenzen hielt, verschwand in dem Maße aus dem Blick, wie die dafür notwendigen Mittel, nicht zuletzt als Folge der internen wirtschaftlichen Dauerkrise, fehlten. Erschwerend kam seit Ende der 20er Jahre die Schwächung des Pfund Sterling und der Zentralbank hinzu, die, wie gezeigt, den Konkurrenzkampf mit den Zentralbanken Frankreichs und der USA nur mühsam durchstehen konnte. Im Grunde machte es England niemandem recht, weder den USA noch Frankreich noch Deutschland. So verwundert es nicht, wenn London eher reagierte als agierte und daher während der zweiten Hälfte der 20er Jahre kaum zur Stabilisierung des »Versailler Systems« beigetragen hat, dem man ohnehin von Anfang an mit großer Distanz gegenübergetreten war.

Dagegen hat, wie schon angedeutet, die Frage der interalliierten Schulden eine Hypothek dargestellt, die für das »Versailler System« eine geradezu zersetzende Wirkung ausübte[62]. Zwar konsolidierten alle europäischen Länder ihre Schulden gegenüber den USA durch sog. »Fundierungsabkommen«. Aber welche Probleme dabei auftauchten, zeigt eindrucksvoll das Mellon-Béranger-Abkommen zwischen den USA und Frankreich, das 1925 abgeschlossen, jedoch erst drei Jahre später vom französischen Parlament ratifiziert wurde, nachdem es mehr als einmal die innenpolitische Situation vergiftet hatte.

Überall blieb die Hoffnung lebendig, daß die USA ihre unnachgiebige Haltung lockern würden. Ein Schuldenerlaß aber war aus innen-, außen- und währungspolitischen Gründen ausgeschlossen. Das Mißtrauen gegenüber den Europäern, sie könnten ihre Kriegsschulden auf den amerikanischen Steuerzahler abwälzen, war zu groß. Immer wieder verlieh der Kongreß dieser Sorge beredten Ausdruck. Auch die Geschäftswelt, abgesehen von den Vertretern der Exportinteressen, sprach sich gegen eine Streichung aus. Die Schuldenfrage war auch insofern wertvoll, als sie ein hervorragendes Druckmittel abgab, um den wirtschaftlichen und finanziellen Einfluß Englands und Frankreichs einzugrenzen. Sie trug zur Spaltung der Siegermächte bei und belastete die monetäre und finanzielle Rekonstruktion Europas[63]. Kaum eine internationale Verhandlung fand statt, ohne daß sie nicht direkt oder indirekt auftauchte und damit sofort die Lösung der Probleme noch mehr erschwerte, als es sowieso schon der Fall war.

2. Grenzen sozialer und innenpolitischer Stabilisierung

a) Widersprüchliche Konsolidierung des Kapitals gegenüber der Arbeit. Alle europäischen Gesellschaftsformationen[64] befanden sich während der 20er Jahre in einer zwiespältigen Lage. Auf der einen Seite haben, wie gezeigt, die weltwirtschaftlichen und weltpolitischen Machtverhältnisse, vor allem in Gestalt der ökonomischen und finanziellen Abhängigkeit von den USA, den außenwirtschaftlichen und außenpolitischen Handlungsspielraum der nationalen Regierungen, wenngleich mit unterschiedlicher Intensität, eingeschränkt. Das aber bedeutete, daß sich die Chance, innergesellschaftliche Konflikte nach außen zu verlagern und dadurch abzuschwächen, erheblich verminderte. Das so oft genutzte Ventil des »Sozialimperialismus« versagte. Nur die gewaltigen Kolonialreiche Englands und Frankreichs konnten, wenigstens in ökonomischer Hinsicht, noch einmal die Funktion der Entlastung übernehmen, obwohl die politischen Schwierigkeiten angesichts wachsender nationaler Unabhängigkeitsbewegungen von Jahr zu Jahr zunahmen. Die Berücksichtigung externer Bedingungen, wie sie sich seit 1924 entfaltet hatten, verlangte eine gewisse Zurückhaltung bei innenpolitischen Auseinandersetzungen. Zugleich profitierten bestimmte gesellschaftliche Gruppen, wie insbesondere die Industrie- und Geschäftsbourgeoisie, mehr von diesen Bedingungen als andere.

Auf der anderen Seite hatte in den 20er und 30er Jahren die Verflechtung zwischen den nationalen Gesellschaften (und damit die Dichte der internationalen Arbeitsteilung) keineswegs jenen Grad erreicht, wie er sich seit dem Zweiten Weltkrieg herausgebildet hat. Protektionismus, der Trend zur Autarkisierung der nationalen Ökonomien sowie die Entstehung regionaler Währungs- und Handelsblöcke bremsten die Verstärkung der Interdependenz und trugen zum Verfall der Weltwirtschaft bei, erweiterten aber auch die Möglichkeiten nationaler Selbstbestimmung bis hin zum puren Egoismus, zum Kampf aller gegen alle, den die Weltwirtschaftskrise dann weiter anheizte. Dies war aber nur die Reaktion darauf, daß sich auch in der sog. »Stabilisierungsphase« welt- und binnenwirtschaftliche Schwierigkeiten gegenseitig verstärkten und damit die innergesellschaftlichen Gegensätze vertieften. Hinzu kam, daß die bolschewistische Revolution in allen Ländern die ideologischen Fronten verhärtete. Das auf diese Weise zustande gekommene Mischverhältnis von integrativen und desintegrativen Elementen ergab in allen Gesellschaften ein Gleichgewicht, dessen prekärer Charakter durch die relative Prosperität für wenige Jahre überdeckt wurde. Dort, wo nicht einmal das gelang, blieb als letzter Ausweg der Rückgriff auf den starken Staat übrig. Aber es ist bezeichnend, daß auch in den westlichen Demokratien die Zahl derer wuchs, die das Heil in korporativistischen, autoritären oder gar faschistischen Lösungen erblickten[65].

Wie labil die gesellschaftliche Situation war, lehrt ein leider nur kurzer Blick auf die Entwicklung des Grundkonflikts zwischen Kapital und Arbeit. Dabei ist bemerkenswert, wie sich in den drei führenden europäischen Demokratien, in Deutschland, Frankreich und England, die Etappen ähnelten. Unmittelbar nach dem Krieg hatte die Arbeiterbewegung den Druck auf die Bourgeoisie außerordentlich verschärft. Mächtige Streikwellen überfluteten die Länder und brachten sie nicht selten an den Rand des Bürgerkrieges.

Diese plötzliche, fast revolutionäre Kampfkraft hatte mehrere Ursachen. Dazu gehört sicherlich der Eindruck, den die Revolution in Rußland hinterließ. Viele empfanden sie als ein Signal der Hoffnung[66]. Wichtiger aber war die Revolte gegen das, was die Arbeiter unmittelbar bedrückte: die Ausbeutung während des Krieges und, als er vorüber war, eine in diesem Umfang noch nie dagewesene Arbeitslosigkeit, die eine bis dahin ebenfalls unbekannte Verteuerung des Lebens noch verschlimmerte[67]. In allen drei Ländern wurde die schwer erschütterte Bourgeoisie mit diesem Ansturm nur fertig, weil sie sich zu Konzessionen an die Arbeiterbewegung bereit fand, darunter, als wichtigste, die gesetzliche Einführung des Achtstundentags, eine Verbesserung der Sozialgesetze sowie, insbesondere in Deutschland, die Aufwertung der Gewerkschaften als Vertretung von Arbeitnehmerinteressen bei Lohnkämpfen.

Dennoch ging die Kapitalseite als Sieger aus diesem erbitterten Kampf hervor. Sowohl die Inflation wie die darauf folgenden Währungsstabilisierungen auf Goldbasis begünstigten eindeutig die Unternehmer[68], während Arbeiterklassen und Klein- und Mittelbourgeoisien die großen Verlierer waren. Überall wurde nun die

»rote Gefahr« an die Wand gemalt und kräftig als Instrument innenpolitischer Disziplinierung genutzt. Damit hatten die USA und ihre großbürgerlichen Verbündeten in Europa ihr Hauptziel erreicht: die Verhinderung einschneidender sozialer Veränderungen[69]. Ohne Zweifel hat die Spaltung der nationalen und internationalen Arbeiterbewegung das ihre getan, um diesen Sieg zu konsolidieren. Die wichtigste Entscheidung fiel auf dem VI. Kongreß der Kommunistischen Internationale (Juli–September 1928)[70]. Durchaus zutreffend diagnostizierte die Schlußresolution, daß »die weitere Entwicklung der Widersprüche der kapitalistischen Stabilisierung unvermeidlich zur äußersten Verschärfung der allgemeinen Krise des Kapitalismus« führen werde. Aber daraus zog sie die absurde Schlußfolgerung, daß nicht der Faschismus, sondern die Sozialdemokratie, als Verkörperung des »Sozialfaschismus«, nun als Hauptfeind zu gelten habe, der sich einem Sieg der Arbeiterklasse bei jenen Kämpfen in den Weg stelle, die die neue Krise entfesseln würde.

Die Absicht war klar: Der Kommunistischen Internationale ging es darum, der Sozialdemokratie die Massenbewegungen abspenstig zu machen, die im Verlauf dieser vorausgesagten neuen Krise entstehen würden. Wie immer wurde auch dieses Mal die III. Internationale für die Interessen der Sowjetunion instrumentalisiert. Gleichzeitig hatte die interne Opposition unter Trotzki und Bucharin ihre endgültige Niederlage erlitten; die Stalinisierung des Regimes unter dem Motto »Aufbau des Sozialismus in einem Lande« konnte beginnen. Hand in Hand damit mußte die Stalinisierung der Kommunistischen Parteien stattfinden, also die Eliminierung der »Rechtsabweichler«. Dazu eignete sich die neue Taktik »Klasse gegen Klasse« vortrefflich, da sie einerseits den exklusiven Anspruch dieser Parteien als »Avant-garde des Proletariats« unterstrich, andererseits die Sozialdemokratischen Parteien stärker nach rechts abdrängte und somit die Kluft vergrößerte. Wie Otto *Bauer* richtig erkannt hat, bedeutete das eine weitere Schwächung des reformerischen Potentials dieser Parteien, insbesondere dann, wenn sie, wie in Deutschland und England, Ende der 20er Jahre noch einmal an die Macht zurückkehrten und dann vollends an ihren inneren Gegensätzen scheiterten. Nur die Sozialistische Partei Frankreichs (SFIO) rettete sich über diese Durststrecke hinweg, gerade weil sie ihre Rolle als Nichtregierungspartei konsequent durchhielt.

Es konnte nicht ausbleiben, daß auch die gewerkschaftlichen Organisationen während der sog. »Stabilisierungsphase« arg in die Defensive gerieten. Überall gingen die Mitgliederzahlen rapide zurück[71]. In England hatte sich die Zahl der Mitglieder während des Weltkriegs verdoppelt, aber während der 20er Jahre ging dieser Zugewinn wieder verloren (Höchstzahl 1921 mit 6,6 Mill.; 1933 = 3,3 Mill.). Noch stärker verlief der Rückgang in Frankreich, dem Land mit der geringsten Zahl gewerkschaftlich organisierter Arbeiter (insgesamt 10 %, in der Metallindustrie sogar kaum mehr als 5 %): 1919 rd. 2 Mill., 1929 nur noch 0,6 Mill. Mitglieder. Auch Deutschland fiel nicht aus der Reihe: 1920 gab es 7,9 Mill. Gewerkschaftler, 1926 nur noch 4 Mill. Bezeichnenderweise entsprach dieser Trend genau dem, was in den USA geschah, wo die wichtigste Gewerkschaft (AFL) ihre Mitgliederzahl während des Krieges von 2 auf 4 Mill. verdoppelte; 1929 war sie wieder auf 2,9 Mill. abgesunken. Man darf auch nicht vergessen, daß ein Teil der ökonomisch entwurzelten und verarmten Kleinbourgeoisie ins Lager der Arbeiterbewegung strömte und damit sogar die Bewegungsfreiheit ihrer reformistischen Gruppierungen noch mehr einschränkte, als dies, nicht zuletzt aufgrund wachsender Konzeptionslosigkeit (SPD, Labour Party), ohnehin schon der Fall war.

Trotz dieses neuen gesellschaftlichen Kräfteverhältnisses stand der Sieg der Unternehmer überall auf schwachen Füßen. Unterstützt von der »Rationalisierungs-Konjunktur« gelang es ihnen zwar, einen Teil der Zugeständnisse aus der unmittelbaren Nachkriegszeit wieder rückgängig zu machen; aber das genügte nicht, jene Profitraten zu erreichen, die sie für unerläßlich hielten. Zugleich verschärften sich die Gegensätze zwischen den einzelnen Kapitalfraktionen. Da Krieg und Inflation die Macht des Geldkapitals über das Warenkapital vermindert hatten, ging der Einfluß der Banken zurück, was zugleich die Finanzierungsmöglichkeiten der Unternehmen einengte. In allen Ländern war das ökonomische und politische Gewicht der Schwerindustrien gewachsen, oft zu Lasten der Wachstumsbranchen. Angesichts restriktiver externer Rahmenbedingungen und aufnahmeschwacher Binnenmärkte verschlimmerte sich der traditionelle Konflikt zwischen binnenmarkt- und exportorientierten Industrien, besonders in Deutschland.

Einer geschwächten Arbeiterbewegung stand mithin eine Kapitalseite gegenüber, die weit von einer wirklichen Konsolidierung entfernt war, was sie um so abhängiger von der Hilfe des Staates machte, der dann auch die großen Unternehmen nachhaltig unterstützte. Damit trug er aber gleichzeitig dazu bei, die durch den Krieg verursachten intersektoralen Ungleichgewichte und damit die sozialen Disparitäten, noch verstärkt durch eine unzureichende Einkommensverteilung, weiter zu vertiefen. Die recht schwächlichen Versuche der Sozialdemokraten (»Große Koalition« in Deutschland, Labour-Regierung 1929), diese Entwicklung ein wenig zu korrigieren, wirkten schon anachronistisch. Als sie von der Krise eingeholt wurden, mußten sie die bereits stumpfen Waffen endgültig strecken.

Diese allgemeinen, nur allzu knapp skizzierten Tendenzen dürfen die Tatsache nicht verwischen, daß, was die Intensität von Klassengegensätzen anlangt, zwischen den länger nationalstaatlich integrierten und industrialisierten Ländern mit sich abschwächender oder stagnierender Entwicklung wie England und Frankreich einerseits sowie den »Spätkommern« Italien und Deutschland andererseits erhebliche Unterschiede bestanden[72]. In den beiden ersteren Ländern wurde der Konflikt zwischen Kapital und Arbeit durch einen gesamtgesellschaftlichen Konsens abgemildert, der zwar abzubröckeln begann, sich aber noch immer als tragfähig genug erwies. Die Existenz der Kolonialreiche schwächte überdies den Modernisierungsdruck ab, so daß von hier aus kein neuer Konfliktstoff entstehen konnte. Daß dies möglich war, erstaunt um so mehr, als sich in beiden Ländern Unternehmer und Arbeiter mit großer Unversöhnlichkeit gegenüberstanden: Die einen vertraten unnachgiebig den »Herr-im-Hause-Standpunkt«, die anderen waren sozialpolitisch nur wenig abgesichert. Dennoch funktionierten die parlamentarischen Regierungssysteme erheblich besser als bei den »Spätkommern« und trugen damit ihrerseits zur Homogenisierung der Gesellschaften durch eine institutionell kanalisierte Konfliktaustragung bei.

Ganz anders bei den »Spätkommern«. Die schärfer ausgeprägten ökonomischen Diskontinuitäten (zwischen traditionellen, z. T. noch feudalen und modernen, rasch expandierenden Sektoren), die mangelhafte Identität von Staat und Gesellschaft auf der Grundlage einer gewachsenen politischen Kultur sowie die Notwendigkeit, in Weltpolitik und Weltwirtschaft eroberte Positionen mangels kolonialer Präferenzzonen ständig weiter auszubauen – alles das verlangte, daß der Staat stärker in Erscheinung trat. Während

Italien das Problem, wenigstens scheinbar, durch den Faschismus löste und auch in den Ländern Ost- und Südosteuropas der Staat immer mehr ökonomische Aufgaben übernahm[73], ist in Deutschland eine widersprüchliche und damit lähmende Entwicklung festzustellen: Der Staat intervenierte auch nach Abbau der Kriegswirtschaft, nun aber vornehmlich als Sozialstaat. Gleichzeitig delegierte er Kompetenzen auf gesellschaftliche Gruppen, die versuchten, mit Hilfe korporativistischer Methoden der Problemlösung auch außerhalb demokratischer Institutionen unmittelbar an politischer Macht teilzuhaben[74]. Damit wurde der Staat aber selber in die Interessenkonflikte hineingezogen und verlor auf diese Weise einen Teil seiner sozial integrativen Funktion, gerade auch im Hinblick auf die Gestaltung des Verhältnisses von Kapital und Arbeit. Hier liegt der Hauptgrund, warum autoritäre Vorstellungen, die immer darauf abzielen, Klassengegensätze durch Herrschaftsakte zu beenden, zunehmend an Boden gewannen.

b) Die »konservative Offensive« in England, Frankreich und Deutschland. Nach allem, was bislang ausgeführt wurde, verwundert es nicht, daß in der zweiten Hälfte der 20er Jahre die innenpolitische Entwicklung in den drei Ländern durch ein gemeinsames Phänomen gekennzeichnet ist: die Verlagerung der politischen Macht in die Hände bürgerlich-konservativer Kräfte, denen es gelingt, die Sozialdemokratie ebenso an den Rand zu drängen wie extremistische Gruppierungen auf der Linken und Rechten. In England und Frankreich verkümmerten die Kommunistischen Parteien zu bedeutungslosen Sekten. Aber auch die KPD, die, wie ihre Bruderparteien, schwer an der Stalinisierung zu tragen hatte, verlor an Einfluß. Noch schlechter erging es rechtsradikalen und nationalistischen Organisationen. In Deutschland entzog das Bürgertum den völkischen Bewegungen seine Unterstützung, um die »Verständigungspolitik« und in ihrem Rahmen das Hereinfließen der Auslandskredite nicht zu gefährden. Allerdings verschob sich innerhalb des Bürgerblocks die politische Achse nach rechts, was sich daran zeigte, daß die Deutschnationale Volkspartei regierungsfähig wurde. Auch in England und Frankreich dominierten innerhalb des konservativen Lagers eher die »harten«, eng mit Industrie und Bankkreisen verbundenen Fraktionen.

Zugleich festigte der Faschismus in Italien ab 1927/28 seine Herrschaft, während sich Ost- und Südosteuropa in ein Eldorado autoritärer Regime verwandelte (Litauen 1926, Polen 1928, Jugoslawien 1929, Rumänien spätestens ab 1930). Aber auch in den drei großen westeuropäischen Demokratien, vor allem in Deutschland, ist ein zunehmender Machtverlust der Parlamente zu verzeichnen, entweder zugunsten der Exekutive (wie in Frankreich über die »décret-lois«) oder korporativistisch organisierter Interessen. Seit 1928 warnte die »Union interparlementaire«, ein internationaler Zusammenschluß von Parlamentariern, vor diesen Tendenzen. Dies war nur der institutionelle Ausdruck der Tatsache, daß sich angesichts wachsender Schwierigkeiten die Kluft zwischen »politischer« und »ökonomischer« Gesellschaft vertiefte[75]. Den Parlamenten gelang es immer weniger, zwischen Produzenten und Konsumenten oder zwischen Produzentengruppen mit gegensätzlichen Interessen zu vermitteln, um einen Minimalkonsens herzustellen. Wie so oft stand Deutschland auch in dieser Hinsicht schlechter da als England und Frankreich. Die Folge war, daß immer mehr gesellschaftliche Gruppen sozial und ökonomisch marginalisiert wurden und damit, gegen Ende der 20er Jahre, in den Bannkreis von Faschismus und Kommunismus gerieten. Je höher die sozialen Kosten der »konservativen Offensive« ausfielen, um so mehr gewann der Extremismus an Attraktivität, insbesondere dort, wo es für parlamentarische Alternativen (Linksbündnis, »Nationale Union«) keine Chance gab.

Trotz vieler Gemeinsamkeiten in Gestalt orthodoxer Wirtschafts-, Finanz- und Sozialpolitik, gekoppelt mit einem schrittweisen Abrücken vom »Geist von Locarno«, wies die »konservative Offensive« in den drei Ländern je nach den Besonderheiten der jeweiligen Gesellschaftsformation unterschiedliche Züge auf. Für *England*, ein Land mit ausgeprägt konservativem Verhalten durch alle Gesellschaftsgruppen hindurch, ist es bezeichnend, daß die erste Labour-Regierung in der Geschichte des Landes unter *MacDonald* kaum mehr als ein halbes Jahr im Amt blieb: Im August 1924 mußte sie, im Zusammenhang mit der diplomatischen Anerkennung der Sowjetunion, zurücktreten. Die Wahl vom Oktober brachte der Labour Party und den Liberalen schwere Verluste, den Konservativen aber die absolute Mehrheit mit 415 Sitzen im Unterhaus ein[76]. Der neue Premierminister Stanley *Baldwin*, ein Eisenindustrieller aus den Midlands, verkörperte ziemlich genau den Typ des pragmatischen und sozial reaktionären britischen Konservativen. In vagen Formulierungen versprach er eine »Befriedung« nach innen und, was allen Konservativen in Europa so sehr am Herzen lag, die »Rückkehr zur Normalität«, also zu den Verhältnissen der Vorkriegszeit. Hinter diesem verbalen Rauchvorhang vollzog die Regierung dann für die gesellschaftlichen Machtverhältnisse entscheidende Weichenstellungen.

So verkündete Schatzkanzler W. *Churchill* als erste Maßnahme die Rückkehr des Pfunds zum Goldstandard, um dem Land jene »Selbstgewißheit und Lebenssicherheit«[77] zurückzugeben, nach der es verlangte. Zugleich wurde das von der vorangegangenen Regierung nachhaltig mitformulierte »Genfer Protokoll«, das eine Stärkung der kollektiven Sicherheit in Europa vorsah (Anklage von Friedensstörern vor dem Internationalen Gerichtshof in Den Haag und im Fall der Weigerung Verhängung wirtschaftlicher Sanktionen), nun mit dem Argument abgelehnt, die nationale Handlungsfreiheit dürfe nicht eingeschränkt werden. Damit scheiterte dieser Versuch und signalisierte die engen Grenzen, die dem Aufbau eines kollektiven Sicherheitssystems in Europa gesetzt waren.

Wie wir gesehen haben, förderte diese Währungspolitik den wirtschaftlichen Niedergang Englands. Wegen der Überbewertung des Pfund Sterling verschlechterte sich die internationale Wettbewerbsfähigkeit britischer Produkte weiter. Daran konnte die von der Regierung mit Nachdruck geförderte Rationalisierung und Konzentration über den Zusammenschluß von Unternehmen nichts ändern. Im Gegenteil: diese Art der Intervention bedeutete in der Praxis, »die auf Wettbewerb und Streuung basierende Struktur (der Privatwirtschaft) abzubauen«[78]. Tatsächlich machte die britische Wirtschaft unter der konservtiven Regierung einen verstärkten Wandel in Richtung auf mehr Konzentration und sogar staatliche Lenkung durch. Andererseits, und hier liegt ein Hauptwiderspruch konservativer Wirtschaftspolitik jener Jahre, schränkten Kreditrestriktionen mit dem Ziel einer Drosselung der Nachfrage die in vielen Branchen und Unternehmen dringend erforderlichen Modernisierungsinvestitionen ein. Das Ergebnis lag auf der Hand: Sowohl Rationalisierung und Konzentration wie mangelhafte Modernisierung auf breiter Basis bewirkten eine strukturelle Arbeitslosigkeit, insbesondere in den Grundstoffindustrien, die sich in England zu einer wahren sozialen Geißel entwickelte. Zugleich tat die konservative Regierung alles, um eine Entfaltung des Sozialstaats zu unterbinden[79].

Das ist das Ursachengeflecht, das die große soziale Explosion im Frühjahr 1926 erklärt. An die Spitze der Protestbewegung stellten sich die Arbeiter im Kohlebergbau. Sie waren am stärksten betroffen und verfügten zugleich über eine besonders kämpferische Einzelgewerkschaft. Obwohl sie 1921 schon einmal eine schwere Niederlage hinnehmen mußten, damals mit Transportarbeitern und Eisenbahnern zusammen (»Schwarzer Freitag«), forderten sie eine Verbesserung der Arbeitslosenunterstützung und der Arbeitsbedingungen. Im Mai rief der Trades Union Council (TUC) den Generalstreik aus, der aber schon nach neun Tagen am entschlossenen Widerstand der Staatsgewalt scheiterte. Nur die Bergarbeiter streikten weiter, streckten dann aber ebenfalls vor der gemeinsamen Front von Regierung und Unternehmern die Waffen. Zur Verteidigung ihrer Position benutzten die Arbeitgeber ein ebenso einfaches wie durchschlagendes Argument: den rückläufigen Energiebedarf als Folge der wirtschaftlichen Depression. In gewisser Weise liefen die Arbeiter ins Leere.

Von dieser schweren Niederlage erholte sich die englische Gewerkschaftsbewegung nicht mehr. Sie verfiel sogar ins entgegengesetzte Extrem, indem sie zu weitgehenden Zugeständnissen an die Unternehmer bereit war, etwa in der Frage der Rationalisierung. Mehr noch als in der deutschen und französischen Arbeiterbewegung setzte sich in der Führung der englischen Gewerkschaft die Ansicht durch, daß das Zeitalter des »organisierten Kapitalismus« angebrochen sei. So sah der TUC seine wichtigste Aufgabe nun darin, soziale Verbesserungen im Kompromiß mit dem Management auszuhandeln. Zugleich übertrugen die Arbeitermassen ihr Vertrauen auf die Labour Party in der Erwartung, daß sozialistische Minister das durchsetzen würden, was sie im direkten Kampf nicht erreicht hatten. Ähnlich wie in Deutschland, wo SPD und KPD bei der Reichstagswahl von 1928 unter dem Eindruck der großen Aussperrung der Metallarbeiter einen Sieg errangen (Zuwachs an Stimmen und Mandaten), gelang es der Labour Party bei den Wahlen von 1929, als stärkste Fraktion ins Unterhaus einzuziehen (287 Sitze gegen 261 für die Konservativen und 59 für die Liberalen).

Diese Hoffnung der Arbeiter wurde enttäuscht. Im entscheidenden Bereich der Wirtschafts- und Finanzpolitik setzte das zweite, von den Liberalen unterstützte Labour-Kabinett (wieder unter *MacDonald*) die Linie der Konservativen ungebrochen fort, wobei sich insbesondere der neue Schatzkanzler *Snowden* hervortat. So verwundert es nicht, wenn die Regierung nach Ausbruch der

Weltwirtschaftskrise dem Druck der Unternehmer nachgab und ihr Heil in einer scharfen Deflationspolitik suchte, obwohl viele Stimmen innerhalb wie außerhalb der Partei (so vor allem J. M. *Keynes* und der Erziehungsminister *Trevelyan*) eine Alternative vorschlugen (Aufgabe des Goldstandards, Kontrolle der Importe), die freilich, wäre sie ernst genommen worden, einen sozialistischen Kurs verlangt hätte. Im Unterschied zu Deutschland, wo Reichskanzler *Müller* wegen des Widerstands einer Mehrheit in Partei und Gewerkschaften die »Große Koalition« aufgab, verfolgte *MacDonald* seinen Kurs weiter, obwohl ihm ein wachsender Teil seiner Partei die Gefolgschaft verweigerte.

So trug die Labour-Regierung ein großes Maß an Schuld daran, daß das Land im Sommer 1931 unvorbereitet in eine schwere monetäre und ökonomische Krise geriet. Während in Deutschland die SPD die Politik des Präsidialkabinetts *Brüning* tolerierte, beteiligte sich *MacDonald* an der Bildung einer »Nationalen Regierung« aus Konservativen, Liberalen und einer Minderheit der Labour Party, die nun jene Deflationspolitik akzentuierte, die in den USA und Deutschland bereits Schiffbruch erlitten hatte. Auf einen zu wenig beachteten Aspekt der britischen Entwicklung weist *Abendroth* zu Recht hin: »Doch anders als die deutsche Sozialdemokratie es mit ihrer Tolerierungspolitik gegenüber den Notverordnungen *Brünings* getan hatte, machte sich die Labour Party nicht für eine Minderung der Löhne und der Arbeitslosenunterstützung mitverantwortlich, sondern bekämpfte sie. Sie konnte auf diese Weise die Abwanderung der Mittelschichten zu faschistischen Gruppierungen vermeiden, die Geschlossenheit der Arbeiterbewegung erhalten und damit die bürgerliche Demokratie in der Krise retten.«[80]

Im Unterschied zum ersten Labour-Kabinett dauerte der Niedergang des »Cartel des Gauches« in *Frankreich*, das im Mai 1924 an die Macht gekommen war, länger, ging aber ebenso unaufhaltsam vonstatten[81]. Auch hier stoßen wir auf ein politisches Lehrstück, das weit über Frankreich hinaus bis in unsere Tage nichts an Aktualität verloren hat. Schon der Wahlsieg stand auf schwankenden Füßen: Das »Cartel«, eine Koalition aus Radikal-Sozialisten (eine ideologisch links, ökonomisch eher rechts orientierte Vertretung des Kleinbürgertums), Sozialisten und Gruppierungen der linken Mitte, erhielt 48 % der Stimmen (gegenüber 44 % im Jahr 1919), und zwar überwiegend aus den Gebieten südlich der Loire, also in erster Linie nicht aus dem industrialisierten Norden. Außerdem war die Koalition alles andere als homogen: Da die Sozialistische Partei (SFIO) aus Furcht vor einem Identitätsverlust der Regierung nicht beitrat, mit einer Unterstützung durch die Kommunisten (10 % der Stimmen, 26 Sitze) nicht zu rechnen war, durfte das »Cartel« die Tuchfühlung mit der Mitte nicht verlieren. Im Grunde schlug das parlamentarische Pendel von der Rechten nur zur linken Mitte aus, was nichts anderes bedeutete, als daß die Kräfte der Kontinuität stark genug waren, den Willen zur Veränderung zu durchkreuzen.

Das galt insbesondere für die Währungspolitik, die hier wie überall zur Schicksalsfrage und damit zur Bewährungsprobe von Staat und Gesellschaft wurde. Alle anderen Politikbereiche kann man getrost vergessen, eingeschlossen die mehr auf Kooperation setzende Außenpolitik, die freilich manchen Fehlurteilen erlag und damit, wie gesagt, die Position Frankreichs als wichtigster Stützungsmacht des »Versailler Systems« schwächte. Im Vergleich zu anderen europäischen Ländern trat auf dem Feld der Währungspolitik zu den üblichen Illusionen einer baldigen »Rückkehr zur Normalität« noch eine weitere hinzu: die Hoffnung, mit Hilfe der deutschen Reparationen die zerrüttete Währung sanieren zu können. Unter dem Einfluß der Siegermacht-Droge hinkte mehr noch als anderswo das öffentliche Bewußtsein hinter den gesellschaftlich tief einschneidenden Kriegsfolgen her[82].

Im übrigen war das »Cartel« nur deshalb an die Macht gekommen, weil die Finanzpolitik des konservativen Bürgerblocks (»Bloc National«), eine im Vertrauen auf die deutschen Reparationsleistungen gegründete Mischung aus Deflation und hoher Staatsverschuldung, völlig gescheitert war. Sie hatte die Währung den Spekulanten von innen und außen überlassen, die, wie so oft, nichts anderes bezweckten, als jenes Chaos zu schaffen, das erlaubt, ihren dunklen Geschäften um so besser nachzugehen[83]. Als der Kurs des Franc Anfang März 1924 in den Keller rutschte, brach an der Pariser Börse eine Panik aus. Die von der Regierung Poincaré in allerletzter Stunde mit Hilfe französischer und amerikanischer Banken gestartete Gegenoffensive brachte nur vorübergehend Erleichterung. Das Grundproblem blieb bestehen: der Abbau der Staatsschuld gegenüber der Bank von Frankreich (höchstens bis 27 Mrd. Franc, dem sog. »plafond«), und zwar um so mehr, als der Anteil der kurz- und mittelfristigen Staatspapiere zunahm und auf diese Weise die so entstehende »dette flottante« (schwebende Schuld) wie ein Damoklesschwert über den Staatsfinanzen hing.

Das »Cartel« übernahm von der Rechten ein schweres Erbe. Aber wie sah eine Lösung des Währungsproblems als Voraussetzung für eine innenpolitische Stabilisierung aus seiner Sicht aus? Die wichtigste Bedingung war der Verzicht auf eine Rückkehr zur Vorkriegsparität. Das wiederum bedeutete, den Widerstand jener Besitzenden zu brechen, die die Verfolgung einer orthodoxen Finanz- und Währungspolitik als wirksamste Garantie ihrer Privilegien forderten und darin auch die Bank von Frankreich hinter sich wußten. Dieser übermächtigen Aufgabe stand eine Regierungskoalition gegenüber, die stets unter dem doppelten Feuer von links (eingeschlossen der linke Flügel der SFIO) und von rechts stand.

So erklärt es sich, daß das »Cartel« von Anfang an nicht den Mut aufbrachte, besser: nicht aufbringen konnte und wollte, um den ersten entscheidenden Schritt zu vollziehen, der darin hätte bestehen müssen, sich den nötigen Handlungsspielraum gegenüber der Bank von Frankreich zu verschaffen. Im Gegenteil: Man bewegte sich in vertrauten Bahnen. Zur Sanierung der Staatsfinanzen griff man erneut auf das traditionelle Mittel der Anleihe zurück (»emprunt Clémentel«) mit dem Ziel, »Vertrauen« zu schaffen, also jene Bank- und Geschäftskreise für sich zu gewinnen, die von Hause aus dem »Cartel« feindlich gesinnt waren. Damit war gleich zu Beginn eine doppelte Niederlage vorprogrammiert[84]: Zum einen fiel der Erfolg der Anleihe insofern unbefriedigend aus, als es nur zu einem Austausch von Staatspapieren kam, also wenig neues Geld in die Staatskasse floß; zum anderen war die Anleihe ein Geschenk an die Rechte, denn von der Operation profitierten diejenigen am meisten, die über disponibles Kapital (und die notwendigen banktechnischen Kenntnisse) verfügten, um den größtmöglichen Gewinn herauszuschlagen. Die Linke verfolgte also eine rechte Politik, freilich nicht mit der notwendigen Konsequenz. Genau das gab der Rechten eine Chance, auf dem Felde der Währungspolitik, der Achillesferse des »Cartel«, ihre Revanche zu suchen.

Genauso kam es. Unterstützt vom erzkonservativen Senat und der nicht minder konservativen Bank von Frankreich ging die Rechte zum Gegenangriff vor, wobei sie bewährte Mittel wie Kapitalflucht und permanente Kritik an den finanzpolitischen Fähigkeiten der Regierung einsetzte. Bereits Mitte Dezember 1924 war die Finanz- und Währungspolitik des »Cartels« offensichtlich gescheitert. Für unseren Zusammenhang genügen einige Hinweise.

Im Grunde tauchte wieder der alte Teufelskreis auf, auf den das »Cartel« keine Antwort wußte. Ende 1924 überschritten wieder einmal die Vorschüsse der Bank von Frankreich an das Schatzamt die gesetzlich vorgeschriebene Obergrenze (»plafond«). Außerdem wurde bekannt, daß auch das »Cartel« mit gezinkten Karten spielte, indem es den tatsächlichen Geldumlauf mit Hilfe eines doppelten Haushalts verdeckte.

Das Drama, typisch für eine Linksregierung, nahm seinen Lauf. Unter innerem und äußerem Druck verschlechterte sich die Parität des Franc gegenüber dem Pfund Sterling, zunächst langsam, dann, seit Oktober 1925, mit wachsender Geschwindigkeit (Mai 1924 = 76; Dezember = 86,9; März 1925 = 92,1; Juni = 100; Oktober = 109; November = 123; Dezember = 130). Gleichzeitig entfernte sich die SFIO von der Mehrheit, als ihr klar wurde, daß ihre Strategie, die auf der Einführung einer Steuer auf Kapitalerträge beruhte, im »Cartel« keine Aussicht auf Realisierung hatte und natürlich bei der Rechten auf erbitterten Widerstand stieß. Sie scheute sich nicht, dieses vergleichsweise bescheidene Mittel zur Sanierung der Staatsfinanzen als ersten Schritt auf dem Weg zur sozialistischen Revolution zu verunglimpfen.

Dies wirft ein Schlaglicht auf die außerordentlich gespannte innenpolitische Lage. Tatsächlich begann seit Ende März 1925 der innere Zerfall des »Cartels«, der sich nach dem Sturz des Kabinetts *Herriot* (Anfang April) weiter beschleunigte und in eine 15 Monate dauernde Agonie mündete. Die parlamentarische Achse rutschte ständig weiter nach rechts. Die nun (vor allem von Finanzminister *Caillaux*) unternommenen Versuche waren dadurch gekennzeichnet, daß sie bereits offen Kompromisse mit der Rechten suchten, während sich der Druck der Bank von Frankreich verstärkte. Eine neue Anleihe verschärfte das Problem der schwebenden Schuld, was auch die Regierung des »Cartel« völlig in Abhängigkeit von französischen und insbesondere amerikanischen Banken brachte. In den USA aber waren Regierung und Banken nur unter der doppelten Bedingung zur Hilfe bereit, daß es zu einem Abkommen über die Kriegsschulden und zur definitiven Lösung des Währungsproblems kam. Mit dem Abschluß des Mellon-Béranger-Abkommens (April 1926) wurde die erste Bedingung erfüllt. Zur Erfüllung der zweiten bedurfte es offensichtlich einer Rückkehr der Rechten an die Macht.

Um den Ernst der Lage zu unterstreichen, erlebte der Franc einen wahren Absturz gegenüber dem Pfund Sterling: April 1926 = 144; 12. Juni = 200; 21. Juli = 243. Dies war der Tag, an dem *Herriot* einen letzten vergeblichen Versuch zur Regierungsbildung unternahm. Damit war der Weg für ein Kabinett *Poincaré* frei, das nun von der gesamten Rechten auf den Schild gehoben wurde. Wie durch ein »Wunder« verbesserte sich schon einen Tag später die Parität des Franc auf 220, zwei weitere Tage später auf 200, bevor die neue Regierung der »Nationalen Union« (mit den Radikal-Sozialisten!) ihre Arbeit überhaupt aufgenommen hatte.

Wie überall waren die innergesellschaftlichen Kosten der Franc-Stabilisierung durch *Poincaré* hoch. Wenn er entgegen seiner tieferen Überzeugung und gegen mächtige Kräfte im eigenen Lager die Vorkriegsparität nicht wiederherstellte, sondern sich mit einem Fünftel begnügte, geschah das, um die negativen Auswirkungen der Pfund-Stabilisierung zu vermeiden[85]. Aber *Poincaré* verfiel wiederum in den Fehler, das Stabilisierungsniveau zu niedrig anzusetzen. Daher ergoß sich nun ein kräftiger Goldstrom nach Paris. Damit stärkte Frankreich zwar seine internationale Stellung, aber auf Kosten der inneren Stabilität. Alle finanz-, innen- und sozialpolitischen Maßnahmen wurden dem Ziel untergeordnet, die Rückkehr des französischen Kapitals zu begünstigen. Steuererhöhungen (allein für 1926 und 1927 11,7 Mrd. F) sowie Einsparungen im Haushalt trafen vor allem die mittleren Einkommen. Letztlich fand eine Umschichtung des Reichtums zugunsten der bornierten großbürgerlich-autoritären »patrons« statt. Hauptleidtragende waren die Zeichner von Kriegsanleihen und die Masse der kleinen Sparer, die vier Fünftel ihrer Ersparnisse verlor, im wesentlichen also jene Schicht von Rentnern, die unproduktives Kapital anhäuften, nach dem Krieg schon einmal schwere Verluste hinnehmen mußten und nun das »Vertrauen« auf Währung und Staat, in dessen Namen all das geschah, endgültig verloren.

Das bedeutete eine nachhaltige Schwächung jenes kleinen und mittleren Bürgertums, das zwar ein malthusianisches Verhalten kennzeichnete, aber noch immer eine der tragenden Säulen der französischen Gesellschaftsformation darstellte. Es bedarf kaum der Erwähnung, daß die ohnehin schwachbrüstige Sozialpolitik dieser Art von Stabilisierung geopfert wurde; selbst bescheidenste Ansätze (bezahlter Urlaub) scheiterten am Widerstand von Senat und Handelskammern. Während sich die Machtverhältnisse innerhalb der Bourgeoisie (wie in England) zugunsten des Finanzkapitals verlagerten, verbreiterte sich die Kluft zwischen ihr und der Arbeiterklasse, ein Prozeß, der dann Anfang der 30er Jahre beschleunigt voranschritt. Alle diese Auswirkungen der Politik *Poincarés*, vor allem des Primats der Währungs- gegenüber der Wirtschafts- und Sozialpolitik, konnten für kurze Zeit von der Prosperität überdeckt werden, sind aber eine der Wurzeln für den Niedergang nach 1931[86]. Dafür stieg der Goldvorrat der Bank von Frankreich von 32 Mrd. 1928 in kürzester Frist auf 80 Mrd. F an.

Auch in *Deutschland* gewann die »konservative Offensive« zwischen 1924 und 1928 gewaltig an Boden[87]. In diesen Jahren setzten die Unternehmer alles daran, ihre gesellschaftliche und ökonomische Position sowohl gegenüber dem Staat als auch gegenüber der Arbeiterbewegung zu festigen. Dabei setzten Konzentrationsbewegung und Rationalisierungswelle das fort, was durch Inflation und Währungsstabilisierung begonnen worden war, nicht zuletzt auch den Ausbau innerbetrieblicher Herrschaftsstrukturen zu Lasten der Gewerkschaften[88]. Im Gegensatz zu den USA, England und Frankreich, wo der Sozialstaat nur in Ansätzen existierte, konzentrierte sich diese Offensive in Deutschland auf das Ziel, die Sozialabgaben zu senken, das System der Tariflöhne umzugestalten und grundsätzlich das sozialpolitische Instrumentarium des Staates einzuschränken. Dazu gehörte in erster Linie das staatliche Schlichtungswesen im Fall des Streiks und die Möglichkeit zur Festsetzung von Zwangstarifen, ein besonders schmerzhafter Dorn im Auge der Unternehmer. Damit wurde, wie die neuere Literatur herausgearbeitet hat, jener sozialpolitische Kompromiß, dem die Weimarer Republik ihr Entstehen verdankte, seitens der Unternehmer systematisch unterhöhlt. Da der Staat andererseits die Unternehmerinteressen stützen mußte, fiel der Sozialpolitik immer mehr eine »kompensatorische Bedeutung« (H. *Mommsen*) zu, was die sozialen Spannungen zwangsläufig verschärfen mußte.

Das spezifische Kennzeichen der »konservativen Offensive« in Deutschland aber lag darin, daß es der Ruhrbergbau war, der ihre Speerspitze bildete. Das Phänomen selbst ist nicht verwunderlich, handelte es sich doch um jenen Bereich der Wirtschaft, der sich trotz Rationalisierungsmaßnahmen *ökonomisch* langfristig im Niedergang befand, *politisch* aber, dank der Verbindungen zur Eisen- und Stahlindustrie in den Spitzenverbänden der Unternehmer wie auch zu Großagrariern im Sinn der traditionellen Versuche zur Bildung eines solidar-protektionistischen Bündnisses und nicht zuletzt zu Bürokratie und Armee, erhebliches Gewicht besaß, das es galt, voll in die Waagschale der Unternehmer zu werfen. Dabei ging es weniger um direkte Einflußnahme auf politische Entscheidungen (an der es auch nicht fehlte), als vielmehr darum, im Namen ökonomischer Erfordernisse (sprich: Verbesserung der internationalen Konkurrenzfähigkeit) den Einfluß auszuweiten. Diese Taktik zog um so mehr, als alle Welt, bis tief in die SPD hinein, überzeugt war, daß Deutschland nur durch eine vermehrte Wirtschaftskraft seine politische und militärische Schwäche auszugleichen vermochte.

Der berühmt-berüchtigte »Ruhreisenstreit« (1928), in dessen Verlauf die Arbeitgeber zum offenen Kampf gegen die Gewerkschaften übergingen und ihnen eine bittere Niederlage zufügten, zeigt, in welcher Weise sich die Klassengegensätze zugespitzt hatten. Um die Verschlechterung des sozialen Klimas zu kennzeichnen, spricht H. *Mommsen* von einem »Klassenkampf von oben« und D. *Stegmann* von einer »Refeudalisierung des Unternehmertums«. Die Parallele zur »konservativen Offensive« in den USA, in England und Frankreich wird in dem Augenblick deutlich, wo es um den entscheidenden Punkt trotz aller nationalen Unterschiede geht: die Unterordnung der Sozialpolitik und damit des sozialen Ausgleichs (von sozialer Gerechtigkeit gar nicht zu sprechen) unter die Bedürfnisse der Wirtschaft, deren Strukturprobleme damit aber keineswegs überwunden, sondern eher noch verschlimmert wurden. Denn weder Unternehmer und noch weniger Bankiers verfügten über ausreichende Einsichten in die Ursachen der Probleme, sondern verfolgten immer nur unmittelbare, kurzfristige Interessen.

Ohne Zweifel war der Einfluß der Unternehmerverbände auf die Regierungspolitik in Deutschland stärker ausgeprägt als in den drei anderen westlichen Industrienationen. Da sie aber keinen homogenen Block bildeten, waren ihren Pressionen Grenzen gesetzt. Zugleich muß man feststellen, daß sich die Gegenkräfte zum traditionellen schwerindustriell-großagrarischen Interessenbündnis in Gestalt der verarbeitenden und exportorientierten Industrien (Maschinenbau, besonders in Süddeutschland; Elektro- und chemische Industrien), die die Außenpolitik *Stresemanns* stützten, eine gewisse Loyalität gegenüber der Weimarer Republik empfanden und z. T. sozialpolitisch progressiv eingestellt waren, auch nicht durchsetzen konnten, obwohl es sich um Wachstumsindustrien und damit um Konsumenteninteressen handelte. Von der Regierung erhielten sie keine Unterstützung; so etwas wie Anfänge einer Industriepolitik gab es nicht. Vom Weltmarkt kamen, wie wir sahen, keine Impulse. Der Versuch einer Exportoffensive in Richtung Südosteuropa steckte noch in den Kinderschuhen. Auch die Gewerkschaften dachten nicht an ein Bündnis mit diesen Unternehmergruppen. Die »Große Koalition« hätte eine Chance sein können, um einen Konsens zwischen Exportindustrie, Arbeiterklasse und Angestellten herzustellen. Diese Möglichkeit wurde aber kaum ernsthaft ins Auge gefaßt. Es fehlte auch der dazu nötige Verteilungsspielraum. Nicht zufällig zerbrach die Koalition am Streit über die Sozialbeiträge.

In der durch politischen Einfluß erreichten Hegemonialstellung der Schwerindustrie lag der Hauptgrund für jene strukturelle Inflexibilität der deutschen Wirtschaft, wie sie sich während der Weltwirtschaftskrise auf so verhängnisvolle Weise offenbarte. Die antiparlamentarischen und antidemokratischen Tendenzen, die sich seit 1927/28 in den großindustriellen Interessengruppen verstärkten, sind, wie H. *Mommsen* überzeugend herausgearbeitet hat, nicht ohne den übermäßigen Einfluß absteigender Sektoren der Wirtschaft denkbar, deren Position sogar außen- und reparationspolitisch noch abgestützt wurde[89]. Zugleich waren es diese Gruppen, die aufgrund besonders ausgeprägter Konzentration und Monopolisierung die mittelständischen Unternehmer in die Opposition trieben[90]. Schließlich wanderten während der »Großen Krise« mangels einer zukunftsträchtigen ökonomischen und politischen Perspektive erhebliche Teile der kleinen und mittleren Bourgeoisie ins Lager der Nationalsozialisten.

So hat der von konservativen Kräften in allen großen kapitalistischen Ländern getragene Versuch, die Rekonstruktion von Weltwirtschaft und Weltpolitik nach ihrem Bilde zu gestalten, in Wahrheit dazu geführt, der Krise den Weg zu bereiten. Sie überkam diese Kräfte wie ein Naturereignis, obwohl es an warnenden Stimmen nicht gefehlt hat. Das zeigt nur, wie wenig sie sich über die Folgen ihrer eigenen Politik im klaren waren.

IV. Strukturprobleme des »Washingtoner Systems« 1922–1930

1. Versuch eines Machtgleichgewichts in Südostasien

Es war kein Zufall, wenn sich die USA nach der Machtübernahme durch die Republikaner unter Präsident *Harding* im Frühjahr 1921 zunächst darauf konzentrierten, die Spannungen zu vermindern, die vom Fernen Osten ausgingen. Für die Rekonstruktion von Weltwirtschaft und Weltpolitik, wie sie die Republikaner verstanden, mußte dem pazifischen Raum schon deshalb eine überragende Bedeutung zufallen, als er traditionell eines der Hauptziele der Open-Door-Politik darstellte. Daraus erklärt sich die massive Kritik an die Adresse der Demokraten, Europa zu Lasten Asiens zu privilegieren und damit fundamentalen amerikanischen Interessen zu schaden. Mindestens ebensosehr fiel ins Gewicht, daß sich die Machtverhältnisse in Südostasien als Folge des Krieges verändert hatten. An erster Stelle stand die für die USA nicht ungefährliche Tatsache, daß es Japan gelungen war, seine strategische und ökonomische Stellung in diesem Raum erheblich auszubauen, nicht zuletzt deshalb, weil es während des Weltkrieges gewaltige Fortschritte im Industrialisierungsprozeß erzielen konnte. Für viele Amerikaner war klar, daß hier ein neues, regionales Machtzentrum im Entstehen begriffen war, mit dem die USA zu rechnen hatten.

Zugleich hatten die imperialistischen Mächte Europas schon während des Krieges in diesem Raum an politisch-strategischem, vor allem aber an ökonomischem Einfluß verloren. Der in China tobende Bürgerkrieg bedrohte ihre Machtpositionen ebenso wie der Wille Japans, durch den Krieg gewonnene territoriale Vorteile zumindest zu halten. Im übrigen hatten sie weitgehend darauf verzichtet, zugunsten einer Regelung des japanisch-chinesischen Gegensatzes zu intervenieren, der, wie alle Welt wußte, zu den wichtigsten Ursachen für die Destabilisierung der Region gehörte. Aus alledem zog die Republikanische Regierung den Schluß, daß eine Fortsetzung und Intensivierung der Open-Door-Politik im Fernen Osten nur unter der Voraussetzung möglich war, daß es gelang, stabile politische Verhältnisse zu schaffen. Ohne Zweifel hing ein langfristiges Offenhalten der Märkte davon ab. Folgerichtig konzentrierten sich die diplomatischen Bemühungen darauf, eine politisch-strategische Neuordnung des Raumes zu erreichen, die vor allem geeignet war, Japan auf eine Weise einzubinden, daß seinen Ambitionen klare Grenzen gesetzt wurden. Hatten die Republikaner Präsident *Wilson* nicht vorgeworfen, vor dem Versuch der Japaner, den chinesischen Markt zu schließen, »kapituliert« zu haben? Aus ihrer Sicht grenzte ein solches Verhalten fast an Landesverrat.

So verwundert es nicht, wenn die Republikaner als weitere Voraussetzung für ein amerikanisches Engagement die Aufgabe des englisch-japanischen Bündnisvertrags von 1902 (der 1911 für zehn Jahre verlängert worden war) verlangten. Tatsächlich hatte dieser Vertrag erheblich zum Machtgewinn Japans in Asien beigetragen, vor allem gegenüber Rußland. Da die Sowjetunion, jedenfalls während der 20er Jahre, keine Hegemonialpolitik in diesem Raum verfolgte, hatte der Vertrag in den Augen der Engländer ohnehin an Bedeutung verloren. Außerdem waren sie daran interessiert, daß die anvisierte Neuordnung auf der Grundlage einer engen anglo-amerikanischen Zusammenarbeit zustande kam, um so wenigstens Restbestände des eigenen Einflusses zu retten. Auch England begriff, daß die USA nun zur entscheidenden Stabilisierungsmacht im Pazifik aufgestiegen waren. Wenn es hochkam, blieb für England die Rolle des Juniorpartners.

Unter der energischen Federführung des neuen Außenministers *Hughes*, der die eben skizzierten Zusammenhänge klar durchschaute, kam es zur Washingtoner Konferenz, die vom 12. November 1921 bis 6. Februar 1922 tagte und in deren Verlauf eine Fülle von Abkommen unterzeichnet wurde, die von nun an den Status der Region völkerrechtlich fixierten (»Washingtoner System«)[1]. Die wichtigsten dieser Abkommen werden im folgenden analysiert, aber nur so weit, wie es zum Verständnis der zentralen Elemente, der Strukturprinzipien, die die Neuordnung kennzeichneten, erforderlich ist. Als erstes Dokument wurde am 13. Dezember 1921 der »Vier-Mächte-Vertrag« zwischen den USA, England, Frankreich und Japan unterzeichnet. Er trat an die Stelle des englisch-japanischen Bündnisvertrags von 1902 und enthielt im wesentlichen eine Garantie des territorialen Status quo im Gesamtbereich der pazifischen Inseln. In letzter Instanz handelte es sich um einen Nichtangriffspakt, der naturgemäß auf eine Schwächung Japans hinauslief. Schon dieser Vertrag wirft ein bezeichnendes Licht auf die Machtverhältnisse, wie sie während der Konferenz herrschten. Die Dynamik ging von den USA aus, die sich dabei der Unterstützung durch England sicher waren; alle anderen Konferenzteilnehmer unterwarfen sich ihr mehr oder weniger zähneknirschend. Das galt insbesondere für Japan, das sich isoliert und daher in der Defensive fand, freilich auch deshalb, weil die Weltwirtschaftskrise von 1920/21 Japan schwerer und nachhaltiger getroffen hatte als irgendein anderes Land.

Kernstück des »Washingtoner Systems« aber war der am 6. Februar 1922 für eine Geltungsdauer von 15 Jahren abgeschlossene »Fünf-Mächte-Vertrag«, in dem die unterzeichnenden Mächte USA, England, Japan, Frankreich und Italien die Stärke ihrer Schlachtschiffe im Verhältnis 5 : 5 : 3 : 1,75 : 1,75 festlegten. Außerdem verfügte der Vertrag einen zehnjährigen Baustopp für diese Kategorie von Kriegsschiffen. Hinzu kam ein Flottenabrüstungsprogramm. Es handelte sich also durchaus um eine Vorform dessen, was man heute ein Rüstungskontrollabkommen nennt. Seine Bedeutung für die neuen strategischen Machtverhältnisse im Pazifik war evident. Zunächst stellte es eine Schwächung Englands dar (oder besser: es bestätigte die Schwächung), das auf den traditionellen »Two-Powers-Standard« (Stärke der eigenen Flotte so groß wie die Summe der beiden nächsten stärksten Flotten der Welt) verzichtete. Es überließ die Kontrolle wichtiger Zonen (Golf von Mexiko, Karibisches Meer) nun endgültig den USA. Die Preisgabe des »Two-Powers-Standard« signalisierte eindrucksvoll den Niedergang Englands als führender Weltseemacht.

Geschwächt wurde aber auch Frankreich, das sich einer regelrechten anglo-amerikanischen Front gegenübersah und sich auf demselben Niveau wiederfand wie Italien. Das erschien besonders bitter, da Frankreich seine Flotte nicht nur zwischen Atlantik, Mittelmeer und Pazifik aufteilen, sondern auch noch sein immenses Kolonialreich in Indochina schützen mußte. Immerhin setzte Frankreich durch, daß der Bau von U-Booten sowie kleinen und mittleren Kriegsschiffen unbeschränkt blieb. Dagegen war Japans Position im Pazifik nicht entscheidend beeinträchtigt: Als einziges Land konnte es die Gesamtheit seiner Flotte hier konzentrieren. Im übrigen stimmte es dem Vertrag nur unter der Bedingung zu, daß die USA auf jeden Ausbau ihrer Flottenbasen auf den pazifischen Inseln (Guam, Philippinen) verzichteten. Dafür aber hatte Washington sein Hauptziel erreicht: die Einstellung eines kostspieligen Rüstungswettlaufs im Bereich der Schlachtschiffe. Allerdings war die Mehrheit der japanischen Militärs trotz starker innenpolitischer Widerstände (s. u.) entschlossen, diesen Rüstungswettlauf eines Tages wiederaufzunehmen, um auf diese Weise die territorialen Konzessionen, die Japan auf der Konferenz hatte machen müssen[2], zu kompensieren. Das würde allerdings bedeuten, ein entscheidendes Element aus dem »Washingtoner System« herauszubrechen.

Von zentraler Bedeutung für die USA war der ebenfalls am 6. Februar 1922 abgeschlossene »Neun-Mächte-Vertrag« (USA, England, Japan, China, Frankreich, Italien, Belgien, Holland, Portugal). Dieser Vertrag postulierte die handelspolitische Gleichbehandlung Chinas, garantierte die territoriale und administrative Integrität des Landes und enthielt die Verpflichtung der unterzeichnenden Mächte, die Installierung einer stabilen Regierung zu begünstigen. Außerdem mußten alle ausländischen Mächte auf Sonderrechte und Privilegien, wie sie aus den berüchtigten »Ungleichen Verträgen« der Vorkriegszeit entstanden waren, dann verzichten, wenn dadurch die Rechte anderer Länder verletzt wurden. In diesen Bestimmungen schlug sich die Absicht nieder, den inner-imperialistischen Konkurrenzkampf auf dem chinesischen Markt stärker zu regulieren, als es bislang der Fall gewesen war.

Die historische Bedeutung des Vertrags lag darin, daß es den USA zum ersten Mal gelungen war, die Open-Door-Politik formal anerkennen zu lassen. Letztlich bedeutete das, daß sie sich gegenüber England und Japan, ihren schärfsten Konkurrenten, klare Vorteile verschafften. Diese beiden Mächte hatten ja am meisten von der bisherigen imperialistischen Praxis profitiert, die auf die gegenseitige Anerkennung von Einflußzonen abzielte. Der »Neun-Mächte-Vertrag« stellte im Gegensatz dazu einen ersten Schritt in Richtung auf das dar, was zu Recht als »Open-Door-Imperialismus« bezeichnet worden ist[3] – eine Politik, die in bezug auf China nun sogar völkerrechtlich abgesegnet wurde. Das hieß, daß die ökonomische Durchdringung Chinas allen in gleicher Weise offenstand, wovon die stärkste ökonomische Macht langfristig den größten Nutzen haben mußte. Außerdem konnte diese Penetration jetzt ohne jene abstoßenden Formen direkter Herrschaftsausübung stattfinden, wie sie die »Ungleichen Verträge« ermöglicht hatten, die ohnehin nur dazu führten, der nationalistischen Befreiungsbewegung gewaltigen Auftrieb zu geben.

Man kann, gerade vor dem Hintergrund der gegenwärtigen weltpolitischen Spannungen, nicht genug über die Washingtoner Konferenz nachdenken. Ihre Originalität bestand darin, eine globale Rüstungsbeschränkung im Bereich der Schlachtschiffe, also eines besonders machtvollen Instrumentes strategischer Seeherrschaft, mit einer politischen Neuordnung des pazifischen Raumes zu verbinden. Nie wieder ist seither in der Geschichte der Versuch unternommen worden, mit Hilfe einer Kombination von (1.) Rüstungskontrollmaßnahmen, (2.) Nichtangriffspakt und (3.) politischer Lösungen (hier: Einbindung Japans; chinesische Frage) Grundlagen für die dauerhafte Stabilisierung einer Region zu schaffen, wobei jedes der drei Elemente die beiden anderen beeinflußte und damit die Gesamtlösung ermöglichte. Allerdings wäre dieses Ergebnis ohne das energische Engagement der USA nie erreicht worden, die damit, gewollt oder ungewollt, zum Angel- und Drehpunkt des »Washingtoner Systems« avancierten.

Dennoch hat dieses Vertragswerk die Stabilität im Fernen Osten nur für wenige Jahre gewährleistet[4]. Die wichtigsten Ursachen sind darin zu sehen, daß das »Washingtoner System«, ähnlich wie das »Versailler System«, von Anfang an nicht frei war von Widersprüchen. Es kam zwar zu einer »Entspannung« der amerikanisch-japanischen und der amerikanisch-englischen Beziehungen. Die größte Hypothek für die Zukunft ergab sich jedoch daraus, daß die Konferenzteilnehmer nicht bereit waren, die Forderung Chinas nach Befreiung von *allen* ausländischen Privilegien zu erfüllen. Die im »Neun-Mächte-Vertrag« enthaltenen Garantien der Souveränität und Integrität des Landes stellten ein gewisses Entgegenkommen dar, allerdings nur in taktischer Hinsicht: als Mittel, um der von Jahr zu Jahr wachsenden Ausländerfeindlichkeit, die sich nicht nur in Warenboykotten, sondern in direkten Akten der Aggression äußerte, entgegenzuwirken.

Tatsächlich blieben wesentliche Bestandteile der »Ungleichen Verträge« unberührt (Exterritorialität; Anwesenheit ausländischer Truppen; Fehlen der Zollautonomie; sogar das Verbot, Ausländer von chinesischen Gerichten aburteilen zu lassen). Man konnte sich nur zu dem Zugeständnis durchringen, eine Konferenz ins Auge zu fassen, die sich mit dem Problem der chinesischen Zollautonomie beschäftigen sollte. Aber dabei handelte es sich um Zukunftsmusik, da sie eine stabile, für das ganze Land sprechende Regierung, also die Beendigung des Bürgerkriegs, voraussetzte. Im

Grunde wurde das alte imperialistische System nur durch eine leicht verbesserte Neuauflage ersetzt. Die »chinesische Frage« blieb offen; an ihr mußte sich das »Washingtoner System« bewähren.

Noch mehr hing seine Zukunft davon ab, ob Japan bereit war, die von ihm erwartete kooperative Politik fortzusetzen. Das war der Preis, der dafür gezahlt worden war, daß die USA ihre Flottenstärke im Pazifik begrenzten. Eine derartige Politik konnte auf Dauer aber nur unter der Bedingung praktiziert werden, daß sie zur Lösung eines geradezu existentiellen Problems der japanischen Wirtschaft und Gesellschaft beitrug: der Außenhandelsabhängigkeit von den USA und von China[5]. Mit anderen Worten: Zwischen außenpolitischer Konzilianz und der Möglichkeit einer Intensivierung der Handelsbeziehungen insbesondere mit diesen beiden Ländern bestand ein enger Kausalnexus. Für die in Japan regierende »liberale« Geschäftsbourgeoisie mußte der Nutzen für die eigene Entwicklung, der sich aus dieser Politik ergab, stets größer sein als derjenige, der von aggressiver Expansion mit dem Ziel einer Sicherung der Rohstoffquellen (mangels eigener Ressourcen) zu erwarten war – die eigentliche Gretchenfrage japanischer Politik in den 20er Jahren.

Hier lag folglich der neuralgische Punkt des »Washingtoner Systems«, und zwar um so mehr, als gewisse Voraussetzungen für die zweite Alternative bestanden, nicht nur, wie wir sahen, in der vergleichsweise starken Stellung Japans als Seemacht im Pazifik, sondern, als besonders wichtiger Trumpf, aufgrund von Privilegien in der südlichen Mandschurei (über das dort aufgebaute Eisenbahnnetz). Sollte also die kooperative Variante nicht den notwendigen Erfolg bei der Bewältigung der binnen- und außenwirtschaftlichen Probleme zeigen, blieb nichts anderes übrig, als die Positionen in der Mandschurei zu verstärken, was notwendigerweise den Konflikt mit China verschärfen und damit das gesamte »Washingtoner System« in Frage stellen mußte. So lag der schwarze Peter bei der Hauptordnungsmacht, den USA. Von ihnen hing es ab, ob die schwierige Gratwanderung gelingen konnte, die Einbindung Japans mittels intensiver Wirtschaftsbeziehungen aufrechtzuerhalten und zugleich den Interessen Chinas gerecht zu werden.

Genau hier lag das Dilemma der amerikanischen Fernostpolitik, das deren ambivalenten und widersprüchlichen Charakter erklärt[6]. Einerseits forderten die USA die Offene Tür für China sowie die

Respektierung der Einheit und Souveränität des Landes; andererseits erkannten sie, mehr oder weniger explizit, gewisse Sonderrechte Japans in China an. Das Engagement für die Integrität Chinas ging niemals so weit, daß es deshalb zu einer Konfrontation mit Japan hätte kommen können, das für die amerikanischen Wirtschaftsinteressen ein ungleich höheres Gewicht besaß als China (die amerikanischen Exporte nach Japan waren 1920 fast fünfmal so hoch wie die nach China). Es gab also so etwas wie eine »negative Zustimmung« zu Versuchen Japans, seine Position in der Mandschurei auszubauen, Versuche, die von führenden amerikanischen Banken unterstützt wurden. Das hatte zur Folge, daß die Politik der Offenen Tür ständig durch Kredite an Japan unterminiert wurde, während China zwischen 1920 und 1933 an der Peripherie der internationalen Kapitalmärkte blieb[7].

Vor allem litt die amerikanische Politik an einer mangelhaften Koordinierung von außenwirtschaftlichen und diplomatischen Zielen im Fernen Osten. Schuld daran waren zwei entgegengesetzte Interpretationen der Washingtoner Verträge im State Departement (hinter denen auch unterschiedliche wirtschaftliche Interessen standen), je nachdem ob eher Japan oder China begünstigt werden sollte, was die von der Logik des »Washingtoner Systems« verlangte Notwendigkeit, zwischen beiden Tendenzen ein Gleichgewicht zu finden, nicht erleichterte[8]. Während der ersten Jahre nach der Washingtoner Konferenz setzte sich die vom Leiter der Ostasien-Abteilung, John Van Antwerp *MacMurray*, verfochtene Linie (auch gegen Außenminister *Hughes*) durch, wonach die Verträge zwar ein Mittel seien, den Status Chinas zu verbessern. So sollten die Industrieländer ihre noch verbliebenen Handelsprivilegien aufgeben. Für den Fall aber, daß ein Vordringen der nationalistischen Bewegung dazu führte, die Lage der Ausländer und ihres Eigentums zu verschlechtern, müßten diese Länder die aus den »Ungleichen Verträgen« resultierenden Rechte verteidigen, notfalls mit Waffengewalt. Diese Politik begünstigte natürlich Japan, weil Chinas abhängiger Status verlängert wurde.

Während der zweiten Hälfte der 20er Jahre gewann eine eher prochinesische Orientierung Oberhand, die Außenminister *Kellogg* und sein Ostasienchef Nelson *Johnson* verfochten. Zwei neue Erfahrungen hatten diese Wende verursacht: Einmal war der von den USA angestrebte Versuch einer Zusammenarbeit der kapitalistischen Industrieländer gegenüber China gescheitert; zum anderen zeichnete sich ein Sieg der nationalistisch-bürgerlichen Bewegung unter *Tschiang Kai-schek* ab. Unter diesen Umständen entschlossen sich die USA, die Initiative zu bilateralen Verhandlungen mit dem Ziel zu ergreifen, die Überreste des alten imperialistischen Regimes zu beseitigen. Auf diese Weise sollten die neuen Führer Chinas die Chance erhalten, ihr Land zu entwickeln. Diese Politik barg notwendigerweise die Gefahr einer Konfrontation mit Japan in sich. Damit offenbart sich eine bezeichnende Parallelität: Ebensowenig, wie es den USA gelang, zwischen englischen, französischen und deutschen Interessen innerhalb des »Versailler Systems« zu vermitteln, erreichten sie einen Ausgleich zwischen Japan und China innerhalb des »Washingtoner Systems«. Damit war die Stabilität beider Systeme, die von einer erfolgreichen, also gegensätzliche Interessen ausgleichenden Intervention der USA abhing, von Anfang an gefährdet.

2. Dynamik des »Washingtoner Systems«

a) Zum Verhältnis von Innen-, Außen- und Außenwirtschaftspolitik Japans. Trotz aller Rhetorik, die die Integrität und den immensen Markt Chinas beschwor, richteten die USA, und zwar Wirtschaftskreise und Regierung in trauter Gemeinsamkeit, ihre Anstrengungen zunächst darauf, Japan als privilegierten Partner, vor allem in wirtschaftlicher Hinsicht, aufzubauen[9]. Dieser Absicht kam die Bereitschaft Japans zu einer proamerikanischen Politik entgegen. Dafür waren innergesellschaftliche wie außenwirtschaftliche Gründe gleichermaßen verantwortlich. Obwohl Japans Aufstieg zur modernen Industriemacht schon um 1867 unter der seitdem herrschenden Meiji-Dynastie begonnen hatte, fand der entscheidende Durchbruch zur politisch-strategischen und ökonomischen Dominanzposition im Fernen Osten während des Weltkriegs statt[10]. Entschlossen nutzte es die Gelegenheit, um nicht nur die deutschen Kolonien zu besetzen, sondern China zur Anerkennung von Einflußzonen in der Süd-Mandschurei, in der Ost-Mongolei sowie in Shantung zu zwingen. Von größter Bedeutung für die Zukunft aber war die gewaltige Entfaltung der Produktivkräfte in diesen Jahren, die es Japan erlaubte, den in ihrer Präsenz geschwächten Europäern, jedoch auch den Amerikanern, erhebliche Anteile am südostasiatischen Markt (z. T. darüber hinaus) wegzunehmen[11], was bei den Betroffenen schon damals helles Entsetzen auslöste.

Dann aber schien es, als würde die schwere Depression infolge der Weltwirtschaftskrise von 1920/21 alle wirtschaftlichen Erfolge aus der Kriegszeit mit einem Schlage wieder zunichte machen. Die lebenswichtigen Importe und Exporte verzeichneten tiefe Einbrüche (Tab. 13); Industrie- und Agrarpreise brachen zusammen. Heftige soziale Konflikte, insbesondere zwischen Bauern und Großgrundbesitzern, erschütterten die Gesellschaft. Angesichts steigender Schulden, Steuern und Bodenpreise verschlechterte sich die ohnehin nicht rosige Lage der Bauern weiter. Sogar die Nebeneinnahmen, die ihnen die Seidenraupenzucht einbrachte, versiegten in dem Augenblick, als die Kokon-Preise verfielen[12]. Da Japan aus Gründen weltwirtschaftlicher Konkurrenzfähigkeit an niedrigen Preisen interessiert war, wurde der Lebensstandard der Bauern an den Rand des Existenzminimums gedrückt (bisweilen auch darunter), um die weitere Industrialisierung und die dafür unbedingt erforderliche Ausweitung des Außenhandels zu ermöglichen[13]. Die wirtschaftliche und finanzielle Krise erreichte ihren Höhepunkt zwischen März und Juni 1921 und wurde erst seit 1924/25 überwunden[14].

Aber es gab weitere Probleme, die die sozialen Spannungen verschärften, an erster Stelle der rapide Bevölkerungsanstieg (1910 = 50 Mill. Einwohner; 1920 = 56,7; 1930 = 64,6; 1935 = 70). Zugleich stagnierte die Produktion von Reis, dem wichtigsten Nahrungsmittel. Daraus entstand ein typischer Wachstumszwang: Um das Defizit an Reis (und so gut wie aller anderen Rohstoffe) decken zu können, waren Importe nötig, die wiederum nur durch eine Intensivierung der Exporte, vor allem in Gestalt von Fertigwaren, zu bezahlen waren. Dies setzte eine erneute gewaltige Industrialisierungsanstrengung voraus, um das bereits vorhandene strukturelle Negativsaldo der Handelsbilanz nicht zu verschlimmern[15]. Landflucht, überstürzte Urbanisierung und eine schnell anwachsende Industriearbeiterschaft (knapp eine Million 1914; 1,8 Mill. 1928) waren die Folgen. Außer der systematischen Ausbeutung der Bauern, die zugleich die »industrielle Reservearmee« darstellten, war die billige Arbeitskraft in der Industrie der zweite »Trumpf« im Akkumulationsprozeß, den die Unternehmer mit kaum vorstellbarer Rücksichtslosigkeit ausspielten. Hungerlöhne und unmenschliche Arbeitsbedingungen konnten um so leichter durchgesetzt werden, als gewerkschaftliche Organisationen, die diesen Namen verdienen, nicht existierten. So gelang es den Unternehmern, neue Weltmarktanteile mit Hilfe von Dumpingpreisen zu erobern. Nicht zufällig gehörten die japanischen Arbeiter zu den am meisten ausgebeuteten innerhalb der kapitalistischen Weltökonomie.

Der Erfolg ließ nicht auf sich warten. Nachdrücklich vom Staat durch Prämien, Subventionen und Schutzzölle unterstützt, machte der Industrialisierungsprozeß weitere Fortschritte. Wichtigste Wachstumsbranche war die Textilindustrie, deren Produkte den höchsten Anteil am Export ausmachten (Baumwollgarne und -stoffe; Seide). Seit 1928 stieg der Anteil der Fertigwaren am Export kontinuierlich und bildete 1932 bereits rd. die Hälfte des Gesamtexports (Tab. 14), während der Export von Halbfertigwaren entsprechend abnahm. In diesen Zahlen schlägt sich die Dynamik der industriellen Produktion Japans (vgl. auch Tab. 3 und 4) eindrucksvoll nieder. Zugleich zeigt diese Entwicklung aber auch, daß sich die Außenhandelsabhängigkeit weiter verschärfte. Für die Lösung der demographischen, sozialen und ökonomischen Probleme gab es mithin nur zwei Wege: die Intensivierung des Außenhandels (insbesondere mit den USA und China) und damit eine stärkere Integration in die internationale Arbeitsteilung oder aber, sollte diese Alternative nicht zum Erfolg führen, die gewaltsame Expansion auf dem chinesischen Festland als Grundlage einer Autarkiepolitik.

Zunächst war die Antwort auf diese Grundfrage klar. Vom wirtschaftlichen Aufschwung während des Krieges hatte naturgemäß die Industrie- und Geschäftsbourgeoisie am meisten profitiert, die mit Hilfe zweier »liberaler« Parteien auch ihren politischen Einfluß erheblich steigern konnte. Im »Keizai-Club«, dem »Generalstab der japanischen Ökonomie«[16], trafen sich die Führer der Unternehmerverbände, um ihre Strategie abzusprechen. Ohne Scheu vor Korruption finanzierten sie die beiden »liberalen« Parteien, kontrollierten die großen Zeitungen und schreckten nicht davor zurück, wenn nötig, bei Wahlen Stimmen zu kaufen. Eine Wahlrechtsreform begünstigte die Mittelschichten, deren Übergewicht im Parlament, dem »Reichstag«, damit festgeschrieben wurde. Im Bunde mit den Wirtschafts- und Finanzkreisen kontrollierten sie bis 1930/31, von einer kurzen Unterbrechung abgesehen, die Außenpolitik[17].

Tab. 13:
Japans Außenhandel 1913; 1919–1932 (in Mill. Yen)

Jahr	Importe	Exporte	Saldo
1913	729	632	– 97
1919	2173	2099	– 74
1920	2336	1948	–388
1921	1614	1253	–361
1922	1890	1637	–253
1923	1982	1448	–534
1924	2453	1807	–646
1925	2573	2306	–267
1926	2377	2044	–333
1927	2179	1992	–187
1928	2196	1972	–224
1929	2216	2148	– 68
1930	1546	1469	– 77
1931	1235	1147	– 88
(Yen-Abwertung)			
1932	1431	1410	– 21

Quelle: K. *Glück*, Japans Vordringen auf dem Weltmarkt, Würzburg 1937, 50, 57, 60.

Es war diese gesellschaftliche Gruppierung, die sich allen Anwandlungen einer territorialen Expansion, für die hohe Militärs (in den Generalstäben des Heeres und der Marine), führende Staatsbeamte und Universitätsprofessoren unverhohlen eintraten[18], entschlossen widersetzte. Im Juni 1921 hatte ein Kongreß der Handelskammern sogar eine Verminderung der militärischen Kredite verlangt. Infolgedessen begrüßte diese Wirtschaftsbourgeoisie die Washingtoner Verträge begeistert. Sie hoffte, mit ihrer Hilfe die Handelsbeziehungen zu den USA und China möglichst profitabel gestalten und auf diese Weise die Industrialisierung des Landes vorantreiben zu können[19]. Exponent dieser exportorientierten und damit kooperativ eingestellten Außenpolitik war Außenminister Baron Kijuro *Shidehara* (1924–27; 1929–31). Als Schwiegersohn des Barons *Iwasaki*, des Chefs der Gruppe Mitsubishi (92 Unternehmen) und damit eines der mächtigsten Industriellen des

Tab. 14:
Zusammensetzung des japanischen Außenhandels nach Warengruppen (in %)

Jahr	Lebensmittel	Rohstoffe	Halbfertigwaren	Fertigwaren
		Importe		
1912	11,6	48,4	19,8	19,6
1914	13,2	55,2	16,2	4,6
1918	10,5	51,3	27,4	10,2
1928	13,6	53,1	17,4	15,2
1929	12,2	55,2	16,0	15,6
1930	13,4	53,6	15,3	16,5
		Exporte		
1912	10,4	8,4	50,3	29,6
1914	10,8	7,7	51,8	28,4
1918	10,7	5,6	38,5	43,4
1928	7,9	4,5	41,8	41,2
1929	7,4	4,1	41,1	43,6
1930	8,8	4,4	35,7	47,0
1932	7,3	3,5	34,4	49,8
1933	8,4	3,9	28,4	55,4
1934	7,9	4,4	22,9	61,9
1935	7,9	4,4	24,5	58,6

Quelle: wie Tab. 13: 51, 55, 59, 61. (Differenz bis 100% entfällt auf »Verschiedenes«.)

Landes, unterhielt er selber enge Beziehungen zu den führenden Wirtschaftskreisen. Die gesellschaftlichen Machtverhältnisse wirkten sich also zunächst unzweifelhaft zugunsten einer konzilianten Außenpolitik im Sinne der Grundprinzipien des »Washingtoner Systems« aus. Das bedeutete aber, daß zwischen der Bereitschaft zu Konzessionen und der Erwartung, den Handel sowohl mit den USA wie mit China ausdehnen zu können, ein enger Kausalnexus bestand.

Das verwundert auch nicht, wenn man die enorme Abhängigkeit Japans von den Märkten in China und in den USA vor Augen hat[20] (Tab. 15 und 16). Im Zeitraum zwischen 1923 und 1931 gingen

22 % der gesamten Exporte Japans nach China; das waren 27 % der Gesamtimporte Chinas. Betrachtet man die uns besonders interessierenden Jahre 1925 bis 1929, lag der Anteil des Chinahandels im Durchschnitt sogar bei 26,6 %. Dagegen lieferten die USA nur 3 % ihrer Waren nach China (= 18 % der chinesischen Gesamtimporte). Die Bedeutung des chinesischen Marktes war mithin für Japan erheblich größer als für die USA. Andererseits war der amerikanische Markt für Japan wiederum wichtiger als der chinesische Markt, da der durchschnittliche Anteil der Exporte in die USA am Gesamtexport für die Jahre 1925 bis 1929 42,5 % (!) betrug. Diese überaus ungesunde Konzentration des japanischen Handels auf nur zwei Märkte war folglich der neuralgische Punkt der gesamten ökonomischen Entwicklung des Landes.

Wichtigste Exportgüter waren Rohseide (rd. 40 % des Exports im Durchschnitt der Jahre 1924/27) und Baumwolltextilien (25 %). Da zur Rohseidenproduktion, im Gegensatz zur Produktion von Baumwolltextilien, keine Rohstoffimporte benötigt wurden, kam der Erlös in voller Höhe der Devisenbilanz zugute. Damit fiel der Rohseide eine Schlüsselrolle im japanischen Export zu; dieser hing, so die anschauliche Formulierung des besten Sachkenners[21], buchstäblich »am seidenen Faden«. Im Durchschnitt der Jahre 1924/29 gingen nicht weniger als 95,6 % (!) der japanischen Rohseidenexporte in die USA. Von 35 Mill. kg, die die USA 1928/29 einführten, entfielen 28,8 Mill. kg auf Japan; d. h. daß etwa 85 % des Exportwertes in die USA durch Rohseide zustande kam. Japan exportierte insgesamt rd. 78 % seiner Rohseidenproduktion; der Rest wurde zu Seidengeweben verarbeitet, die zum größten Teil ebenfalls für den Export bestimmt waren. Das Drama bestand nun darin, daß die Rohseide in den USA zur Erzeugung konjunkturanfälliger Luxusgüter Verwendung fand. Als weiterer Risikofaktor kam die Tatsache hinzu, daß die Kunstfaserproduktion die Rohseide zu verdrängen begann. Der »seidene Faden«, an dem der japanische Export in die USA hing, erwies sich also als extrem dünn. Erst nach 1932 wurde die Rohseide als wichtigstes Exportgut verdrängt, weil es nun gelang, die Industrieproduktion stärker zu diversifizieren. Für alle anderen Exportgüter war der asiatische Raum Japans wichtigster Absatzmarkt. Zwischen 60 und 70 % der Nichtseidenexporte flossen nach Asien, davon 40 % allein nach China. Wichtigstes Exportgut waren hier Baumwolltextilien, die 40 % der Exporte nach China ausmachten. Aus alledem versteht

Tab. 15:
Regionale Aufteilung des japanischen Exports
(Durchschnitt 1925/29)

Region	Wert (in 1000 US-Golddollar)	Anteil am Gesamtexport (in %)
China, Hong Kong, Kwantung	278 186	26,6
Brit.-Indien	84 101	8,0
Rest Asien	87 580	8,3
Asien insgesamt	449 867	42,9
USA	444 118	42,5
Europa	73 751	7,1
Australien, Neuseeland	28 976	2,8
and. Länder	49 609	4,7
insgesamt	1 046 321	100

Quelle: J. E. *Orchard,* Japans Economic Position, 450.

sich, warum die Entwicklung des Außenhandels zur Überlebensfrage wurde.

Dagegen bestand im Bereich der Kapitalbeziehungen keine so hohe Abhängigkeit von den USA. 1931 hatte Japan 81,9 % seiner gesamten ausländischen Investitionen in China getätigt. Bis 1930, also vor Beginn der Expansionspolitik, verschlang die »Erschließung« und Ausbeutung der Mandschurei (Eisenbahnen, Bergwerke, Industrieanlagen) Investitionen in Höhe von 1,75 Mrd. Yen[22]. Dagegen machte der Anteil des amerikanischen Kapitals in China nur 1,3 % der gesamten Auslandsinvestitionen aus. Dennoch läßt sich nicht ausschließen, daß der Zugang zum amerikanischen Kapitalmarkt ein wichtiges Motiv für die proamerikanische Politik darstellte, zumal sich die Devisenvorräte Japans wegen des hohen Importüberschusses in den 20er Jahren (Tab. 13) schnell verringerten.

Tab. 16:
Handel Japans mit den USA 1914, 1918–1929
(in Mill. Yen)

Jahr	*Exporte*		*Importe*	
	Wert	% Gesamt-export	Wert	% Gesamt-import
1914	196	33,2	96	16,2
1918	503	27,0	626	37,6
1919	828	39,5	766	35,3
1920	565	29,0	873	37,4
1921	496	39,6	574	35,6
1922	732	44,8	596	31,5
1923	605	41,8	511	25,8
1924	745	41,2	671	27,4
1925	1006	43,7	665	25,8
1926	861	42,1	680	28,6
1927	834	41,9	674	30,9
1928	826	41,9	625	28,5
1929	914	42,5	654	29,5

Quelle: O. *Keishi*, Japanese Trade and Industry in the Meiji-Taisho Era, 34f.

Was den genauen Beitrag der Exporte zum japanischen Wirtschaftswachstum zwischen 1921 und 1938 betrifft, haben Berechnungen einen Wert von 39 % ergeben, was zur Bezeichnung »Export-Led-Growth« führte[23], also jener Form des Wachstums, wie sie nach dem Zweiten Weltkrieg von den sog. »Schwellenländern« (Brasilien, Südkorea usw.), allerdings unter unvergleichbar günstigeren weltwirtschaftlichen Rahmenbedingungen, auch praktiziert worden ist. Dafür, daß Japan diese Länder während der 50er und 60er Jahre weit überflügelte und neben den USA und Westeuropa zur dritten Weltwirtschaftsmacht aufsteigen konnte, haben freilich weniger die 20er als, bezeichnenderweise, die 30er Jahre den Grund gelegt.

b) Die Entwicklung der »chinesischen Frage«. Wie wir gesehen haben, stellte die angestrebte Kooperation der imperialistischen Mächte gegenüber China (»Neun-Mächte-Vertrag«) mit dem Ziel der Durchsetzung der Open-Door-Politik den zweiten entscheidenden Baustein des »Washingtoner Systems« dar. Dazu gehörte die Absicht, die chinesische Revolution in eine gemäßigte Reformbewegung zu transformieren, ohne daß dabei grundlegende Interessen der kapitalistischen Länder tangiert würden. Gerade dieses Ziel konnte jedoch nicht erreicht werden: Tatsächlich war die erste Phase der westlich-chinesischen Beziehungen zwischen 1922 und 1925/26 durch das Scheitern einer gemeinsamen Chinapolitik vor allem zwischen den USA, England und Frankreich gekennzeichnet. Eine der Ursachen dafür ist in der inneren Entwicklung Chinas zu suchen. Die traditionelle Form der Durchdringung Chinas mit Hilfe der »Ungleichen Verträge« bestand ja darin, daß die Imperialisten sich selber, ihr Eigentum und ihre Kapitalanlagen durch eigene Truppen schützten, also volle Exterritorialität genossen. Auf dieser Grundlage beuteten sie die Rohstoffe Chinas aus und verhinderten aus Konkurrenzgründen die Entstehung einer nationalen Industrie. All das mußte dazu führen, der nationalistisch-revolutionären Bewegung mächtigen Auftrieb zu geben, was sich nicht zuletzt in einer ständig wachsenden Ausländerfeindlichkeit manifestierte.

Ihr Inspirator und Ideologe, *Sun Yat-sen*, hatte den Kern der Bewegung, die Kuomintang-Partei, 1923 reorganisiert und ihr mit seinem Buch »Die drei Prinzipien des Volkes« (1924) eine Doktrin gegeben. Als Hauptmittel gegen die Fremdherrschaft sah sie zwar die Nationalisierung der wichtigsten Industrien vor, respektierte aber zugleich den Privatbesitz an Grund und Boden. Das anzustrebende politische Regime war weniger als Demokratie denn als Herrschaft von Eliten gedacht, wobei der Intelligenz und der Führung der Partei (1927 = 1,6 Mill. Mitglieder[24]) eine herausragende Rolle zufallen sollte. Insofern handelte es sich in Wahrheit um eine bürgerlich-nationalistische Bewegung. Zu dieser Zeit entstand auch die Kommunistische Partei, die seit 1924 begann, Anhänger unter den Bauern zu sammeln und sich damit eine eigene Basis zu schaffen. Seit dem Frühjahr 1922 arbeiteten Kuomintang und Kommunistische Partei im Rahmen eines provisorischen Bündnisses zusammen, um gemeinsam die »nationale Revolution«, an erster Stelle also die Befreiung von den »Ungleichen Verträgen«, voranzutreiben. Nach dem Tode *Sun Yat-sens* (12. März 1925) gaben seine Nachfolger, unter ihnen insbesondere der künftige Führer der Kuomintang, *Tschiang Kai-schek*, ein Vertreter des Großbürgertums, diese Politik aus Furcht vor dem wachsenden sowjetischen Einfluß auf. Im Dezember 1927 unterdrückte er blutig einen kommunistischen Aufstand in Kanton, was den Abbruch der diplomatischen Beziehungen mit dem nationalistischen China durch Moskau zur Folge hatte und die Kommunistische Partei für einige Jahre ausschaltete.

Bis zu diesem Zeitpunkt hatten beide Gruppierungen kräftig die Fremdenfeindlichkeit geschürt und zugleich den Bürgerkrieg intensiviert. Während der ersten Hälfte der 20er Jahre war das innenpolitische Kräfteverhältnis durch eine faktische Dreiteilung des Landes gekennzeichnet. Zwei Regierungen standen sich gegenüber: in Nordchina eine mit Sitz in Peking (eine Gruppe von Generalen), die höchstens drei bis vier Provinzen kontrollierte und offiziell von den Westmächten anerkannt wurde. Im südlichen China gab es eine »revolutionäre Regierung« in Kanton, wo *Sun Yat-sen* seit dem 7. Mai 1921 erneut als Präsident der »Republik China« residierte (allerdings mit häufigen Unterbrechungen). Die Autorität dieser Regierung erstreckte sich höchstens über zwei Provinzen. Beide Regierungen wurden durch ständige staatsstreichähnliche Coups erschüttert. Die zwölf reichsten Provinzen aber wurden von Generalen, den sog. »Kriegsherren«, beherrscht, denen es vornehmlich darum ging, aus dem Chaos persönliche Vorteile zu ziehen. Mit der Verschärfung des Bürgerkrieges vervielfältigten sich auch die Exzesse gegenüber Ausländern. Im März 1927 kam es in Nanking nach der Eroberung durch die Kuomintang zu schrecklichen Ausschreitungen, darunter Angriffe auf die Konsulate der USA, Englands und Frankreichs. Viele Ausländer wurden ermordet, verletzt und ausgeplündert. Militärische Zwischenfälle und der Boykott ausländischer Waren häuften sich.

Diese Entwicklung hätte die Westmächte dazu bewegen müssen, die auf der Washingtoner Konferenz bekundeten Absichten möglichst schnell in die Tat umzusetzen, auch wenn das Fehlen einer Zentralregierung diese Aufgabe erheblich erschwerte. Die beiden wichtigsten Instrumente für ein gemeinsames Vorgehen waren das 1918 gegründete internationale Bankenkonsortium sowie die Pekinger Zollkonferenz. Aber alle Bemühungen um Kredite an China sowie die Gewährung der Zollautonomie scheiterten. Das internationale Bankenkonsortium kam wegen der Auslandsschulden Chinas nicht zum Zuge, deren Konsolidierung einmal von dieser, dann von einer anderen Macht als Bedingung für die Kreditvergabe gefordert wurde. Damit blockierten sich die westlichen

Mächte gegenseitig, so daß die ursprünglich ins Auge gefaßte gemeinsame Durchdringung Chinas mit Hilfe vor allem angloamerikanischen Finanzkapitals nicht zustande kam.

Die zunächst für 1922 geplante Zollkonferenz begann erst im Oktober 1925. Sie einigte sich zwar darauf, China ab 1. Januar 1929 das Recht auf Zollautonomie zuzugestehen, mußte ihre Arbeiten aber im April 1926 wegen der Verschärfung des Bürgerkrieges wieder einstellen. Allerdings hätten die unterschiedlichen Positionen in einer Reihe von wichtigen Fragen vor allem der USA, Englands und Japans die Konferenz wohl ohnehin zum Scheitern gebracht[25]. Auch die Kommission, die sich mit Fragen der Exterritorialität beschäftigen sollte, nahm ihre Arbeit erst am 12. Januar 1926 auf. Sie sah sich außerstande, die schlichte Abschaffung dieses anachronistischen Privilegs zu beschließen und begnügte sich damit, eine Reihe von Reformen (!) vorzuschlagen, blieb also ganz auf der Linie einer zahmeren Form des Imperialismus. So war die Lage Anfang 1926 dadurch gekennzeichnet, daß das alte imperialistische System zwar im Abbröckeln begriffen war, das neue aber auf sich warten ließ. Dies brachte die westlichen Mächte dazu, Vereinbarungen mit China auf bilateraler Basis zu suchen.

Damit begann die zweite Phase in der Entwicklung der »chinesischen Frage«, die bis zur Mandschureikrise andauerte. Während die USA und England wegen der unsicheren inneren Lage zunächst eine abwartende Haltung einnahmen, versuchte Japan, bilaterale Verträge mit China abzuschließen, die in ein langfristig angelegtes »Coexistence and Coprosperity«-Programm[26] mit China und anderen Ländern Südostasiens einmünden sollten. Dabei wurden jene beiden Varianten probiert, die, wie wir gesehen haben, in der japanischen Politik angelegt waren, freilich beide mit geringem Erfolg[27]. Die eine, von *Shidehara* verfolgte, privilegierte die japanischen Exportinteressen in China, also eine Art friedlicher ökonomischer Penetration, ohne auf den japanischen Rechten in der Mandschurei zu insistieren, geschweige denn militärische Aktionen ins Auge zu fassen. Die andere Variante wurde von General *Tanaka* vertreten, der zwischen April 1927 und Juli 1929 regierte und nun, nicht zufällig unter dem Eindruck eines erneuten Konjunktureinbruchs 1927[28], nachdrücklicher auf der Wahrung und Erweiterung der japanischen Rechte in der Mandschurei beharrte, was auf eine »investitionsorientierte« Außenpolitik mit dem Ziel hinauslief, eine leistungsfähige Schwerindustrie in dieser Region aufzubauen. Damit versuchte er, die Anfälligkeit der japanischen Wirtschaft, nicht zuletzt wegen des Außenhandels, durch territoriale Expansion zu kompensieren. Nicht weniger als dreimal schickte er Truppen nach Schantung, ohne auf die Interessen der USA in China Rücksicht zu nehmen. Als *Shidehara* wieder an die Macht zurückkehrte, schlug das Pendel zur »exportorientierten« Außenpolitik zurück.

Aber auch dieser Variante blies nun der Wind veränderter Machtverhältnisse schärfer ins Gesicht. Natürlich ging es auch *Shidehara* darum, die traditionelle komplementäre Arbeitsteilung zwischen Japan und China aufrechtzuerhalten. Genau dieses Ziel wurde in dem Maße bedroht, wie die Industrialisierung Chinas langsam, aber sicher Fortschritte machte, die sich allerdings Ende der 20er Jahre wieder abschwächten[29]. Aber erste Anzeichen genügten, um die Erinnerung an den Niedergang des japanisch-englischen Handels infolge der japanischen Industrialisierung als Warnung ins Gedächtnis zurückzurufen. Im übrigen war es auch in China die Textilindustrie, die als Wachstumsbranche fungierte. Bereits seit 1915 gingen die Garnexporte nach China zurück. Um dieser Entwicklung einen Riegel vorzuschieben, verlangte Japan von China die Gewährung der unbedingten Meistbegünstigung.

Trotz langer Verhandlungen war China nicht bereit, diese Forderung zu erfüllen. Dieser Mißerfolg der exportorientierten Politik brachte *Shidehara* folgerichtig den Vorwurf ein, einen zu weichen Kurs gegenüber China zu steuern, was schließlich zu seiner Ablösung durch General *Tanaka* führte. Tatsächlich erreichte *Tanaka* den Abschluß eines Vertrags mit dem »unabhängigen« mandschurischen »Warlord« *Chang-tso-lin* über den Bau von fünf (!) neuen Eisenbahnlinien als unerläßlicher Voraussetzung für die Ausbeutung der dortigen Bodenschätze. Zugleich kam es zu militärischen Aktionen in diesem Gebiet, die wohl, von Tokio nicht kontrolliert, von der Kwantung-Armee provoziert worden waren, die aber das Verhältnis sowohl zu China wie zu den USA (und den anderen westlichen Mächten) wegen der Infragestellung des Prinzips der »Offenen Tür« belasten mußten, auf keinen Fall aber mit der Logik des »Washingtoner Systems« vereinbar waren. Überdies legte man die mangelnde Kooperation zwischen den westlichen Mächten Japan zur Last, weil es als erste bilaterale Verhandlungen mit China aufgenommen hat.

Das war jedoch nicht der einzige Grund dafür, daß sich die Stellung Japans in Südostasien zu verschlechtern begann. Im Verlauf der Jahre 1926 und 1927 war es *Tschiang Kai-schek* gelungen, den Bürgerkrieg für sich zu entscheiden und seine Autorität über fast ganz China zu errichten. Trotz aller Exzesse der Nationalisten setzten die USA und England nun auf die neue Regierung, die sich in Nanking installierte. Seit dem Frühjahr 1928 ließen sie die Phantom-Regierung in Peking endgültig fallen, um die Verhandlungen mit der neuen Regierung wiederaufzunehmen. China fand sich jetzt insofern in einer besseren Lage, als diese beiden Mächte um seine Gunst zu konkurrieren begannen[30]. Damit schlug die prochinesische Strategie von *Kellogg* und *Johnson* voll durch, die sich während der kritischen Jahre des Bürgerkriegs zwischen 1925 und 1928 nicht hatte entfalten können. Ergebnis dieser neuen Verhandlungen war der Zollvertrag vom 25. Juli 1928, der China die Zollautonomie zugestand und den USA die begehrte Meistbegünstigung einbrachte. Darauf folgte eine wahre Sturzflut weiterer Verträge: Bis Anfang 1929 hatten 11 von 15 Vertragsmächten China die Zollautonomie gewährt, darunter England und Frankreich.

Es lag auf der Hand, daß diese Entwicklung und insbesondere die ins Auge gefaßte »Modernisierung« Chinas mit Hilfe anglo-amerikanischen Kapitals (als Kompensation zur Aufgabe der »Ungleichen Verträge«) die japanischen Interessen aufs schwerste beeinträchtigte. Während die Führer der Kuomintang mit den beiden größten Finanzmächten der Welt kollaborierten, verstärkten sie zugleich ihre antijapanische Haltung, indem sie die Souveränitätsrechte Chinas in der Mandschurei geltend machten und den Widerstand gegen die japanische Penetration verschärften. Damit rückte seit 1929 der Ausbruch eines chinesisch-japanischen Konflikts ins Blickfeld, bei dem es letztlich um die Existenz des neuen nationalistischen Regimes gehen mußte. Zunächst versuchte Japan aber im Sommer 1928 noch einmal die konziliante Variante seiner Chinapolitik, um gegenüber den USA und England nicht ins Hintertreffen zu geraten. So strebte es seinerseits einen Zollvertrag mit China an und bemühte sich darüber hinaus um eine Wiederherstellung der Kooperation mit den westlichen Mächten, um seine Einflußmöglichkeiten zu verbessern. Sogar der Bau der Eisenbahnen in der Mandschurei wurde zurückgestellt, um die Beziehungen zu China nicht zu gefährden. Schließlich nahm man den früher immer bekämpften politischen Zusammenschluß zwischen China und der Mandschurei (Dezember 1928) hin. Im Januar 1929 kam es tatsächlich zu einem Zollvertrag (für die Dauer von einem Jahr), der Japan günstige Bedingungen gewährte.

Shidehara, der im Juli 1929 im neuen Kabinett *Hamaguchi* wieder den Posten des Außenministers übernommen hatte, setzte den exportorientierten Kurs gegenüber China wie die auf Kooperation mit den anderen Mächten setzende Politik verstärkt fort, sogar noch Anfang 1930 nach Ausbruch der Weltwirtschaftskrise. Am 6. Januar 1930 wurde ein weiterer Zollvertrag mit China abgeschlossen, nun mit dreijähriger Laufzeit, der 40 % der japanischen Exportgüter von weiteren Zollerhöhungen ausnahm, während Japan China die Zollautonomie zugestand. Weiterhin kam ein Abkommen über die Schuldenkonsolidierung zustande. Als Krönung des Ganzen kehrte Japan schließlich im Januar 1930 zum Goldstandard zurück, um sich auf diese Weise leichteren Zugang zu ausländischen Kapitalmärkten zu verschaffen. Eine ähnliche kooperative Haltung bewies die japanische Regierung im sicherheitspolitischen Bereich durch den Beitritt zum Londoner Flottenabkommen (April 1930), der in militärischen Kreisen größte Erbitterung hervorrief und dazu beitrug, die Kluft zwischen der exportorientierten Leichtindustrie, die *Shideharas* Politik trug, und dem militärisch-schwerindustriellen Komplex, der die territoriale Expansion, insbesondere in der Mandschurei, befürwortete, weiter zu vergrößern. In dem Maße aber, wie die Weltwirtschaftskrise sämtliche Voraussetzungen, auf denen die kooperative Politik *Shideharas* beruhte, außer Kraft setzte (s. Kap. V/3), mußte diese zweite Gruppierung Oberwasser erhalten, den Konflikt mit China vom Zaune brechen und damit die Grundlagen des »Washingtoner Systems« zerstören. Dann war die Bahn frei für jene Variante der japanischen Außenpolitik, von der General *Tanaka* bereits einen Vorgeschmack geliefert hatte.

V. Weltwirtschaftskrise und Ende der Nachkriegsordnung 1930/31

1. Niedergang der USA als weltwirtschaftliche Dominanzmacht

Die bisherige Analyse hat gezeigt, in welchem Maße die zwischen 1919 und 1922 in Europa wie in Südostasien geschaffene Nachkriegsordnung vom Erfolg der ökonomischen Rekonstruktion abhing. Sie allein (und nicht militärisch-strategische Entscheidungen) hätte es vermocht, jene innergesellschaftliche Stabilität zu errichten, die ihrerseits die Voraussetzung für die unerläßliche Flexibilität und Anpassungsfähigkeit des internationalen Systems mit Hilfe eines »Peaceful Change«, eines friedlichen Wandels, darstellte. Darüber hinaus hat die Analyse ergeben, daß in dieser Hinsicht den USA als der unumstrittenen weltwirtschaftlichen Führungsmacht eine entscheidende Rolle zufiel, die sie in den Status einer »Scharnier-Macht« zwischen »Versailler« und »Washingtoner System« erhob – wenn man will eine Art Vorform der späteren Supermacht-Position, die jedoch während der 20er Jahre weitgehend mit ökonomischen Mitteln erreicht und behauptet wurde. Wir haben auch gesehen, daß diese Rolle im ureigensten Interesse der USA lag, weil das Funktionieren des fordistischen Wachstumsmodells eine Öffnung der Weltwirtschaft für Produkte und Kapital verlangte (»Open Door«; unbedingte Meistbegünstigung), um auf diese Weise die innere Entwicklung von außen her abzusichern.

Daher verwundert es nicht, wenn, mehr noch als vor dem Krieg, die gesamte politische und wirtschaftliche Führungsschicht bis tief in die Demokratische Partei hinein von der Überzeugung durchdrungen war, daß, wie es treffend hieß, die »wirtschaftliche Grenze« des Landes von nun an mit der Weltwirtschaft identisch sei[1]. Wir konnten aber auch deutlich machen, auf welch widersprüchliche, teilweise sogar kontraproduktive Weise die USA mit dieser Rolle fertig wurden und damit ihren Beitrag leisteten, die ohnehin bestehenden, außerordentlich gravierenden Strukturprobleme innerhalb der Weltwirtschaft wie des »Versailler« und »Washingtoner Systems« weiter zu verschlimmern. Dazu gehörte nicht nur die Hochschutzzollpolitik, sondern vor allem der Versuch, die Kontrolle der Weltwirtschaft und der beiden regionalen Systeme dadurch zu erreichen, daß man sich auf privilegierte Partner wie Deutschland und Japan stützte, ohne die politischen Implikationen (Förderung des deutschen Revisionismus; keine klare Position im Fall eines japanisch-chinesischen Konflikts) so ernst zu nehmen, wie sie es verdient hätten.

Aus alledem folgt, daß die Bedeutung der Weltwirtschaftskrise für den Zusammenbruch der Nachkriegsordnung gar nicht überschätzt werden kann. Im Gegenteil: Ihr ist es vornehmlich zuzuschreiben, wenn sämtliche Voraussetzungen, auf denen diese Ordnung beruhte, nun endgültig zerstört wurden. In der Logik unserer Analyse muß man sogar noch einen Schritt weiter gehen: Diese Krise hätte niemals ihr Ausmaß annehmen können, wenn sich nicht schon in der zweiten Hälfte der 20er Jahre unter der Oberfläche der sog. »relativen Stabilisierung« die innergesellschaftlichen und weltwirtschaftlichen Probleme verschärft hätten. Um so bemerkenswerter ist die Tatsache, daß es bis heute keine systematische Untersuchung dieser Zusammenhänge gibt und so lange nicht geben kann, wie Politik- und Wirtschaftshistoriker angesichts der nun auftauchenden Fragestellungen noch weiter auseinanderdriften, als dies ohnehin schon üblich ist[2]. Auch im folgenden kann eine Untersuchung, die unserem eigenen Anspruch gerecht würde, nicht vorgelegt werden. Wir beschränken uns darauf, eine Reihe von Fragestellungen zu formulieren, die sich aus der bisherigen Darstellung ergeben und vielleicht geeignet sind, neue Perspektiven für die Forschung zu eröffnen.

Ursachen und Auswirkungen der Weltwirtschaftskrise[3] zeigen noch viel deutlicher als die Phase der sog. »relativen Stabilisierung«, in welchem Maße die Weltwirtschaft nach dem Weltkrieg »auf Gedeih und Verderb an die amerikanische Wirtschaft gekettet war«[4]. Trotz des in Mode gekommenen neokonservativen Monetarismus setzt sich in der Literatur die Auffassung durch, daß monokausale Erklärungsversuche nicht ausreichen, daß die Ursachen der Krise vielmehr in der Gesamtheit der Strukturschwächen des amerikanischen Wachstumsmodells zu suchen sind, die sich aufgrund der weltwirtschaftlichen Dominanzposition der USA »universalisieren« mußten. Wie wir gesehen haben, gehörte zur Absicherung dieser Dominanzposition nicht zuletzt die Installierung eines Weltwährungssystems auf der Basis des Gold(devisen)standards. Geriet diese Ökonomie in die Krise, war es paradoxerweise das System fester Wechselkurse, das dazu beitrug, die Depression in alle anderen Volkswirtschaften hineinzutragen.

Nimmt man mit der Mehrheit der Wirtschaftshistoriker an, daß aus dem Komplex derKrisenursachen der strukturellen Unterkonsumption, also der Nachfrageschwäche, eine herausragende Bedeutung zufällt, heißt das nichts anderes, als daß das fordistische Wachstumsmodell als entwickeltste Form der kapitalistischen Produktionsweise an Grenzen gestoßen war. Das mußte mindestens zwei schwerwiegende Folgen haben: einmal die Schwächung der USA als weltwirtschaftlicher Dominanzmacht und damit zugleich als »Scharnier-Macht« zwischen »Versailler« und »Washingtoner System«, und zum anderen, konsequenterweise, den Zerfall der Weltwirtschaft selber, wie sie unter den Bedingungen dieser Dominanz rekonstruiert worden war.

Tatsächlich zeigte die Krise in den USA sofort Wirkungen in Europa, in Japan und in den rohstoffexportierenden Ländern, schlug dann auf die USA zurück und setzte damit jene weltweite Depression in Gang, von der kein Land verschont blieb und die Mitte 1932 ihren Tiefpunkt erreichte, abgesehen von Frankreich, das erst im Sommer 1931 von der Weltwirtschaftskrise getroffen wurde, dann aber, länger als die meisten Länder, bis ins Jahr 1935 hinein mit der Depression zu kämpfen hatte. Für unsere Fragestellung ist es nicht erforderlich, die Erscheinungsformen der Krise genauer zu schildern: die gleichzeitigen, sich gegenseitig verstärkenden Preisstürze bei Industrie- und Agrarprodukten wie mineralischen Rohstoffen, der Rückgang der Industrieproduktion (s. Tab. 3), die Schrumpfung des Welthandels[5], der Zusammenbruch des Goldstandards, das Absinken der Nationaleinkommen, die Massenarbeitslosigkeit. Unumstritten ist, daß die von allen Regierungen zunächst praktizierte deflationistische Krisenüberwindungsstrategie, die im Kern ja nur eine Verstärkung der während der zweiten Hälfte der 20er Jahre bereits üblichen Wirtschaftspolitik darstellte, im Bereich des Außenhandels auf das hinauslief, was *Petzina* treffend als »Abwertungskonkurrenz« bezeichnet hat[6] – eine Strategie, die zwangsläufig die Krise verstärken mußte.

In ihrem Gefolge ergriffen die Regierungen Maßnahmen, die sämtlich dazu beitrugen, den Zerfallsprozeß der Weltwirtschaft noch dadurch zu beschleunigen, daß sie die Austauschbeziehungen einer sich ständig verschärfenden nationalstaatlichen Kontrolle unterwarfen[7]. An erster Stelle rangierte dabei die massive Erhöhung der Zollsätze, wobei die USA mit schlechtem Beispiel vorangingen. Der im Juni 1930 eingeführte Hawley-Smoot-Tarif provozierte als Gegenschlag eine Kettenreaktion von Zollerhöhungen in einer Vielzahl von Ländern, die den bereits herrschenden Protektionismus, vor allem im Bereich der Agrarprodukte, noch verschlimmerte[8]. Der dadurch verursachte Anstieg der Binnenmarktpreise im Verhältnis zu den Weltmarktpreisen trug dazu bei, die nationalen Märkte weiter voneinander zu isolieren.

Eine Fülle anderer, in die gleiche Richtung wirkender Maßnahmen kam hinzu. Die besonders in Europa praktizierte Kontingentierungspolitik, die die Einfuhrmengen quotenmäßig festsetzte, belastete den Welthandel ebenso wie die Devisenbewirtschaftung, die seit 1931, dem Jahr der weltweiten Kredit- und Finanzkrise, in einer wachsenden Zahl von Ländern eingeführt wurde. Schon die Experten des Völkerbundes wiesen auf die verhängnisvollen Folgen gerade dieser Maßnahme hin[9], die nicht nur das nationale Kreditgeschäft und damit den Welthandel einschränkte, sondern ebenfalls die Preise des anwendenden Landes erhöhte und damit dessen Ausfuhrkapazitäten verminderte. Daraus erklärt sich, daß die Devisenbewirtschaftung stärker als jedes andere außenwirtschaftliche Instrument zur »Nationalisierung«, besser: zur »Politisierung« der Weltwirtschaft über die Zerstörung der Restelemente marktwirtschaftlicher Regeln (Angebot und Nachfrage) führen mußte. Über die Verwaltung und Zuteilung knapper Devisen reglementierte der Staat mehr oder weniger umfassend den Außenhandel, indem er ihn in den Dienst seiner wirtschafts- und außenpolitischen Ziele stellte.

Daraus ergab sich für die Regierungen wiederum die Notwendigkeit, an die Stelle der traditionellen Handelsverträge sog. Clearingabkommen zu setzen, die dem Zweck dienten, den Handelsaustausch zwischen zwei Ländern auszugleichen, um auf diese Weise das Devisenproblem zu umgehen. Das bedeutete aber den Abbau des multilateralen Handelssystems zugunsten eines Bilateralismus, der den Weltmarkt weiter zerstückelte. Zwar unterlagen 1937 nur 12 % des Welthandels solchen Abkommen (besonders zahlreich in Mittel-, Ost- und Südosteuropa). Da sie sich aber mit den anderen restriktiven Maßnahmen verbanden, waren die Auswirkungen größer, als es diese Zahl vermuten läßt.

Unter diesen Bedingungen veränderte sich naturgemäß die Handelsvertragspolitik im Sinn einer weiteren Entliberalisierung des

Welthandels. Eine Untersuchung von 510 Handelsabkommen zwischen 1931 und 1939 zeigt[10], daß die Meistbegünstigungsklausel, Eckstein eines liberalen und multilateralen Welthandels, nur noch in 42 % aller Verträge vorkam und in den meisten Fällen auch dann in eingeschränkter Form. Die stark verkürzte Dauer der Verträge warf ein bezeichnendes Licht auf die allgemein herrschende Skepsis und Unsicherheit, was die künftige Entwicklung des Welthandels anlangte.

Alle diese Maßnahmen der Außenhandelskontrolle, die darauf abzielten, die deflationistische Krisenüberwindung nach außen hin abzusichern, wurden von so gut wie allen Regierungen in unterschiedlicher Mischung ergriffen, ausgenommen den USA. So verwundert es nicht, daß der Welthandel nach Beginn des konjunkturellen Aufschwungs seit 1932/33 erheblich langsamer anwuchs als die Weltindustrieproduktion, ein Phänomen, das schon während der 20er Jahre auftauchte, sich nun aber gewaltig verstärkte, da der Abstand zwischen beiden Entwicklungen größer wurde. M. a. W.: Konjunktur und Importniveau entwickelten sich auseinander, woraus sich der Zerfallsprozeß der Weltwirtschaft besonders eindrucksvoll ablesen läßt.

Auch andere Indikatoren zeigen, in welchem Maße sich der Weltmarkt in nationale Teilmärkte aufzuspalten begann und damit die Bedeutung der Binnenmärkte für den Absatz der nationalen Produktion zunahm[11], eine Situation, die viele Länder der Peripherie über eine systematische Politik der Importsubstitution durchaus gewinnbringend ausnutzten. Der sich nun durchsetzende Bilateralismus erschwerte auch die Begleichung internationaler Finanzverbindlichkeiten und war darüber hinaus eine wesentliche Ursache für den Devisenmangel, der seinerseits das Defizit an Rohstoffen und als Reaktion darauf den Trend zu Autarkie und Großraumwirtschaft verstärkte. Der Verfall der Weltwirtschaft beeinträchtigte also nicht nur den internationalen Handel, sondern auch die Interessen der Weltgläubiger sowie aller Länder, die dringend auf Kapitalimport angewiesen waren.

Aus alledem ergibt sich, daß die USA nicht nur Hauptverursacher, sondern auch Hauptopfer dieser Veränderungen innerhalb der Weltwirtschaft waren. Was jetzt geschah, widersprach allem, was die Republikanischen Regierungen während der 20er Jahre für eine Öffnung der Weltwirtschaft getan hatten, um ihre eigenen handelsexpansionistischen Ziele durchzusetzen. Man kann sagen, daß die Positionen, die die USA im Verlauf dieser Dekade erobern konnten, zwischen 1930 und 1932 sämtlich wieder verlorengingen. Um zu zeigen, in welchem Umfang die Weltwirtschaftskrise die externe Reproduktionsbasis der amerikanischen Ökonomie erschütterte, genügen einige ausgewählte Hinweise[12]. Nirgendwo in der Welt gab es einen so heftigen Produktionsverfall wie in den USA; im Vergleich zu früheren Krisen war er »der schlimmste und längste«[13]. Nach M. *Dobb* fiel die Fertigwarenproduktion 1932 auf den Stand von 1913 zurück, und selbst 1937, nach immerhin vierjähriger Erholung, erreichte sie nur den Stand von 1929. Der amerikanische Außenhandel brach praktisch zusammen. Die Importe (vornehmlich Rohstoffe) sanken von 4,4 Mrd. Dollar 1929 auf 3,1 Mrd. 1930, 2,1 Mrd. 1931 und schließlich 1,3 Mrd. 1932. Damit reduzierte sich die Rolle der USA als bedeutendster Absatzmarkt der Welt noch mehr, als es durch die Hochschutzzollpolitik ohnehin schon geschehen war. Zwar blieben die USA nach England der zweitgrößte Importeur. Dennoch verschlechterte sich ihre Stellung bei Handelsvertragsverhandlungen, da ihnen, im Gegensatz zu England, das Druckmittel einer negativen Handelsbilanz fehlte.

Für unsere Fragestellung ist die Entwicklung des Exports wichtiger. Seinen wertmäßigen Höchststand erreichte er 1929 mit 5,24 Mrd. Dollar, um 1932 auf 1,61 Mrd. zu fallen – ein Niveau, das weit unter dem bisherigen Tiefststand (1922) lag. Im Vergleich zur Entwicklung des Welthandels sah der amerikanische Export noch ungünstiger aus: Während das Welthandelsvolumen zwischen 1929 und 1939 um 30 % schrumpfte, ging das amerikanische Exportvolumen um 48 % zurück. Betrug der Anteil der USA am Weltexport 1929 15,6 %, machte er 1932 nur noch 12,4 % aus. Auch mengenmäßig verloren die USA im Verhältnis zu den Exporten der übrigen Länder an Boden. Zahlreiche Märkte mußten aufgegeben werden. Als sich die Weltkonjunktur nach 1932 wieder belebte, konnten die USA ihren Importanteil nur in Asien behaupten, während sie in allen anderen Exportregionen ihren früheren Stand nicht wieder erreichten, ein Trend, der gerade auch für die wichtigsten Industrieländer zutraf, mit einer bemerkenswerten Ausnahme: Japan, das nach 1931 prozentual mehr aus den USA importierte als vorher: 1929 = 29,5 %, 1932 = 35,6 %.

Es zeigt sich also, daß die Aufnahmefähigkeit der entwickeltsten Industrieländer für amerikanische Produkte im Verlauf der 30er

Jahre erheblich abnahm, und zwar im Durchschnitt stärker als für die Importe aus anderen Ländern (Japan ausgenommen). Das grundlegende Dilemma der USA, das schon während der 20er Jahre in Erscheinung getreten war, richtete sich nun, während der Weltwirtschaftskrise, mit voller Macht gegen die USA selber: daß die faktische Dominanzposition mit einer Hochschutzzollpolitik gekoppelt war, die nur zu einer unvollständigen Integration in die internationale Arbeitsteilung geführt hatte und jetzt, unter den Bedingungen der Krise, den Export besonders belasten mußte. Denn nun, nach Fortfall des Kapitalexports und des sich daraus ergebenen Devisenmangels des Abnehmers, waren die Warenexporte unmittelbar abhängig von den Warenimporten. Wegen des gesunkenen Volkseinkommens waren die letzteren aber erheblich zurückgegangen. M. a. W.: Die Höhe der Exporte hing nicht mehr, wie früher, von der überlegenen Produktivität der Exportindustrien ab, sondern von der Importkapazität der USA, um die es schlecht bestellt war.

Interessanterweise profitierte England, der alte Hauptkonkurrent, von diesem Niedergang der USA auf den Weltmärkten am meisten[14]. Es gelang ihm, das während der 20er Jahre, weitgehend an die USA, verlorengegangene Terrain wieder zurückzugewinnen (Tab. 17). Im Gegensatz zu den USA hielt England einen starken Trumpf in Gestalt seines großen Importmarktes in Händen, Ausdruck einer vollständigeren Einbettung in die internationale Arbeitsteilung. Da sich die Weltwirtschaftskrise in England wegen der dort seit Ende des Weltkriegs andauernden strukturellen Krise nur schwach auswirkte und relativ schnell ein konjunktureller Aufschwung einsetzte, fand ein mit den USA vergleichbarer Einbruch bei den Importen nicht statt, was half, daß es sich auch auf den Exportmärkten hielt. Zu Recht hat F. *Luther* darauf hingewiesen, daß Englands Anteil am Weltexport deshalb vergleichsweise konstant blieb, weil die durch Deutschland und Japan erlittenen Verluste durch Erfolge gegenüber den USA, insbesondere in den Dominions, wieder wettgemacht wurden. Außerdem standen die USA dem System der Präferenzverträge innerhalb des englischen Kolonialreichs, mit dessen Hilfe Preiskonkurrenz ausgeschaltet wurde, ziemlich machtlos gegenüber. Das galt auch für die anderen sich nun herausbildenden Wirtschaftsblöcke. Weder die Abwertung des Dollar (1933) noch die später von Außenminister Cordell *Hull* praktizierte Außenhandelspolitik mit dem Ziel einer Reintegration der USA in den Weltmarkt erwiesen sich als effizient, was folgerichtig die ame-

Tab. 17:
Anteile Englands und der USA an den Gesamtimporten ausgewählter Länder 1913, 1929, 1935 und 1937 (in %)

Land	England				USA			
	1913	1929	1935	1937	1913	1929	1935	1937
Kanada	21,3	15,0	21,2	18,2	64,0	68,8	56,8	60,6
Australien	51,8	39,7	42,6	41,6	13,7	24,6	15,3	14,0
Neuseeland	59,7	48,7	51,0	50,2	9,5	18,6	12,0	12,0
Südafrikanische Republik	56,8	43,1	48,6	42,6	8,9	18,0	16,9	19,6
Indien	64,2	42,4	39,3	31,5	2,6	7,3	6,6	6,4
Dänemark	15,7	14,7	36,0	37,7	10,2	13,3	5,3	5,5
Argentinien	31,1	17,6	24,7	18,9	14,7	26,4	13,6	16,4
Brasilien	24,5	19,2	12,4	12,1	15,7	30,1	23,4	23,0
Frankreich	13,2	10,0	7,5	8,0	10,6	12,3	8,5	9,5
Deutschland	8,1	6,4	6,2	5,7	15,9	13,3	5,8	5,2
Italien	16,2	9,6	7,2	3,9	14,3	16,7	11,2	10,9
England	—	—	—	—	15,2	16,6	11,6	11,1
USA	13,2	7,5	7,6	6,6	—	—	—	—

Quelle: Zwei Veröffentlichungen des Völkerbundes: Memorandum on Balance of Payments and Foreign Trade Balances 1910–1924, Genf 1925, 142 ff.; International Trade Statistics 1937, Genf 1938, 373 ff. Zusammengestellt von F. Luther.

rikanisch-englische Konkurrenz verschärfte. Das heißt keineswegs, daß England in den 30er Jahren mit seinen Strukturproblemen besser fertig geworden wäre. Im Gegenteil: Die Arbeitslosigkeit, die während der 20er Jahre knapp unter 10 % lag, stieg 1932 auf 22,9 %, fiel 1936 auf 12,6 % und betrug 1937 auf dem Höhepunkt des konjunkturellen Aufschwungs immer noch 9,1 %. Nicht das Ansteigen der Exporte war für den Aufschwung verantwortlich, sondern eine Welle nachgeholter Investitionen.

Ein weiterer wichtiger Grund für die Schwächung der weltwirtschaftlichen und damit weltpolitischen Position der USA während der Weltwirtschaftskrise ist schließlich darin zu sehen, daß seit Mitte 1930 der Kapitalexport erheblich zurückging. Wegen der Zahlungsunfähigkeit der Schuldner, politischer Unsicherheit und der Devisenbewirtschaftung wurden während der 30er Jahre keine neuen Auslandsanleihen gezeichnet. Auch die Direktinvestitionen bewegten sich auf einem niedrigeren Niveau. Das alles trug dazu bei, das Kapitaleinkommen der USA aus Zinsen und Dividenden stark zu reduzieren. In dem Maße aber, wie der Dollarfluß ins Ausland nachließ, fand nicht nur ein Abbau der Gläubigerposition statt, sondern die USA verloren ihre finanzielle Hegemonie, mithin eines der wichtigsten Instrumente zur Eroberung und Wahrung der weltwirtschaftlichen Dominanzposition.

So schien es, als würden die USA, was ihre künftige außenwirtschaftliche und damit außenpolitische Orientierung anlangte, wieder einmal vor der alten Alternative stehen[15]. Unter dem Eindruck der zerfallenden Weltwirtschaft bestand die eine Möglichkeit darin, sich auf sich selbst zurückzuziehen, damit diese neue Entwicklung hinzunehmen und als Antwort den Versuch zu unternehmen, die eigene Wirtschaft den neuen Umweltbedingungen anzupassen. Das bedeutete freilich, einen wirtschaftlichen und politischen Isolationismus zu verfolgen, auf dessen Altar alles das geopfert werden mußte, was bislang an weltwirtschaftlicher Verflechtung erreicht worden war. Damit war klar, daß die Überwindung der Krise mit Hilfe einer Anpassungskrise nicht nur hohe wirtschaftliche und soziale Kosten verursachen und den Lebensstandard senken, sondern darüber hinaus das fordistische Wachstumsmodell selber ins Herz treffen würde. Somit war dieser Weg unvermeidlicherweise mit einer Entindustrialisierung, vor allem im Bereich der Exportindustrien, sowie einer radikalen Einschränkung der Agrarproduktion verbunden. Kein Wunder, wenn diese Möglichkeit nur unter dem unmittelbaren Schock der Krise für einen Augenblick ernst genommen wurde.

Die andere Möglichkeit, die sich mit dem Konjunkturaufschwung auch durchsetzte, zielte darauf ab, die bisher verfolgte Linie eines ökonomischen Internationalismus als Grundlage weltweiter Expansion wiederaufzunehmen. Dies stellte, wie Anfang der 20er Jahre, allerdings nur dann eine realistische Perspektive dar, wenn die USA erneut alles ins Werk setzten, um eine weitere Desintegration der Weltwirtschaft aufzuhalten. Aber selbst die bescheidenste Reliberalisierung war nur unter der Voraussetzung zu erreichen, daß der konjunkturelle Aufschwung nach 1932 in eine allgemeine und dauerhafte Prosperität mündete. Dazu mußte die gewaltige »Dollarlücke« gestopft werden, was wiederum bedeutete, die Zolltarife zu senken, damit durch den Absatz von Gütern auf dem amerikanischen Markt jene Devisen erwirtschaftet wurden, die zur Bezahlung der Importe erforderlich waren[16].

Tatsächlich orientierte sich die Außenhandelspolitik des »New Deal« in diese Richtung. Am Anfang stand der »Trade Agreements Act« vom Juni 1934, der den Präsidenten ermächtigte, beim Abschluß von Handelsabkommen Zollkonzessionen bis zu 50 % zu gewähren. Das zweite Kernstück war die Rückkehr zur unbedingten Meistbegünstigung, die die USA verlangten und selber einräumten. Die Debatten über die Neutralitätsgesetze zeigten, daß einige Gruppen unter den Demokraten so weit gingen zu glauben, daß mit Hilfe dieser Neuauflage der »Open-Door-Politik« zugleich den faschistischen Mächten und Japan, die immer unverhohlener eine aggressive Politik mit dem Ziel der Schaffung autarkistischer Großräume verfolgten, ein Riegel vorgeschoben werden könnte. Zwar brachte diese Strategie den USA eine erneute Erweiterung der Exportmärkte, aber das politische Ziel wurde nicht erreicht. Dazu wäre eine grundsätzliche Konfrontation mit den Achsenmächten erforderlich gewesen, die so lange nicht in Frage kam, wie die Roosevelt-Administration mit der Bewältigung der eigenen Krise beschäftigt war.

Inzwischen hatte die Weltwirtschaftskrise die Überlebenschancen des »Versailler« wie des »Washingtoner Systems«, in die die revisionistischen Mächte eingebunden waren, endgültig zunichte gemacht. Ohne Zweifel hat die Hoover-Administration durch den Rückgriff auf Protektionismus und eine dezidiert deflationistische Krisenüberwindungsstrategie zum Zerfall der beiden Systeme entscheidend beigetragen. In dem Augenblick, da auch das klassische Freihandelsland England seit dem Herbst 1931 zur Einführung von Zöllen und zur Abwertung des Pfund Sterling gezwungen war und daranging, als Alternative ein System von Zollpräferenzen im eigenen Kolonialreich aufzubauen (Konferenz von Ottawa 1932) und sich zugleich stärker von europäischen und asiatischen Problemen zu distanzieren[17], waren die Weichen dafür gestellt, daß auch andere Mächte (Deutschland, Frankreich, Italien, Japan) diesem Beispiel folgten und sich auf den Aufbau eigener ökonomischer Einflußzonen konzentrierten (Tab. 18).

Der ursächliche Zusammenhang zwischen der Desintegration der Weltwirtschaft und der Verschärfung machtpolitischer und ökonomischer Gegensätze ist von den Zeitgenossen bereits klar durchschaut worden[18]. Denn – und hier scheint ein tragischer Widerspruch jener Zeit zu liegen – der Zusammenbruch des Zentrums der kapitalistischen Weltökonomie durch den Niedergang der amerikanischen Dominanzposition führte dazu, den wirtschafts- und außenpolitischen Handlungsspielraum der nationalen Regierungen zu erweitern. Unter dem Schutz von Abwertungen, Zollerhöhungen und Devisenwirtschaft konnten sich einige von ihnen noch vor den USA aus dem Sog der Deflation befreien und eine Politik der Expansion einleiten. Der »Abwertungswettlauf« wirkte sich also zwiespältig aus: Einerseits vertiefte er die Weltwirtschaftskrise; andererseits eröffnete er Handlungsmöglichkeiten (bis hin zu neuen Modernisierungsschüben), die, freilich mit wachsendem Egoismus, genutzt wurden, indem nun mehr denn je der internen Krisenüberwindung absolute Priorität gegenüber den Erfordernissen externer Kooperation gegeben wurde. Das alles geschah, als die Depression auch die *politischen* Einflußchancen der Hoover-Administration sowohl gegenüber den Europäern wie gegenüber Japan einschränkte. So verwundert es nicht, wenn unter diesen Bedingungen all jenen Kräften, die darauf aus waren, das »Versailler« wie das »Washingtoner System« aus den Angeln zu heben, das Handwerk außerordentlich erleichtert wurde.

Ebensowenig war es ein Zufall, wenn der Zusammenbruch der bisherigen Austauschbeziehungen dazu führte, die Sowjetunion, den Erzfeind, stärker in die kapitalistisch beherrschte internationale Arbeitsteilung einzubeziehen; z. B. erhöhten sich die deutschen Exporte in die Sowjetunion zwischen 1929 und 1931 von 2,6 % auf 7,9 % der deutschen Gesamtausfuhr. 1931 gingen 55 %

Tab. 18:
Anteil des Handels mit Kolonien bzw. mit ökonom. Einflußzonen am Gesamthandel einiger Metropolen (in %)

Land	Anteil von Kolonien bzw. ökonom. Einflußzonen	Importe				Exporte			
		1929	1932	1935	1938	1929	1932	1935	1938
Groß-britannien	a) Commonwealth, brit. Kolonien, Protektorate etc.	30,2	36,4	39,0	41,9	44,4	45,4	47,6	49,9
	b) Länder des »Sterling-Blocks«, die nicht unter a) aufgeführt sind (1)	12,0	13,2	12,5	12,8	7,4	9,8	11,5	11,7
Frankreich	Kolonien, Protektorate, Mandatsgebiete	12,0	20,9	25,8	27,1	18,8	31,5	31,6	27,5
Italien	Kolonien, Äthiopien	0,5	1,1	1,9	1,8	2,1	3,6	14,3	23,3
Deutschland	6 Länder SO-Europas (2)	4,5	5,5	10,1	12,0	5,0	3,9	7,7	13,2
	Lateinamerika	12,2	11,2	14,5	15,6	7,8	4,3	9,5	11,5
Japan	Korea, Formosa, Kouan-Toung, Mandschurei (3), Rest Chinas	26,0	36,9	34,9	45,0	35,0	37,2	41,1	62,7

(1) Schweden, Norwegen, Finnland, Dänemark, Ägypten, Estland, Lettland, Portugal, Siam, Irak.
(2) Bulgarien, Griechenland, Ungarn, Rumänien, Türkei, Jugoslawien.
(3) Zum Anteil der Mandschurei vgl. u. S. 172.

Quelle: Société des Nations, Aperçu général du Commerce mondial 1938, Genf 1939, 36f.

der amerikanischen Werkzeugmaschinenexporte in die Sowjetunion, und 1932 wurden 81 % der von England und 74 % der von Deutschland ausgeführten Werkzeugmaschinen auf dem russischen Markt abgesetzt[19]. Daher liegt die These nicht fern, daß das ambitiöse Industrialisierungsprogramm Stalins erst unter diesen Umständen zu verwirklichen war.

2. Der Zusammenbruch des »Versailler Systems«

a) Die Auflösung der deutsch-amerikanischen »Achse«. Obwohl das »Versailler System«, wie gezeigt, auch während der Phase der sog. »relativen Stabilität« auf schwachen Füßen stand, hätte es ohne den Ausbruch der Weltwirtschaftskrise sicherlich noch eine Weile bestehen können, wenn auch mit wachsenden Schwierigkeiten. Immerhin hat es sich noch 1929 als fähig erwiesen, die bedrohlichste politische Hypothek in Gestalt der deutschen Reparationen mit Hilfe des Young-Plans wenigstens vorübergehend zu erleichtern. Damit war es noch einmal gelungen, zwischen den USA, Deutschland, Frankreich und England einen Minimalkonsens zu finden. Die entscheidende Auswirkung der Weltwirtschaftskrise mit ihren internationalen und innergesellschaftlichen Folgen bestand darin, diesen Minimalkonsens zu zerstören und so dem »Versailler System« die Existenzgrundlage zu entziehen. Tatsächlich gab es einen engen Kausalnexus zwischen dem Zerfall von Weltwirtschaft und Weltwährung einerseits, der gravierenden Verschlechterung der zwischenstaatlichen Beziehungen andererseits, und zwar gleichzeitig sowohl zwischen den USA und Deutschland als auch zwischen den ehemaligen Alliierten.

Der durch die Krise verursachte weltwirtschaftliche Niedergang der USA mußte in dem Augenblick, da er unvermeidlicherweise zu einem Rückzug aus dem wirtschaftlichen und vor allem finanziellen Engagement in Europa führte, jenen Impuls treffen, der 1924 das Überleben des »Versailler Systems« erst ermöglicht hatte. Von nun ab überließen die USA die Europäer ihrem Schicksal, nicht zuletzt aus Enttäuschung über deren Verhalten in der Frage der Kriegsschulden. Von diesem Rückgang des amerikanischen Einflusses in Europa war naturgemäß Deutschland am meisten betroffen, dem, um erneut eine Hauptaussage *Links* zu zitieren[20], eine Art »Brückenkopffunktion« bei der ökonomischen Penetration

Europas beigemessen worden war. Daraus hatten wir die These abgeleitet, daß den amerikanisch-deutschen Beziehungen eine konstitutive Bedeutung für die Art und Weise zugefallen war, wie die Rekonstruktion und damit Stabilisierung des »Versailler Systems« zustande kommen sollte.

Mindestens ebenso fällt die Tatsache ins Gewicht, daß dieser Prozeß der Trennung der USA von Europa auch von Deutschland selbst energisch betrieben wurde. Dafür war eine einschneidende, irreversible innenpolitische Machtverschiebung verantwortlich, die sich daraus ergab, daß Deutschland neben den USA und Japan am nachhaltigsten von der Weltwirtschaftskrise getroffen wurde. Die Große Koalition war an den inneren Widersprüchen der SPD, ihrer Hauptstütze, zugrunde gegangen – Widersprüche, die letztlich nur offenbarten, daß die Partei nicht über eine, noch dazu mehrheitsfähige, Krisenüberwindungsstrategie verfügte. So schlug im Frühjahr 1930, nach dem Scheitern der SPD als der wichtigsten republiktragenden Partei, das innenpolitische Pendel kräftig nach rechts aus: Die »konservative Offensive« konnte sich nun voll entfalten, was um so leichter fiel, als große Gruppen der Gesellschaft aus Wirtschaft, Reichswehr, den Mittelschichten bis in die Arbeiterklasse hinein den Glauben an die Zukunft der Republik verloren hatten.

Daher war es kein Zufall, wenn die seit dem 30. März 1930 amtierende Regierung unter dem Zentrumspolitiker *Brüning* in dreifacher Hinsicht eine »Wende« verkörperte, wobei alle drei Elemente aufs engste miteinander verbunden waren. Da die Regierung über keine parlamentarische Mehrheit verfügte und sich daher auf das Notverordnungsrecht des Reichspräsidenten nach Art. 48 der Reichsverfassung stützen mußte, vollzog sie einen ersten, entscheidenden Schritt auf dem Weg zum autoritären Staat. Zugleich verschärfte sie die bislang praktizierte Deflationspolitik als Heilmittel zur Überwindung der Krise, was infolge der Verarmung breiter Massen der Bevölkerung zu einer gesellschaftlichen Umstrukturierung zugunsten der Besitzenden führte. Schließlich richtete sich ein Hauptziel dieser Deflationspolitik darauf, im Gesamtrahmen einer von wachsenden Teilen der Öffentlichkeit geforderten nationalistischen Revisionspolitik eine »Endlösung der Reparationsfrage« zu erreichen, also die Aufkündigung des Young-Plans, und zwar ohne Rücksicht auf die mit dieser Politik verbundenen hohen wirtschaftlichen und sozialen Kosten. Unerläßliche Voraussetzung dafür aber war der Verzicht auf ausländische, insbesondere amerikanische Kredite.

Diese Wende hatte nach innen wie nach außen verheerende Folgen. Um das Ziel einer »Endlösung der Reparationen« zu erreichen, wurde (von ökonomischen und rechtlichen Argumenten abgesehen) zunächst auf eine Abwertung der Reichsmark verzichtet, bezeichnenderweise aus Furcht davor, im Fall eines wirtschaftlichen Aufschwungs vor erneute Reparationsforderungen gestellt zu werden. Obwohl sich Reichsbankpräsident *Luther* über die negativen Auswirkungen auf Wirtschaft und Zahlungsbilanz im klaren war, vor allem im Fall einer Abwertung des Pfund Sterling, unterstützte er *Brünings* Auffassung, daß der »Endlösung der Reparationen« alle anderen Erwägungen unterzuordnen seien[21]. Damit geriet Deutschland tiefer in den »deflatorischen Opfergang«[22], als dies vielleicht nötig gewesen wäre. Zugleich beschleunigte diese Politik, die als Konsequenz den Übergang zur Devisenbewirtschaftung erforderlich machte, den Zerfall des Weltwährungssystems und »ging ›nahtlos‹ in die Autarkiepolitik der NS-Zeit über«[23].

Damit schnitt man sich ins eigene Fleisch, weil der enge Zusammenhang zwischen der währungspolitischen Situation Deutschlands und einer auf Verständigung ausgerichteten Außenpolitik, wie er, wenn auch mit wachsenden Widersprüchen, von *Stresemann* stets im Auge behalten worden war, nun aufgekündigt wurde. Wie G. *Hardach* es treffend auf den Begriff gebracht hat: »Unter währungspolitischem Aspekt kann man sich daher schwerlich etwas Ungünstigeres vorstellen als *Brünings* Versuch, seine innenpolitische Position durch eine offensive Außenpolitik zu festigen. Der nationalistische Kurs, der mit der Forderung nach einer Revision der Reparationsfrage ab Oktober 1930 und mit dem deutsch-österreichischen Zollunionsprojekt von Anfang 1930 eingeschlagen wurde, ließ die Auslandsgläubiger um ihre Guthaben fürchten und verbaute die Chance, im Bedarfsfall an die internationale Solidarität der Notenbanken zu appellieren. Der Vorwurf trifft hier in erster Linie die Reichsregierung, aber auch die Reichsbank, die es an entsprechenden Warnungen hat fehlen lassen«[24].

Welch ein Dilemma! Die Akzeptierung des »Versailler Systems« und damit die Fortdauer der Reparationen hätte die Handlungsfähigkeit Deutschlands in der Krise eingeschränkt; der Versuch aber, durch die Revisionspolitik diese Situation zum eigenen Vorteil zu verändern, mußte im Sommer 1931, als die Bankenkrise ihren Höhepunkt erreichte, ebenfalls den Handlungsspielraum zur Überwindung der Krise einengen, da sie nur mit Hilfe einer internationalen Unterstützungsaktion hätte bewältigt werden können. Durch den Rückgriff auf die Devisenbewirtschaftung verschlimmerte man die internationale Währungs- und damit auch Wirtschaftskrise und machte den Weg für eine noch radikalere Revisionspolitik frei[25], deren Vollstrecker schon in den Startlöchern hockte.

Im Verlauf der Entwicklung, die zum Hoover-Moratorium, zur endgültigen Einstellung der Reparationszahlungen und schließlich zur formalen rüstungspolitischen »Gleichberechtigung«, dem Nahziel der deutschen Revisionspolitik, führte, waren die USA nur noch zum Reagieren fähig. Ihre wichtigste Waffe, der finanzielle und handelspolitische Einfluß, fiel nun aus. Sie wurde ausgerechnet in dem Augenblick nicht mehr benutzt, als der *politische* Aspekt der Reparationsfrage als Teil eines umfassenden revisionistischen Programms in den Vordergrund trat und auf diese Weise grundlegende Bestandteile des »Versailler Systems« aus den Angeln gehoben wurden. Nach Erledigung der Reparationen zeigte sich in aller Klarheit, daß die enge Verbindung zwischen deutscher und amerikanischer Politik »nur ein Durchgangsstadium zu einer breiteren Revisionspolitik« *(Link)* gewesen ist. Im Bereich der Rüstungen wird diese Folgewirkung noch deutlicher. Gerade hier vollzog Deutschland mit der Forderung nach Abrüstung nur eine verbale Anpassung an die USA, da die Aufrüstung als langfristiges Ziel längst geplant war und insgeheim »groteskerweise sogar mit Unterstützung des US-Departement of War vorbereitet wurde« *(Link)*. Schon wenig später, als die Regierungen *Papen* und *Schleicher* entschlossen waren, »Rüstungsfreiheit« auch in vertragswidriger Weise anzustreben, zeigte sich die Kluft zwischen der deutschen und amerikanischen Position in aller Schärfe. Aber zu diesem Zeitpunkt hatte der inzwischen fortgeschrittene Zerfall des »Versailler Systems« der Revisionsdynamik der deutschen Außenpolitik bereits Handlungsspielräume eröffnet, die weder von den USA und schon gar nicht von Frankreich, der eigentlichen Stützungsmacht, wieder eingeengt werden konnten[26].

b) Verschärfung der Gegensätze zwischen den Alliierten. Die Weltwirtschaftskrise trug aber auch erheblich dazu bei, die ohnehin schon beträchtlichen Divergenzen zwischen den alliierten

Mächten weiter zu vergrößern. Auch hier bedingen die Unterminierung des »Versailler Systems« und die Verschlimmerung der Krise einander. Ökonomische, finanzielle und politische Motive verschlangen sich auf unentwirrbare Weise. Zunächst bestanden zwischen den USA und England, noch immer die beiden wichtigsten Mächte innerhalb der Weltwirtschaft, grundsätzliche Meinungsverschiedenheiten über die Methoden, die geeignet wären, die Krise zu überwinden[27]. England setzte noch einmal auf den Versuch, die Erholung der Weltwirtschaft als Voraussetzung für die Ankurbelung der eigenen Wirtschaft mit Hilfe liberaler Maßnahmen zu erreichen, ohne freilich ein klares Konzept vorlegen zu können. Die USA dagegen zogen sich hinter noch höhere Zollmauern zurück. 1931 erwartete England von den USA den Verzicht auf die Kriegsschulden, die Senkung der Zölle und ein internationales Abkommen über die erneute Stabilisierung der Währungen. Aber die Regierung Hoover lehnte mit dem Argument, sie müsse Rücksicht auf den Kongreß nehmen, Punkt für Punkt ab, was die Zusammenarbeit zwischen beiden Mächten, auch noch nach der Wahl *Roosevelts*, schwer belastete.

Unter diesen Umständen entfiel ein weiteres Element des »Versailler Systems«, nämlich der Versuch Englands, zwischen Deutschland und Frankreich einen Mittelkurs zu steuern[28]. Vor allem fehlte England in dem Augenblick, da es nicht mit einer Unterstützungsaktion der amerikanischen Banken zur Aufrechterhaltung der internationalen Liquidität rechnen konnte, eine entscheidende Waffe, um den wachsenden Druck des französischen Franc, der zwischen 1930 und 1931 stärksten europäischen Währung, zu neutralisieren. Hier entstand für die Londoner City in diesen Jahren eines ihrer größten Probleme. Die Verschlechterung der englisch-amerikanischen Beziehungen sowie die Unfähigkeit der beiden Zentralbanken, die Währungskrise gemeinsam zu bewältigen, beeinträchtigte nicht nur Englands monetäre, sondern auch seine politische Position gegenüber Frankreich, dessen hegemoniale Ambitionen es fürchtete. Alle herausragenden Ereignisse der internationalen Politik 1930, vor allem aber im Schicksalsjahr 1931, zeigen, in welchem Maß die Fähigkeit zur Krisenlösung bereits geschwunden war. Dabei fiel dem englisch-französischen Gegensatz ein gut Teil Verantwortung zu.

Es begann, als *Briand* im September 1929, unter dem Beifall des bereits vom Tode gezeichneten *Stresemann*, die Idee einer Europäischen Union lancierte, die er dann in einem an alle europäischen Regierungen übersandten Memorandum vom 1. Mai 1930 präzisierte[29]. Im Grunde ging es darum, das durch den Locarno-Pakt geschaffene Sicherheitssystem auf alle europäischen Länder auszudehnen, wobei aber, im Rahmen des Völkerbundes, spezifisch europäische Institutionen ins Leben gerufen werden sollten, jedoch ohne Einschränkung der nationalen Souveränität. Das Projekt zielte eindeutig darauf ab, das ins Wanken geratene »Versailler System« zu restabilisieren, um damit das französische Sicherheitsbedürfnis zu befriedigen. Abgesehen davon, daß das Projekt keine Vorschläge zur Lösung der dringenden ökonomischen und monetären Probleme enthielt, war die Mehrheit der europäischen Regierungen nicht bereit, über den europäischen Umweg eine Neuauflage französischer Hegemonie zu akzeptieren.

Die Ablehnungsfront führten Deutschland und England an; das erste, weil es eine Blockierung seiner Revisionspolitik (Ostgrenzen!) fürchtete; das zweite, weil ihm die Commonwealth-Interessen wichtiger waren und es überdies eine tiefe Abneigung gegenüber europäischen Institutionen empfand. Im Herbst 1930, anläßlich einer Völkerbundssitzung, war klar, daß der Plan und damit der letzte Versuch einer offensiven Rettung des »Versailler Systems« gescheitert war. Nicht nur die Antworten der Regierungen auf das Memorandum *Briands*, sondern auch die wachsende innenpolitische Opposition gegen dessen zu »weiche« Politik gegenüber Deutschland angesichts des dort ständig zunehmenden Nationalismus werfen ein bezeichnendes Licht darauf, wie weit der Zerfallsprozeß des »Versailler Systems« inzwischen vorangeschritten war.

Aber es kam noch schlimmer. Zum ersten Mal nahm der deutsche Revisionismus konkrete Gestalt an, als sich Außenminister *Curtius* und Bundeskanzler *Schober* Anfang März 1930 auf das Projekt einer deutsch-österreichischen Zollunion einigten, das allgemein als Beginn einer intensivierten »Mitteleuropa«-Politik verstanden wurde und im Fall der Realisierung zweifellos das definitive Ende des »Versailler Systems« bedeutet hätte. Kein Wunder, wenn es auf den heftigsten Widerstand Frankreichs und seiner Verbündeten stieß. Dagegen fiel die Reaktion Englands erheblich vorsichtiger aus; in der öffentlichen Meinung wie innerhalb der regierenden Labour Party gab es sogar offene Sympathien für das Projekt[30]. Als sich Frankreichs Widerstand im Mai 1931 verhärtete, kam ihm ein

Ereignis zu Hilfe, das es nun entschlossen für die Durchsetzung seiner Interessen nutzte: die Zahlungsunfähigkeit der Österreichischen Credit-Anstalt für Handel und Gewerbe (12. Mai), die anzeigte, daß die Weltwirtschaftskrise in Form einer internationalen Bankenkrise einem neuen Höhepunkt zusteuerte, an dessen Ende der Zusammenbruch des Goldstandards stehen sollte. Von nun ab vermengten sich außenpolitische und monetäre Interessen und stürzten das »Versailler System« in ein regelrechtes Chaos.

Im Frühsommer 1931 war nur die Bank von Frankreich angesichts der angehäuften Goldreserven imstande, der maroden Credit-Anstalt zu helfen und auf diese Weise eine Ausweitung der Krise zu vermeiden. Aber sie unternahm nichts, auch dann nicht, als deutsche und englische Banken in den Strudel der Liquiditätsschwierigkeiten gerieten[31]. Im Gegenteil: Sie kündigte Kredite und verschlimmerte damit die Krise, was zugleich das ohnehin schon gespannte Verhältnis zur Bank von England noch mehr belastete[32]. Der Bankrott der Credit-Anstalt provozierte einen Kurssturz der deutschen Wertpapiere an der New Yorker Börse, der seinerseits den Rückzug ausländischer Kredite und damit die Illiquidität der deutschen Banken bewirkte.

In der nun einsetzenden hektischen Betriebsamkeit kämpfte jeder gegen jeden. Ende Juni reiste Reichsbankpräsident *Luther* nach London und Paris, um Unterstützung zu erbitten, ohne jeden Erfolg. Bezeichnenderweise lehnte *Norman* Hilfe aus Furcht vor einer Attacke der Bank von Frankreich auf das Pfund Sterling ab. Zur selben Zeit hatte Präsident *Hoover* sein Moratorium (Aussetzung aller intergouvernementalen Schulden zwischen dem 1. Juli 1931 und dem 20. Juni 1932) verkündet, ohne Frankreich zu konsultieren, das mit einem Verlust von zwei Mrd. Franc rechnen mußte, was das Klima zwischen diesen beiden Mächten abkühlte. Am 7. Juli stimmte Frankreich zwar dem Moratorium zu, aber nur unter Vorbehalten. Jetzt versuchte die Bank von England, der Credit-Anstalt wieder auf die Beine zu helfen, aber Frankreich verlangte als Voraussetzung für sein Engagement die Aufgabe des Plans einer deutsch-österreichischen Zollunion.

Inzwischen führte *Brüning* strenge Devisenkontrollen ein, um der Bankenkatastrophe entgegenzuwirken. Eine Konferenz über die auswärtigen Schulden Deutschlands (Konvertierung der kurzfristigen in eine langfristige Schuld) brachte vorübergehend Erleichterung. Aber schon geriet das britische Pfund unter den

Druck der Bank von Frankreich. Als Grund wird vermutet, daß Frankreich sich dafür rächen wollte, daß England seit 1929/30 in allen internationalen Konflikten gegen den Verbündeten gestanden hatte[33]. Tatsache ist, daß viele englische Banken gegenüber Frankreich verschuldet waren, nicht zuletzt, um Deutschland Kredite zu geben, was sie nun verwundbar machte. Jedenfalls taten die Zentralbanken der USA, Frankreichs, Englands und Deutschlands alles, um den Eindruck zu erwecken, daß sie nicht nur nicht imstande waren, eine schwere Bankenkrise gemeinsam zu überwinden, sondern daß sie entschlossen waren, sich einander noch entschiedener zu bekämpfen, als dies seit 1925/26 der Fall gewesen war[34]. Damit beschleunigten sie den Zerfall des Goldstandards, dessen Funktionieren ein Minimum an Zusammenarbeit voraussetzt. Auch dies war ein entscheidender Schlag gegen das »Versailler System«.

Den Todesstoß erhielt das schwankende Pfund Sterling dann durch den Bericht der vom Labour-Kabinett eingesetzten »May-Kommission«, der am 31. Juli veröffentlicht wurde. Er stellte ein Haushaltsdefizit in Höhe von 120 Mill. Pfund fest und schlug zu seiner Beseitigung eine Verminderung der Staatsausgaben (vor allem der Sozialleistungen) sowie allgemeine Steuererhöhungen vor, also eine verschärfte Form der Deflationspolitik. Von *Keynes* stammt der berühmte Kommentar: »Das stupideste Dokument, das ich jemals das Unglück zu lesen hatte«[35]. Damit war das Vertrauen in die englische Währung, das durch die mangelhafte internationale Wettbewerbsfähigkeit der Industrie schon erschüttert war, endgültig zerstört. Tag für Tag wurde Gold im Wert von zwei Mill. Pfund aus dem Land gezogen. Mitte August erreichte die Währungskrise ihren Höhepunkt. Die Bank von England, aber auch das amerikanische Bankhaus J. P. Morgan machten die Gewährung von Krediten an die englische Regierung davon abhängig, daß sie eine einschneidende Sparpolitik verfolgte. Um diese Politik gegen den wachsenden Widerstand der Gewerkschaften durchzusetzen, kam es zur Bildung einer Drei-Parteien-Regierung der »Nationalen Union«, die im September auf das Labour-Kabinett folgte und als erste wichtige Maßnahme die Abwertung des Pfund Sterling verkündete. Von nun an geriet die Außenwirtschaftspolitik aller Länder endgültig ins nationalistische Fahrwasser.

Ohne Zweifel hat die Bank von Frankreich zu dieser Entwicklung entscheidend beigetragen. Dem Umstand, daß Frankreich seine intakte Finanzkraft einsetzen konnte, ist es zuzuschreiben, wenn das Projekt der deutsch-österreichischen Zollunion zu Fall gebracht wurde. London besaß angesichts der eigenen Krise keine Möglichkeit, dieser Finanzdiplomatie etwas entgegenzusetzen, mit deren Hilfe während der Bankenkrise Druck auf Deutschland ausgeübt wurde, um politische Zugeständnisse auch in der Reparationsfrage zu erreichen. *Brüning*, ganz in der Logik seiner Außen- und Innenpolitik, war noch weniger als früher bereit, Frankreich entgegenzukommen[36]. Freilich stimmten alle Experten darin überein, daß Deutschland nach Ablauf des Moratoriums nicht in der Lage war, die Reparationszahlungen fortzusetzen. So trat England, von Italien unterstützt, gegen den Widerstand Frankreichs für die Streichung der Reparationen ein, was dann während der Konferenz in Lausanne (Juni/Juli 1932) formal beschlossen wurde. Das bedeutete gleichzeitig das Ende der interalliierten Schulden, womit sich die Kluft zwischen den USA und Europa weiter vertiefte.

Der französisch-englische Gegensatz aber hatte eine Ursache, die viel grundsätzlicherer Natur war. England konnte seine beiden Hauptziele, Wahrung des Friedens und Überwindung der Weltwirtschaftskrise, nur unter der Voraussetzung erreichen, daß es Deutschland einen gewissen Spielraum für die Revisionspolitik gewährte, zugleich aber dem dann naturgemäß wachsenden Sicherheitsbedürfnis Frankreichs entgegenkam – das alte Dilemma englischer Europapolitik, das sich jetzt gewaltig verschärft hatte. Die entsprechenden, oft halbherzigen Avancen der Labour-Regierung an die Adresse Frankreichs, innerhalb des Völkerbundes die kollektive Sicherheit zu stärken und im Bereich der Abrüstungsverhandlungen eine vermittelnde Linie zu verfolgen, knüpften an das inzwischen verblichene Genfer Protokoll von 1924 an, ohne, genau wie früher, eindeutige Verpflichtungen im Fall eines Konflikts um die deutsch-polnische Grenze zu übernehmen. Das war wenig geeignet, Frankreich zu beruhigen, insbesondere angesichts der Tatsache, daß sich die internationale Situation im Laufe des Jahres 1930 gravierend verschlechterte. Tatsächlich hatten alle Länder, außer England und Japan, ihre Rüstungsausgaben drastisch erhöht. In unübersehbarer Weise akzentuierte sich die Polarisierung zwischen den revisionistischen Ländern und den Anhängern des Status quo. Wie weit die Interessen auseinanderfielen, lehrte die abschließende Sitzung der vorbereitenden Abrüstungskommission (November/Dezember 1930), die nicht in der Lage war, einen Kompromiß über die Begrenzung der Landstreitkräfte zu formulieren.

Ähnliches galt für den Versuch, im Anschluß an die Washingtoner Konferenz zusätzliche Vereinbarungen über die Seerüstung zu erreichen. 1927 war bereits die Genfer Flottenkonferenz an der Aufgabe gescheitert, eine Parität im Bereich der Kreuzer festzusetzen. Damals konnte man sich nicht darüber einigen, wie die Parität von Kreuzern unterschiedlicher Tonnage und Bewaffnung zu berechnen sei – ein anscheinend bis heute unüberwindbares Problem bei Abrüstungs- und Rüstungskontrollverhandlungen. Nach der Wahl *Hoovers* und dem Amtsantritt der Labour-Regierung kam es zu einem erneuten Anlauf[37]. Aber die ab Januar 1930 in London tagende Flottenkonferenz zwischen den USA, England, Frankreich, Japan und Italien erreichte eine Festsetzung der Flottenstärken nur zwischen den USA, England und Japan, während eine gemeinsame Übereinkunft daran scheiterte, daß Frankreich es ablehnte, Italien die Parität zuzugestehen. Da Frankreich auch nach dem Ende des deutsch-österreichischen Zollunionplans sein Sicherheitsverlangen nicht einschränkte, fühlte sich Deutschland berechtigt, die Beseitigung diskriminierender Abrüstungsbestimmungen zu verlangen. Kein Wunder, wenn unter diesen Bedingungen die letzten Reste der kollektiven Sicherheit, die ohne Abrüstung nicht denkbar war, abgebaut wurden und damit ein weiteres konstitutives Element des »Versailler Systems« verschwand.

Daß die Zeitgenossen den Ernst der Lage erkannt hatten, belegt, unter vielen anderen Dokumenten, ein Memorandum vom 25. Juni 1931, das das Foreign Office im Zusammenhang mit den Abrüstungsverhandlungen erarbeitet hat[38]. Darin hieß es, daß man nicht mehr wie noch im vergangenen Jahr einen größeren militärischen Konflikt mit absoluter Gewißheit ausschließen könne. Die französische Hegemonie, die mit englischen Interessen ohnehin nicht vereinbar sei, erweise sich als nicht mehr tragfähig. Andererseits dürfe Deutschland nicht in der untergeordneten Stellung belassen werden, da die Wirtschaftskrise die Emotionen und damit die politische Radikalisierung erheblich verstärkt habe. Daher müsse Deutschland im Rahmen der Abrüstungskonferenz und über einen weiteren Ausbau der friedlichen Streitschlichtung schrittweise die Gleichberechtigung gegenüber Frankreich gewährt werden, verbunden mit einer Reform der Reparationszahlungen und mit Korrekturen der Ostgrenze. Anderenfalls werde Europa zu einem Pulverfaß.

Dieses Memorandum zeigt zugleich das ganze Ausmaß der englisch-französischen Gegensätze und dies in einem Augenblick, da ein Zusammengehen mit dem Ziel, jenseits des »Versailler Systems« Formen europäischer Stabilität zu entwickeln, nötiger war denn je. Aber es war gerade die Möglichkeit einer systematischen Kooperation zwischen beiden Ländern, die von der englischen Regierung verworfen wurde. Beide Länder gingen ihren eigenen Weg, sowohl was die Überwindung der Wirtschaftskrise wie die Durchsetzung der Sicherheitsinteressen betraf. Der Zerfall des »Versailler Systems« wie die Unmöglichkeit, eine andere »Ordnung« an seine Stelle zu setzen, war damit besiegelt. Erst viel später, Ende 1936, wurde dieser Irrtum erkannt und selbst dann, als es zu spät war, auch nur halbherzig korrigiert.

3. Der Zusammenbruch des »Washingtoner Systems«

a) Japans Wende zu Militarismus und territorialer Expansion. Wie wir gesehen haben, bestand der Eckpfeiler des »Washingtoner Systems« in der Bereitschaft Japans, die zur Verwirklichung seines Wachstumsmodells nötige Sicherung von Rohstoffquellen und Absatzmärkten mit Hilfe einer friedlichen Außenhandelspolitik, insbesondere gegenüber den USA und China, zu erreichen. Die »liberale« Mehrheit aus Vertretern der Industrie- und Geschäftsbourgeoisie, die im Reichstag den Ton angab, war darüber hinaus, nicht zuletzt aus wohlverstandenem Eigeninteresse, zur Kooperation in anderen Bereichen wie der Rüstungs- und Währungspolitik bereit, allerdings unter der Voraussetzung, daß diese Haltung von den Unterzeichnern der Washingtoner Verträge durch ein Entgegenkommen ihrerseits honoriert würde.

Sogar nach Ausbruch der Weltwirtschaftskrise hatte Japan während der ersten Hälfte des Jahres 1930 diese Linie fortgesetzt. Die Rückkehr zum Goldstandard (Januar) wie die Unterzeichnung des Londoner Flottenabkommens (April), das ja eine Ausweitung der Washingtoner Abkommen von 1922 (auf weitere Schiffskategorien, vor allem Kreuzer) bedeutete, zeigten, daß Japan zu diesem Zeitpunkt mehr als andere westliche Industrieländer bereit war, trotz der Krise an den Grundlagen der Weltwährung festzuhalten und zugleich einen weiteren Schritt auf dem Weg zur Abrüstung zu gehen. Mit diesem Programm konnte der gemäßigte Premierminister *Hamaguchi* die Wahlen zum Reichstag (Februar) noch einmal gewinnen.

Dennoch bahnte sich unter der Oberfläche dieser Ereignisse bereits ein grundlegender Wandel der japanischen Politik an. Entscheidender Auslöser war die Tatsache, daß Japan mehr als irgendein Industrieland wegen seiner Rohstoffabhängigkeit (über 90 %) von der Weltwirtschaftskrise betroffen wurde. Sie gab nun allen jenen Kräften, an ihrer Spitze die Militärs, gewaltigen Auftrieb, die an die Überlebenschancen des »liberalen« Modells nicht mehr glaubten, die Positionen seines wichtigsten Vertreters, Außenminister *Shidehara,* unter wachsenden Druck setzten und sich für eine Politik der territorialen Expansion zur Sicherung der japanischen »Lebensinteressen« aussprachen. Die Unterzeichnung des Londoner Flottenabkommens kam nur zustande, weil sich die Regierung, freilich schon mit großer Mühe, gegen den erbitterten Widerstand der Militärs, vor allem der Marineleitung, durchzusetzen verstand.

Wenige Monate später, zugespitzt im Verlauf des Jahres 1931, veränderte sich die Situation Japans schlagartig, und zwar unter dem Einfluß einer dreifachen, sich wechselseitig verstärkenden Entwicklung: 1. dem Sieg der Militärs im Innern über das »liberale« Herrschaftsbündnis; 2. einer Verschärfung der Konfrontation mit China um den Einfluß in der Mandschurei; 3. der radikalen Verschlechterung der außenwirtschaftlichen Beziehungen als Folge der Weltwirtschaftskrise. Diese dreifache Entwicklung mündete in jenen Akt, der nach allgemeiner Meinung die Wende der japanischen Politik markiert: die Invasion in die Mandschurei, die zufällig, aber höchst symbolkräftig am 19. September 1931 begann, unmittelbar vor jenem Tag, an dem England das Pfund Sterling abwertete und den Goldstandard aufgab. Daß diese Aggression Japans möglich war, besiegelte das Ende des »Washingtoner Systems«. Daß sie folgenlos blieb, läutete den Niedergang des Völkerbundes und damit des Systems der kollektiven Sicherheit ein, was nun auf Europa einwirkte und den Zerfall des »Versailler Systems« weiter beschleunigte.

1. Wie in allen Industrieländern verschärfte die Weltwirtschaftskrise auch in Japan die innergesellschaftlichen Gegensätze, an erster Stelle den schon lange andauernden Konflikt zwischen den In-

dustrie- und Bankkreisen einerseits und der Masse der Bauern, deren prekäre wirtschaftliche Lage sich durch den katastrophalen Rückgang des Rohseideexports noch mehr verschlechterte[39]. Hinzu kam, daß sie tiefer mit den traditionellen Formen des japanischen Lebens verbunden waren als die an der Spitze der Industrialisierung marschierende Bourgeoisie. Zugleich lagen die Militärs ihrerseits im Konflikt mit Industriellen und Bankiers, weil diese sich weigerten, den Verteidigungshaushalt aus Furcht vor Steuererhöhungen aufzustocken. Genau dies aber forderten die Militärs mit der typischen Begründung, daß der Bevölkerung im Namen des »nationalen Interesses«, in Wahrheit zur Vorbereitung der Invasion in die Mandschurei, Opfer auferlegt werden müßten. Im übrigen schien ihnen die Gelegenheit günstig, den Gegensatz zwischen Bourgeoisie und Bauern auszunutzen, was bis zu dem, freilich vergeblichen, Versuch ging, mit deren Hilfe eine faschistische Partei zu gründen.

Außerdem begann sich ein Gesetz aus dem Jahre 1927 auszuwirken, das Unteroffizieren, die sich erneut in den Streitkräften engagierten, die Aussicht auf Beförderung zum Offizier eröffnete. So entstand eine neue Klasse subalterner Offiziere, die sich überwiegend aus dem agrarischen Milieu rekrutierten und auf diese Weise die Bindungen zwischen Militärkaste und Bauern vertiefte. Ideologisch vertrat diese neue Gruppierung, ähnlich wie in einigen Ländern Europas, eine eher konfuse, aber höchst explosive Mischung aus antikapitalistischen und antikommunistischen Ressentiments, was sich sowohl gegen Unternehmer wie gegen aufbegehrende Arbeiter richtete. Zu ihr stieß schließlich die Schwerindustrie, die erst im Aufbau war, zunehmend um ihre Rohstoffbasen fürchtete und Unterstützung vom Staat erwartete. Die führende Gestalt dieses sich nun bildenden militärisch-agrarisch-schwerindustriellen Blocks war General *Araki,* der alles ins Werk setzte, um den Einfluß des Parlaments zurückzudrängen und zugleich die Rückkehr zu dem predigte, was er, neben vielen anderen, den »alten Geist« Japans nannte. Das neue Herrschaftsbündnis erhielt also seine Weihe durch den Rückgriff auf jene spezifisch japanischen Werte, die zu zerstören man der Industriebourgeoisie vorwarf.

Inzwischen häuften sich die von Mitgliedern »patriotischer Gesellschaften«, einer Art militanter Speerspitze des neuen Herrschaftsbündnisses, vollbrachten Attentate auf Führer der »liberalen« Parteien, Zeichen einer Radikalisierung der innenpolitischen Machtkämpfe. Eines dieser Attentate verletzte Premierminister *Hamaguchi* schwer (November 1930), der einige Monate später zurücktreten mußte. Der Druck von rechts wurde nun immer stärker. Als es im Dezember 1931 zu einer erneuten Kabinettsbildung kam, wurde Außenminister *Shidehara* endgültig von der Macht eliminiert. Dafür trat als starker Mann General *Araki* im Amt des Kriegsministers ins Kabinett, der sofort die militärischen Operationen in der Mandschurei ausweitete. Damit war die innenpolitische Wende abgeschlossen.

2. Gleichzeitig verschlechterte sich seit 1929/30 die Lage in der Mandschurei. Japan hatte seine Stellung im südlichen Teil des Landes weiter ausgebaut. Es verwaltete die Zone um die Eisenbahnen; es besaß das Recht zum Landerwerb, um die Bodenschätze auszubeuten; es siedelte Kolonisten an; es steckte erhebliche Investitionen in die Industrialisierung und unterhielt eine Garnison von 25 000 bis 30 000 Mann auf dem (für 99 Jahre gepachteten) Territorium der Halbinsel Liao-Tung[40], alles dies, ohne die formale Souveränität Chinas anzutasten. Die Situation veränderte sich, als China nach dem Sieg der Kuomintang dazu überging, im nördlichen Teil der Mandschurei wieder eine aktivere Politik zu verfolgen. So nahm es die Verwaltung in Griff, baute regelrechte Parallelbahnen zur japanisch beherrschten Südmandschurischen Eisenbahn, forcierte die chinesische Einwanderung und begann ebenfalls, Kapital zu investieren. Die dadurch erzeugte Unruhe der Japaner wurde verstärkt, als die Kuomintang in Mukden ein Büro zum Zweck der patriotischen Propaganda einrichtete, die sich zugleich massiv gegen den japanischen Einfluß richtete. Damit rückte das in Sicht, was das »Washingtoner System« verhindern sollte: ein japanisch-chinesischer Krieg. Der japanische Generalstab sah nur eine Möglichkeit: die militärische Eroberung der gesamten Mandschurei, eventuell als erste Etappe auf dem Weg zur Besetzung der Mongolei und Nordchinas. Auf jeden Fall hatte man die Rechtfertigung für die Invasion, die nach dem Zusammenbruch des Widerstandes Ende Februar 1932 zur Proklamation des japanischen Marionettenstaates Mandschukuo führte.

3. Die Tatsache, daß die Weltwirtschaftskrise den grundlegenden Zusammenhang zwischen Japans außenwirtschaftlichen Erwartungen und seiner konzilianten Außenpolitik während der 20er Jahre zerstörte, haben bereits die Zeitgenossen in aller Klarheit er-

kannt[41]. Die Erfolge der Exportexpansion gehörten zu den wenigen Lichtblicken in einer sonst von vielen Schwierigkeiten und Rückschlägen belasteten wirtschaftlichen Entwicklung[42], wobei sich insgesamt der Handel mit den USA besser entfaltete als mit China, was schon zu ersten Enttäuschungen Anlaß gab. Die Krise aber machte alle Erfolge zunichte. Wie überall erfuhr der für Japan so besonders wichtige Außenhandel einen schweren Einbruch; zwischen 1929 und 1931 kam es fast zu einer Halbierung seines Wertes (Tab. 13). Die Exporte in die USA sanken von 914,1 Mill. Yen 1929 auf 506,1 Mill. 1930 und 425,3 Mill. 1931 (entsprechend 42,5 %, 34,4 % und 37,1 % der Gesamtexporte). Dieser Rückgang ist weitgehend auf den Sturz der Preise zurückzuführen, von dem die Rohseide besonders hart getroffen wurde. Nach *Ohara* betrug 1929 der Preis für ein Pfund Rohseide in New York 6 Dollar; zwischen 1930 und 1932 aber nur noch 1,20 bis 1,50 Dollar[43].

Bedenkt man, daß 1930 und 1931 96 % der japanischen Rohseide in die USA exportiert und, noch bezeichnender, daß zwischen 1870 und 1930 nicht weniger als 40 % der gesamten Importe an Maschinen und Rohstoffen für den inländischen Bedarf mit den Erlösen aus dem Rohseideexport bezahlt wurden[44], läßt sich die Bedeutung der Krise für die wirtschaftliche und soziale Entwicklung Japans unschwer ermessen. Schließlich handelte es sich, wie bereits erwähnt, um das einzige bedeutende Exportgut Japans, das zu seiner Herstellung keiner importierten Rohstoffe bedurfte. Bleiben wir bei dem von *Lockwood* geprägten Bild, läßt sich ohne Übertreibung sagen, daß der »seidene Faden«, an dem die Wirtschaft Japans hing, nun zerriß. Nimmt man hinzu, daß der Wert der japanischen Exporte nach China, dem zweitwichtigsten Partner, sogar um mehr als die Hälfte zurückging, läßt sich die These begründen, daß aus der Sicht Japans unter diesen Umständen die materielle Grundlage des »Washingtoner Systems« nicht mehr existierte.

So blieb Japan nichts anderes übrig, als seine Stellung innerhalb der Weltwirtschaft auf eine neue Grundlage zu stellen, und zwar spätestens in der zweiten Hälfte des Jahres 1931. Die wichtigsten Elemente eines Alternativprogramms lagen im übrigen bereits vor: an erster Stelle die Industrialisierung der Mandschurei, die ja schon 1927/28 von der Regierung unter General *Tanaka* eingeleitet worden war. Um sie mit aller Kraft gegen chinesischen Widerstand voranzutreiben, war die militärische Eroberung unabdingbare

Voraussetzung. Tatsächlich machte die »Erschließung« der Mandschurei zwischen 1932 und 1939 gewaltige Fortschritte: Das Eisenbahnnetz wurde auf insgesamt 4000 km Länge ausgebaut und die Rohstoffgewinnung erheblich gesteigert[45]. Japans Exporte in die Mandschurei erreichten 1933 einen Anteil am Gesamtexport von 16 %, 1936 von 18,5 %, um schließlich 1938 auf über 30 % zu steigen (vgl. auch Tab. 18). Das japanische Anlagekapital verdoppelte sich innerhalb von sieben Jahren. Damit spielte China für den japanischen Außenhandel nun eine vergleichsweise untergeordnete Rolle, nicht zuletzt auch als Folge des nach der Besetzung der Mandschurei einsetzenden Boykotts japanischer Waren. So sank der Anteil Japans an den Importen Chinas von 25,5 % 1929 auf 9,9 % 1933, um dann wieder etwas zu steigen, ohne das alte Niveau zu erreichen[46]. Die Weltwirtschaftskrise und die dadurch verursachte Hinwendung zur territorialen Expansion bewirkten also das Ende der Fixierung Japans auf den chinesischen und, in abgeschwächter Form, auch auf den amerikanischen Markt.

Zugleich startete Japan eine erneute Exportoffensive, deren Hauptstoßrichtung in die Länder des Yen-Blocks (neben der Mandschurei vor allem Korea und Formosa) ging, also ganz in Übereinstimmung mit der angestrebten Errichtung einer von Japan dominierten »Großraumwirtschaft«. Folgerichtig stand am Anfang dieser Offensive die Aufgabe des Goldstandards und die Abwertung des Yen am 21. Dezember 1931, die überdies auf einem Niveau stattfand, das noch unter dem der Pfund-Abwertung lag und damit die Konkurrenzfähigkeit der japanischen Produkte, die wegen der seit 1929 ständig gedrückten Löhne schon erhebliche Vorteile gegenüber dem Export der anderen Industrieländer besaßen, weiter verbesserte[47]. Daraus erklärt sich, daß diese, von den »Zaitbatsu« (Großkonzernen) mit aller Skrupellosigkeit vorangetriebene Exportoffensive zunächst außerordentlich erfolgreich verlief, was um so bemerkenswerter ist, als 1932 und 1933 das Welthandelsvolumen zurückging.

Jedenfalls hatten die Konkurrenten auf dem Weltmarkt allen Grund, in Panik zu geraten. Während der Anteil Japans am Welthandel 1930 bei 3,5 % lag, erreichte er 1935 die 5 %-Marke. Auch die Qualität des Exports verbesserte sich. Lag der Anteil der Fertigwaren am Export 1929 bei 43,6 %, stieg er kontinuierlich bis 1934, um 61,9 % zu erreichen (Tab. 14). Außerdem fand eine Umschichtung der wichtigsten Exportgüter statt: So wurde die Rohseide aus ihrer Spitzenposition verdrängt (Anteil am Gesamtexport 1928 = 38,3 %; 1936 = 14,9 %); an ihre Stelle traten Baumwollgewebe. Der Anteil von Produkten der Metallindustrie, der 1932 noch unbedeutend war, nahm jetzt ständig zu. »In den Jahren seit 1932 ist die japanische Ausfuhr mannigfaltiger geworden und damit unempfindlicher gegen Preis- und Bedarfsschwankungen einzelner Warenmärkte. Mehr und mehr bilden die ›neuen Industrien‹ in Ein- und Ausfuhr ein Gegengewicht gegen den bis jetzt stark überragenden Textilexport«[48].

Dieser knappe Blick auf die folgende Entwicklung war nötig, um zu zeigen, daß sich die neue Orientierung, die mit territorialer Expansion und Yen-Abwertung eingeleitet wurde, kurzfristig voll ausgezahlt hat. Nach innen stärkte sie die Herrschaft der Militärs und trug überdies zur Minderung sozialer Spannungen bei. Tatsächlich profitierte die Landwirtschaft von der beschleunigten Industrialisierung insofern, als sie half, den Überschuß an Arbeitskräften zu absorbieren. Dasselbe Ergebnis hatte die verstärkte Emigration in die eroberten Gebiete. Divergenzen zwischen agrarischen und industriellen Interessen entstanden nicht mehr wegen des Prinzips der territorialen Expansion, sondern ihrer Modalitäten[49]. Die mit dieser Politik verbundene Privilegierung der Rüstungsindustrie hatte, wie in vielen Ländern Europas auch, einen beträchtlichen Anteil am wieder einsetzenden wirtschaftlichen Aufschwung und, wichtiger noch, an der Umstrukturierung und Modernisierung des Industriesektors mit Hilfe eines noch engeren Zusammenwirkens von Staat und Wirtschaft, um Konzentration und Rationalisierung voranzutreiben[50].

Von Anfang an war klar, daß die neue Expansionsstrategie sowohl eine antienglische als auch eine antiamerikanische Spitze enthielt und damit das Konfliktpotential in Südostasien erhöhte. Aber ebenso deutlich ist geworden, daß diese Entwicklung erst von dem Augenblick ab stattfinden konnte, als feststand, daß die während der 20er Jahre verfolgte Politik der Konzilianz und Kooperation gescheitert war, weil ihre wichtigste Voraussetzung, ein wenigstens annähernd funktionierender Weltmarkt als ein wichtiges Mittel zur Krisenüberwindung, nicht mehr bestand.

b) Die Reaktion der USA und Englands. Der Zusammenbruch des »Washingtoner Systems« war aber nicht nur eine Folge der Weltwirtschaftskrise und der Aggressionspolitik Japans; auch die USA als Hauptstützungsmacht und England tragen ein gerüttelt

Maß an Verantwortung. Die Londoner Flottenkonferenz, die Japan noch einmal rüstungspolitisch »einzubinden« vermochte, stellte den letzten Erfolg einer gemeinsamen Ostasienpolitik dar. Von nun ab gingen die Wege der beiden Mächte in dieser Region auseinander. Vor allem aber war es Japans Invasion in die Mandschurei, die den Grundwiderspruch der amerikanischen Ostasienpolitik voll aufbrechen ließ[51]. Schon in den 20er Jahren war es den USA, wie wir gesehen haben, nicht gelungen, ökonomische und politische Ziele im Fernen Osten in einer Weise zu koordinieren, daß die wichtigste Absicht des Neun-Mächte-Vertrags, die Stabilisierung Chinas, erreicht worden wäre. Eine bloß moralisch-verbale Unterstützung *Tschiang Kai-scheks* genügte nicht. Dieses Versäumnis rächte sich während der Mandschurei-Krise, als die USA nichts unternahmen, um Japan von der Aggression abzuhalten oder China zu Hilfe zu kommen. Genau diese Nicht-Entscheidung war es, die gegen die Logik des »Washingtoner Systems« verstieß und ihrerseits dazu beitrug, ihm die Existenzgrundlage zu entziehen. Darüber hinaus hatte das Lavieren zwischen Japan und China das »Open-Door«-Ideal zur Farce werden lassen, bevor die Mandschurei-Krise ihm den Todesstoß versetzte. Daran änderte auch der Beschluß Washingtons nichts, dem Marionettenstaat Mandschukuo die diplomatische Anerkennung zu verweigern.

Die Ursachen für dieses unentschiedene Verhalten der USA liegen tiefer. Während der 20er Jahre hatten sich die amerikanischen Geschäftskreise bereits so stark an Japan orientiert, daß ihnen an der Verwirklichung der »Open-Door« in China nicht mehr viel lag. Die wirtschaftlichen Interessen der USA in der Mandschurei waren bedeutungslos. Diese Kreise erachteten die japanischen Ambitionen in Südostasien, insbesondere in China, für ebenso »legitim« wie diejenigen der USA in Lateinamerika oder Kanada. Der Anblick eines kapitalistischen, sich rasch modernisierenden Japan beeindruckte mehr als China, dessen revolutionäre Konvulsionen noch immer nicht beendet schienen.

So verwundert es nicht, wenn sich Präsident, Kabinett, Außen- und Handelsministerium sowie die Mehrheit im Senat gegen kollektive oder einseitige Sanktionen (ökonomische und/oder militärische) gegen Japan aussprachen. *Hoover* und sein Außenminister Henry L. *Stimson* wußten, daß angesichts der großen Zurückhaltung, die England und Frankreich an den Tag legten, im Rahmen des Völkerbundes keine Maßnahmen gegen Japan ergriffen würden. *Stimson* hatte ursprünglich sogar daran gedacht, an solchen Maßnahmen mitzuwirken[52]. Dann war er nicht einmal bereit, der vom Völkerbund in die Mandschurei entsandten Untersuchungskommission einen offiziellen Repräsentanten der USA beizugeben und dies auch noch mit dem Argument, man dürfe nichts gegen den Willen Japans unternehmen. Im Grunde hatte sich das State Department damit abgefunden, daß die Mandschurei unter japanische Hoheit fiel. Heraus kam lediglich die sog. »Stimson-Doktrin«, die sich mit einer moralischen Verurteilung und einer Nicht-Anerkennung der Eroberung begnügte, was *Hoover* bereits zu weit ging[53]. Diese Reaktion war nicht geeignet, Japan in irgendeiner Weise zu beeindrucken.

Die Mandschurei-Krise läutete aber auch für England eine Stunde der Wahrheit ein. Noch von der Finanzkrise geschwächt, sah es sich von nun an einer neuen weltpolitischen Konstellation gegenüber, die seine in den 20er Jahren entwickelten außenpolitischen Grundorientierungen aufs schwerste erschütterte[54]: die konkrete Herausforderung und Bedrohung seiner beträchtlichen politischen, strategischen und ökonomischen Interessen im Fernen Osten durch Japan und zum anderen eine Situation in Europa, die seit 1930/31 weiter als jemals zuvor von einem Ausgleich entfernt war und wo ohne große Prophetengabe auch in Deutschland eine nationalistisch-militaristische Wende vorausgesehen werden konnte. Da man sich außerstande fühlte, auf diese doppelte Herausforderung gleichzeitig und gleichmäßig zu antworten, rückte nun die ziemlich absurde Frage in den Mittelpunkt einer endlosen Diskussion, wer von beiden, Japan oder Deutschland, als »Hauptfeind« zu gelten habe – eine Frage, von deren Beantwortung immerhin die rüstungspolitischen Grundoptionen abhingen. Das Dilemma lag darin, daß sie nicht eindeutig beantwortet wurde und, mehr noch, wohl auch gar nicht eindeutig beantwortbar war.

Diesem Dilemma versuchte man dadurch zu entgehen, daß, zunächst gegenüber Japan, später gegenüber Deutschland, das praktiziert wurde, was *Schmidt* treffend eine »Doppelstrategie« nennt: einerseits eine Politik des Abwartens, die Suche nach Zeitgewinn, um erforderliche Rüstungsmaßnahmen vorzubereiten und gegebenenfalls angesichts einer überaus renitenten »öffentlichen Meinung« auch durchzusetzen; andererseits das Angebot von Verhandlungen, nicht zuletzt in der Hoffnung, eine mäßigende Wirkung auszuüben. Die Politik des »Appeasement« war geboren.

Da auf eine Unterstützung durch die USA nicht zu rechnen war[55], sich aber auch die Dominions nicht bedingungslos den englischen Sicherheitsinteressen unterordneten, blieb kaum eine andere Wahl, als sich im widersprüchlichen Kräftefeld USA–Europa–Ferner Osten hindurchzulavieren. Das galt insbesondere dann, wenn sich England, wie in der Vergangenheit, weder gegenüber den USA noch gegenüber Frankreich festlegen wollte, um auf diese Weise einen Rest an eigenständigem Handlungsspielraum zu behalten. Im Moment der Mandschurei-Krise hieß das nichts anderes, als Japan, wenigstens vorübergehend, freie Hand zu lassen. Aber es war klar, daß der Zusammenbruch des »Versailler« wie des »Washingtoner Systems« zwangsläufig dazu führen mußte, diesen Handlungsspielraum Englands in beiden Weltregionen auf Dauer weiter einzuschränken.

VI. Schlußbetrachtung: 1931 – »annus terribilis«

1. Unsere Untersuchung ging der Frage nach, wie es geschehen konnte, daß der Versuch, eine durch Krieg und soziale Umwälzungen tief erschütterte Welt wieder aufzubauen, nicht nur erfolglos blieb, sondern erneut in eine globale Krise mündete, die jenen Kräften den Weg öffnete, die eine weitaus größere Katastrophe vorbereiteten, als sie der Erste Weltkrieg dargestellt hatte. Die Rekonstruktion also ein einziger Pyrrhus-Sieg, mehr noch: ein historisches Lehrstück für die Ohnmacht menschlicher Bemühungen? Ein Musterbeispiel dafür, in welchem Maße Politik zur Sisyphusarbeit par excellence wird? Zwar scheint es, als lägen diese Jahre zwischen 1924 und 1931, in denen die Weichen für Frieden oder Krieg gestellt wurden, im tiefen Nebel der Vergangenheit. Bezeichnenderweise trägt die Distanz in diesem Fall keineswegs dazu bei, den Betrachter zu beruhigen. Auch wenn es unbestreitbar ist, daß es sich um eine historisch einmalige Periode handelt, reicht das, was sich an Parallelen zur Gegenwart aufdrängt, aus, um die Gründe für das damalige Scheitern ernster zu nehmen, als dies üblicherweise bei der Beschäftigung mit historischen Erfahrungen geschieht.

An erster Stelle steht der Eindruck, daß zwischen Krisenursachen und den Methoden zu ihrer Überwindung, auch während der Phase der sog. »relativen Stabilität«, eine Kluft bestand, die nicht nur nicht überbrückt wurde, sondern sich zunehmend verbreiterte. Die Therapie griff nicht, weil die Diagnose oder das, was man davon zu akzeptieren gedachte, zu oberflächlich blieb. Bei der Analyse jener Jahre stößt man in der Tat auf ein altes Gesetz, das besagt, daß diejenigen, die ein Interesse an der Aufrechterhaltung der eigenen Herrschaft haben, dazu neigen, die Notwendigkeit von Veränderungen herunterzuspielen. Sie könnten ja sonst zu Konsequenzen kommen, die mit eben dieser Herrschaft unvereinbar sind.

Nichts ist so sehr geeignet, diesen einfachen Zusammenhang zu verschleiern, wie der Ruf nach »Rückkehr zur Normalität«, der den Maßstab allen Handelns angab und damit von Anfang an jene gesellschaftlichen Kräfte privilegierte, die nicht den Bruch, nicht einmal den Willen zu substantiellen Veränderungen, sondern die

Kontinuität verkörperten. Das trat in allen kapitalistischen Industrieländern ein, in welcher konkreten Form auch immer. Diese Kräfte, die schon an der Entfesselung des Weltkriegs nicht unschuldig waren, hatten alles Interesse daran, ihn mit allen seinen für sie negativen Folgen ungeschehen zu machen. »Rückkehr zur Normalität« hieß, zumindest annäherungsweise, Wiederherstellung des Vorkriegszustands. Dabei half der von ihnen selber genährte nostalgische Mythos vom »Goldenen Zeitalter« kräftig nach. Er vermittelte jene ideologische und soziale Basis, gegen die nur mit größter Mühe anzukommen war, obwohl der Gedanke, daß es gerade dieses vermeintliche »Goldene Zeitalter« gewesen ist, das den größten Vernichtungskrieg in der Geschichte der Menschheit hervorgebracht hatte, doch so nahe lag. Die »Rückkehr zur Normalität« war doppelt wertvoll: Sie beruhigte das Gewissen der Konservativen und befreite sie von der Aufgabe einer angemessenen Analyse der Krisenursachen. Die Restauration des Gold(devisen)standards war der perfekte Ausdruck dieses Verhaltens.

Zum anderen zeigt unsere Untersuchung, daß diejenigen in Europa, aber auch in Japan, die den Wiederaufbau von Wirtschaft und Gesellschaft, national wie international, unter dem Motto der »Rückkehr zur Normalität« in Angriff nahmen, eine ebenso unerwartete wie nachdrückliche Unterstützung von jener Macht erhielten, die als einzige wirklich die Mittel dazu hatte: die USA. Trotz vieler interner Gegensätze, die nicht selten sogar zu einer Schwächung, zumindest aber zu einer Unklarheit außenpolitischer Orientierungen führte, herrschte zwischen den führenden Vertretern von Politik, Wirtschaft und Hochfinanz doch Einmütigkeit darüber, daß die Prosperität des Landes aufs engste mit der Stabilisierung der Verhältnisse in Europa und nicht weniger in Südostasien verbunden war. So kam es zu einem Engagement, das im Fernen Osten im Rahmen einer vertraglich untermauerten Neuordnung, in Europa vornehmlich mit finanziellen und wirtschaftlichen Mitteln stattfand, wobei beide Strategien insoweit konvergierten, als sie die weltwirtschaftliche Dominanzposition der USA abstützen sollten. Der von den Zeitgenossen sofort durchschaute Grundwiderspruch, der darin lag, daß die am weitesten entwickelte kapitalistische Ökonomie der Welt zwar nach außen zum Vorteil der eigenen Reproduktion das Prinzip freier Märkte durchzusetzen versuchte, sich gleichzeitig aber mit Hilfe einer

Hochschutzzollpolitik von eben diesen Märkten abschirmte, verhinderte, daß der Weltmarkt, wie in den 1950er und 60er Jahren, für die Überwindung von Schwierigkeiten in den nationalen Wirtschaften eine eigenständige Rolle spielte.

Daß die zur Absicherung der weltwirtschaftlichen Dominanzposition verfolgten Strategien unterschiedlich ausfielen, ergab sich aus der unterschiedlichen Situation, wie sie in den beiden Hauptregionen der Welt herrschte. Ein politisches, vielleicht sogar völkerrechtlich verbindliches Engagement kam in Europa deshalb nicht in Frage, weil es zu dem geführt hätte, was die USA am meisten verabscheuten: zu einer Verwicklung in die innereuropäischen Konflikte. Außerdem hätte ein solches Engagement eine enge Bindung an die wichtigste regionale Stützungsmacht, Frankreich, bedeutet. Schließlich hätten die USA zwischen Frankreich und England vermitteln müssen, was sich schon deshalb erübrigte, weil sie es ja waren, die von diesen Gegensätzen am meisten profitierten. In Südostasien dagegen lagen die Dinge ganz anders. Hier hing die Neuordnung entscheidend von einem Gleichgewicht zwischen den oft antagonistischen Interessen einmal zwischen den USA und der traditionellen Vormacht England und zum anderen zwischen Japan und China ab. Wichtigste Grundlage dieses Gleichgewichts und zugleich sein bester Garant war konsequenterweise eine Abrüstungsvereinbarung, die das Wettrüsten (im Bereich der Schlachtschiffe) als mögliche gefährliche Konfliktursache ausschaltete und zugleich, durch Anerkennung eines bestimmten Kräfteverhältnisses, das darstellte, was man heute als »vertrauensbildende Maßnahme« bezeichnet. Die Washingtoner Verträge verpflichteten alle Unterzeichnermächte, aktiv an der Erhaltung der neuen Ordnung mitzuwirken.

Die Konkretisierung der beiden Strategien aber wich, wie so oft in der Geschichte, weit von den ursprünglichen Zielen ab, wies damit neue Widersprüche auf und wirkte, in beiden Weltregionen, schließlich destabilisierend. Hauptgrund war eine bezeichnende Parallelität der amerikanischen Politik: ihre Fixierung auf zwei privilegierte Partner – Deutschland in Europa, Japan im Fernen Osten, also ausgerechnet auf jene beiden Mächte, die wenig später den Zweiten Weltkrieg vom Zaun brechen sollten. Was mit Hilfe dieser beiden Partner in den 20er Jahren an Stabilisierung erreicht werden sollte, wendete sich in den 30er Jahren in das glatte Gegenteil. Über dieses Paradoxon kann man nicht genug nachdenken.

Wer, wie viele Historiker es tun, die Entwicklung während der beiden Jahrzehnte dieser im wahrsten Sinn des Wortes »Zwischenkriegszeit« trennt, nicht zuletzt wegen der in der Tat einschneidenden Weltwirtschaftskrise, vergibt die Chance, diesem zutiefst irritierenden Phänomen auf die Spur zu kommen. Wer aber, wie es in dieser Untersuchung geschieht, die Ursachen künftiger Entwicklungen *in den Modalitäten der Stabilisierungspolitik* selbst sucht, so wie sie unter dem Vorzeichen der »konservativen Offensive« vor allem während der zweiten Hälfte der 20er Jahre praktiziert wurde, kommt einer Erklärung vielleicht etwas näher.

Zunächst konnte der außerordentlich begrenzte Charakter dieser Stabilisierungspolitik herausgearbeitet werden, wie sie nicht zuletzt von den USA anderen Ländern aufgedrängt wurde, vornehmlich mit dem Mittel der Einführung des Gold(devisen)standards, die ja die Bedingung für das finanzielle Engagement in Europa darstellte. Dieser Schritt hatte weitreichende Folgen. Ganz im Sinn der einzigartigen Gläubigerposition der USA und der Funktion des Dollar als faktischer Weltleitwährung zwang er die Regierungen, der Währungspolitik absolute Priorität einzuräumen und damit einer deflationistischen Haushaltspolitik mit allen innergesellschaftlichen Belastungen, die von der Einkommensumverteilung »von unten nach oben« bis zu verzögerter oder unzureichender struktureller Anpassung reichten. Freilich kamen die konservativen Herrschaftseliten, z. T. wider besseres Wissen, diesem Verlangen der USA weitgehend entgegen, weil es ihren eigenen Vorstellungen entsprach.

In Wahrheit erwies sich diese Art von Währungsstabilisierung als ein Panzer, der den wirtschafts- und sozialpolitischen Handlungsspielraum der nationalen Regierungen, besonders in Deutschland und Japan, auf verhängnisvolle Weise einschränkte. Nimmt man hinzu, daß, wie wir sagten, von der Weltwirtschaft kaum Stabilisierungsimpulse ausgingen, daß, darüber hinausgehend, gerade Deutschland und Japan nicht jene Stellung in der internationalen Arbeitsteilung erreichten, die sie für die Entwicklung ihrer Wirtschaft als unverzichtbar erachteten, wird deutlich, daß damit auch der unbedingt erforderlichen Stärkung jener Kräfte in beiden Ländern, die den Ausgleich nach innen wie nach außen nicht zuletzt mit Hilfe des Weltmarktes suchten und damit ein Gegengewicht zu den nationalistischen, binnenmarktorientierten Gruppierungen bilden konnten, enge Grenzen gesetzt wurden. Hier und nicht in der Reparationsfrage lag *einer* der wichtigsten Gründe dafür, daß die Stabilisierung in Deutschland, ökonomisch und politisch, nicht die notwendigen Erfolge zeitigen konnte. Diese Zusammenhänge harren noch immer einer genaueren Analyse, als sie in dieser Untersuchung möglich war.

Am meisten aber fällt ins Gewicht, daß nicht zufälligerweise von allen Industrieländern ausgerechnet die beiden privilegierten Partner am tiefsten in Abhängigkeit von den USA gerieten. Tatsächlich erwies sich das ursprüngliche, mehr oder weniger bewußte Kalkül der Republikanischen Regierungen, sich beim Werk der Rekonstruktion auf die beiden in ihrer Region stärksten Ökonomien zu stützen, als verhängnisvoller Irrtum. Schon damals bildete sich eine Art Urform dessen heraus, was man später, Anfang der 70er Jahre, als »Trilateralismus« bezeichnen sollte. Das Drama bestand nun, übrigens damals wie heute, darin, daß für diese Abhängigkeit, die zunächst die Rekonstruktion begünstigte, im Lauf der Zeit ein hoher Preis gezahlt werden mußte. Die Gefahr wurde immer deutlicher erkennbar und von vielen Zeitgenossen auch angeprangert, daß die künftige Entwicklung der beiden Wirtschaften nicht nur in den Sog der amerikanischen Konjunktur geraten, sondern langfristig nur noch in Funktion zu einer von den USA dominierten internationalen Arbeitsteilung stattfinden könnte, was zwangsläufig zu einer gewissen »Peripherisierung« führen müßte. Ende der 20er Jahre wurde dieses Argument auch in beiden Ländern gegen die Regierungen ins Feld geführt, die trotz allem eine eher gemäßigte Politik auf dem Boden des »Versailler« und »Washingtoner Systems« zu verfolgen versuchten. Wer in Deutschland und in Japan in dieser Zeit die amerikafreundliche Einstellung der Regierungen kritisierte, stellte folgerichtig beide Systeme mit den ihnen innewohnenden Ordnungsvorstellungen in Frage.

2. Die Weltwirtschaftskrise hat dann alle negativen Auswirkungen der Stabilisierungspolitik ins Bewußtsein gehoben und sie zugleich auf dramatische Weise verschärft. Was schon während der zweiten Hälfte der 20er Jahre kaum mehr als ein Kartenhaus war, brach nun vollends zusammen. Es raubte allen denen, die auf diese Art von Stabilisierung gesetzt hatten, jede Perspektive, ein Umstand, der zum Leidwesen der betroffenen Menschen von der konservativen Führungselite nicht nur nicht begriffen, sondern geleugnet wurde. Im Gegenteil: voller Selbstgerechtigkeit verschärfte sie die Deflationspolitik als Mittel der Krisenüberwindung; in allen

Industrieländern vollzog sie eine entschlossene »Flucht nach hinten«. Das offensichtliche Scheitern dieser Politik besiegelte, vorläufig, das Schicksal der »konservativen Offensive«. In den führenden westlichen Industrieländern bedeutete das nicht zugleich das Ende des demokratischen Regimes. Entweder besaßen sie die Kraft zu einer alternativen Krisenüberwindungsstrategie (*Roosevelts* »New Deal«; Volksfront in Frankreich), mit welchem Erfolg auch immer. Oder, wie in England, die Konservativen trennten sich von liebgewordenen Vorstellungen (Pfund-Abwertung).

Diese Möglichkeiten aber gab es weder in Deutschland noch in Japan. In Deutschland war gerade die Große Koalition gescheitert; in Japan gab es links von den regierenden Liberal-Konservativen keine nennenswerten organisierten politischen Kräfte. In beiden Ländern blieb daher nur der Weg zum autoritären Staat, der die nationalistisch-militaristische Alternative ungehindert zur Entfaltung brachte. In Deutschland war dazu nur eine Verlagerung innerhalb des konservativ-deutschnationalen Blocks nötig; in Japan standen die Militärs zur Machtübernahme bereit.

Die wichtigste Aussage unserer Untersuchung ist darin zu sehen, daß diese »Wende« in beiden Ländern vom gleichzeitigen Zerfall der beiden Ordnungssysteme in Europa und Südostasien nachdrücklich gefördert worden ist. In Wahrheit sind beide Vorgänge unentwirrbar miteinander verwoben und haben sich gegenseitig beeinflußt. Ihren Auslöser aber fanden sie im weltwirtschaftlichen Niedergang der USA, die, ob sie es wollten oder nicht, mit der Wahl Deutschlands und Japans als privilegierten Partnern *objektiv* die Rolle einer »Scharnier-Macht« zwischen beiden Systemen übernommen hatten und folglich in dem Augenblick, da die Weltwirtschaftskrise die materielle Grundlage dieser Rolle weitgehend zerstörte, auch das Ende der beiden Systeme besiegelt war. So war es ganz natürlich, wenn in den USA der inneren Krisenüberwindung ohne Rücksicht auf die sich daraus ergebenen Konsequenzen für Weltwirtschaft und Weltpolitik, insbesondere für die bisherigen privilegierten Partner, absoluter Vorrang zukam, was zugleich die außenpolitischen Einflußmöglichkeiten einschränkte und damit den anderen Ländern, an ihrer Spitze Deutschland und Japan, die Verfolgung einer aggressiv-nationalistischen Krisenüberwindung erleichterte.

Die Ereignisse des Jahres 1931 markierten, wie gezeigt, das endgültige Scheitern des Versuchs einer Rekonstruktion von Weltwirtschaft und Weltpolitik. Von alledem, was in den 20er Jahren angestrebt worden war, blieb nichts mehr übrig. Als die Bankenkrise im Sommer dieses Jahres ihren Höhepunkt erreichte, zeigte sich, welches Ausmaß das Werk der allgemeinen Auflösung angenommen hatte. Die USA hatten in ihrer Eigenschaft als »Scharnier-Macht« die Szene verlassen. Letzte Reste einer Koordinierung der Notenbanken verflüchtigten sich. Die Weltwirtschaft zerfiel in Währungs- und Wirtschaftsblöcke; die Außenhandelspolitik verkam als Instrument zur Durchsetzung politisch-strategischer Interessen. Das plötzliche Ende der deutschen Reparationen, die die Welt mehr als zehn Jahre in Atem gehalten hatten, zeigte keinerlei positive Wirkungen auf Weltwährung und Weltwirtschaft, nicht einmal auf die eigene Wirtschaft.

Frankreich, das 1931 noch einmal von seiner finanziellen Macht profitiert hatte, geriet in den Sog der Weltwirtschaftskrise, die nicht zuletzt dadurch, daß sie dem Bündnissystem die ökonomische Grundlage entzog, der europäischen Vormacht die Erfüllung ihrer Aufgabe als Garant des Status quo immer unmöglicher machte. Angesichts dieser trostlosen Situation konnte ein so angesehener und klarsichtiger Beobachter wie Arnold *Toynbee* im Vorwort des von ihm herausgegebenen Jahrbuchs *Survey of international Affairs* (1932) schreiben, daß nicht 1914, nicht einmal 1917, sondern 1931 ein wahrer »Annus terribilis«, ein schreckliches Jahr, gewesen sei: Seit 1683, seit der Belagerung Wiens durch die Türken, sei die »westliche Zivilisation« von keiner Gefahr bedroht gewesen, wie sie in diesem Jahr sichtbar geworden sei. Was tatsächlich eintrat, hat dieses düstere Urteil mehr als bestätigt.

3. Zum Schluß soll die am Anfang gestellte Frage nach den Parallelen zur Gegenwart erneut aufgegriffen werden. Am stärksten fällt ins Auge, daß heute wie in den Jahren zwischen 1930 und 1932 der Versuch einer Krisenüberwindung in den wichtigsten kapitalistischen Industrieländern (USA, England, Bundesrepublik) unter dem Vorzeichen einer »konservativen Offensive« stattfindet. Aber Methoden und Ziele von damals und heute stimmen nicht überein: Zwischen *Hoover* und *Reagan*, zwischen *Brüning* und *Kohl*, zwischen der »Nationalen Union« und M. *Thatcher* gibt es einen wesentlichen Unterschied. Zwar wird erneut auf traditionelle Elemente einer vorkeynesianisch-deflationären Politik zurückgegriffen (»Austerität«, also Belastung von Löhnen und Gehältern; Abbau der Staatsverschuldung durch Einschränkung staatlicher

Sozialleistungen; Ausgleich des Haushalts; restriktive Finanzpolitik), wirtschaftspolitisch sozusagen auf konservatives Urgestein.

Andererseits erfährt diese Politik heute eine bezeichnende Ergänzung durch die Einführung angebotsorientierter Ziele und Instrumente zugunsten der Kapitalseite, um auf diese Weise eine gravierende Ursache der Krise, den Rückgang der produktiven Investitionen, zu bekämpfen – ein Aspekt, der zwischen 1930 und 1932 weitgehend fehlte. Tatsächlich geht es heute letztlich darum, einen Prozeß der Umstrukturierung und Anpassung der nationalen Volkswirtschaften an veränderte weltwirtschaftliche Rahmenbedingungen, also die internationale Wettbewerbsfähigkeit, insbesondere der gegenwärtigen Wachstumsbranchen, die die »dritte technologische Revolution« seit Beginn der Industrialisierung tragen, mit allen Mitteln zu fördern. Insofern haben die konservativen Regierungen die Konsequenz aus der Tatsache gezogen, daß es sich heute um eine Krise der Kapitalverwertung selber handelt.

Hier stoßen wir auf den entscheidenden Unterschied zur Weltwirtschaftskrise von 1929, der alle Vergleiche in die Irre führt. Damals handelte es sich (im Kern auch noch in den USA) um die Krise eines extensiven Wachstumsmodells. Es war dadurch gekennzeichnet, daß die Profite der Unternehmer schneller anstiegen als die Einkommen der Verbraucher. Mithin handelte es sich um eine Krise der »Realisierung«: Der Absatz ging langsamer vonstatten als das Ansteigen der Produktivität – eine Situation, die zwangsläufig zu Überproduktion und Spekulation als auslösenden Momenten der Krise führen mußte, und zwar dort zuerst, wo die Widersprüche dieses Wachstumsmodells am größten waren: in den USA. Hier war man dabei, es zu überwinden, ohne daß der Schritt zur nächsten Stufe kapitalistischer Verwertung in Gestalt intensiven Wachstums, also die volle Durchsetzung des »Fordismus«, wirklich vollzogen worden wäre.

Das geschah im Verlauf der langen Expansionsphase während der 50er und 60er Jahre. Das sich nun in den führenden kapitalistischen Industrieländern herausbildende und vollendende Wachstumsmodell zeichnete sich im Gegensatz zu seinem Vorgänger in der Zwischenkriegszeit dadurch aus, daß Wachstum im Rahmen des Wohlfahrtsstaats auf der Grundlage produktivitätsorientierter Lohnsteigerungen stattfinden konnte und damit durch bessere Einkommensverteilung, effizientere Arbeitsorganisation, gewisse Formen einer Zusammenarbeit von Kapital und Arbeit, eine tendenzielle Abschwächung sektorieller Disparitäten und vor allem eine sich ständig vertiefende internationale Arbeitsteilung innerhalb eines kontinuierlich expandierenden Weltmarktes eine neue Qualität der kapitalistischen Produktionsweise erreicht wurde. Der Grundwiderspruch dieses Modells, der sich bereits gegen Ende der 60er Jahre, also lange vor der drastischen Erhöhung der Erdölpreise, zeigte, bestand in der Möglichkeit eines gravierenden Absinkens der Kapitalrentabilität. Genau das trat ein, nicht zuletzt auch als Folge steigender Sozial- und Arbeitskosten, vor allem dann, wenn die Nominallöhne schneller wuchsen als die Produktivitätsgewinne.

Dieser Widerspruch erhielt weitere Nahrung dadurch, daß sich die Produktionsnormen im Konsumgütersektor rascher erneuerten als im Sektor der Ausrüstungsgüter, während in anderen Bereichen der Wirtschaft (Bau; tertiärer Sektor) der Schritt zur intensiven Reproduktion nur zögernd vollzogen wurde. Damit kam es zu einem Rückgang der durchschnittlichen Produktivität und folglich der Profitraten, was wiederum die Investitionsbereitschaft einschränken mußte. Die Herausbildung von Elementen einer »neuen internationalen Arbeitsteilung« verschärfte den Importdruck auf die traditionellen Branchen in den entwickelten Industrieländern, die gleichzeitig untereinander (im Dreieck USA–Westeuropa–Japan) die Konkurrenz um Weltmarktanteile ständig intensivierten.

Wieder, wie 1929, zeigten sich die Krisenelemente in der entwickeltsten kapitalistischen Wirtschaft, in den USA, zuerst. Im Gegensatz zu damals treten heute politische und strategische Aspekte (Vietnam; verschärfter Konflikt mit der Sowjetunion) hinzu und stellen die Vormachtstellung der USA in Frage. Die »konservative Offensive«, wie sie von der Regierung Reagan mit großer Entschlossenheit verfolgt wird, zielt darauf ab, diese Vormachtstellung auf allen Gebieten wiederherzustellen, wobei, ähnlich wie in den 20er Jahren, das Eigeninteresse zu Lasten der Verbündeten, vor allem aber der Dritten Welt, eindeutig dominiert. Im Gegensatz zum »New Deal« der 30er Jahre, der erst spät die weltwirtschaftliche Dimension der Krisenüberwindung ins Auge faßte, steht sie heute im Vordergrund der Bemühungen, freilich nicht mit der Absicht, Weltwirtschaft und Weltpolitik zu restabilisieren, als vielmehr zum Zweck ihrer Unterordnung unter die ökonomischen und politisch-strategischen Ziele einer zurückzugewinnenden Weltführungsrolle.

Hier liegt das Neue der gegenwärtigen weltgeschichtlichen Situation: Der Versuch der westlichen Vormacht, die Wirtschaftskrise mit Hilfe einer neokonservativen Politik, die Krise der globalen Sicherheit durch massive Rüstungsanstrengungen zu überwinden, wobei beide Strategien nur zwei Seiten derselben Medaille darstellen, birgt die Gefahr einer doppelten Destabilisierung in sich. Der Rückgriff auf neokonservative Maßnahmen zur Erleichterung des Strukturwandels bedeutet, die damit verbundenen hohen sozialen Kosten und folglich die Verschärfung gesellschaftlicher Spannungen vor allem in Ländern, in denen dieser Anpassungsprozeß mit enormen Anstrengungen verbunden ist, in Kauf zu nehmen. Dabei verstärkt sich die Tendenz, daß jedes Land, die USA an der Spitze, sich selbst am nächsten ist und auf diese Weise die weltwirtschaftlichen Auswirkungen dieser Politik (z. B. in Gestalt eines stark überbewerteten Dollars) mißachtet. Weniger entwickelte Länder, insbesondere die Gesamtheit der Dritten und Vierten Welt, zahlen die Zeche. Die sich daraus ergebene Verschärfung regionaler und branchenspezifischer Disparitäten vertieft die Widersprüche des bestehenden Wachstumsmodells. Andererseits ist, im Gegensatz zu den 30er Jahren, eine alternative Krisenüberwindungsstrategie jenseits von Konservativismus und überholtem Keynesianismus auch nicht in Umrissen in Sicht. Dazu wäre eine einschneidende Veränderung der bestehenden gesellschaftlichen Machtverhältnisse erforderlich. Zugleich tragen Supermacht-Konfrontation und Rüstungswettlauf dazu bei, jene innergesellschaftlichen wie internationalen Verhältnisse zu zementieren, die gerade die Ursache der Krise sind.

An diesem Punkt der Reflexion angekommen, ist es gut, sich daran zu erinnern, daß die Doppelkrise von Weltwirtschaft und Weltpolitik in den 30er Jahren durch keine wie immer geartete Politik überwunden worden ist. Bereits 1937/38 fand ein erneuter Konjunktureinbruch, vor allem in den USA, statt. Nachdem die Revisionsmächte Deutschland und Japan die wachsenden Schwierigkeiten durch beschleunigte Aufrüstung und schließlich gewaltsame Expansion zu lösen versuchten, waren auch die demokratischen Westmächte gezwungen, ihre Rüstungsanstrengungen zu intensivieren, was keineswegs zur Überwindung der Wirtschaftskrise beigetragen hat. So liegt die deprimierendste Erfahrung jener Jahre in der Tatsache, *daß die Doppelkrise von Weltwirtschaft und Weltpolitik erst durch den Zweiten Weltkrieg bewältigt wurde*, der *die Voraussetzungen für die Expansionsphase der 50er und 60er Jahre, aber auch für den neuen globalen Konflikt zwischen West und Ost wie zwischen Nord und Süd geschaffen hat.*

Anmerkungen

Kapitel I

1 Vgl. aus der umfangreichen Lit.: J. B. Condliffe, The Reconstruction of World Trade, N. Y. 1940; H. W. Arndt, The Economic Lessons of the Nineteen-Thirties, London 1944.
2 Vgl. z. B. M. Debré, 1929–1983, in: Le Monde, 15. 9. 1982. So benutzt der erste Premierminister unter Staatspräsident de Gaulle die Erinnerung an die Krise von 1929, um gegen die Politik Mitterrands zu polemisieren. Immerhin enthält der Artikel einen bemerkenswerten Satz: »Wenn es 1929 eine nicht beherrschte wirtschaftliche Depression war, die die Welt in den Krieg geführt hat, so ist es 1983 ein nicht beherrschter Kriegszustand [gemeint ist die Überrüstung der Supermächte, G. Z.], der uns zur wirtschaftlichen Depression verurteilt. Und die wirtschaftliche Depression verschlimmert den Kriegszustand.«
3 Aus der Fülle der Veröffentlichungen vgl. T. Wilson, 1929–30, Could it Happen Again? in: The Three Banks Review (London) 128. Dez. 1980; W. Fautz, Wiederholt sich die Depression von 1929–1933? in: Schweizerischer Bankverein, Der Monat 10/1982; viel weniger optimistisch (o. v.), The Last Great Depression and the Next, in: International Currency Review (London) 4. 1979.
4 Vgl. A. Schubert, Von der Verschuldungskrise zum internationalen Finanzchaos? In: U. Albrecht u. a. Hg., Weltpolitik. Jahrbuch für internationale Beziehungen 2, Frankfurt 1982.
5 M. Friedman u. A. J. Schwartz, A Monetary History of the United States, 1867–1960, N. Y. 1963; vgl. auch das Hauptwerk Friedmans unter dem bezeichnenden Titel: Capitalism and Freedom, Chicago 1962.
6 D. H. Aldcroft, Britische Währungspolitik u. Wirtschaftstätigkeit in den 1920er Jahren, in: H. Winkel Hg., Finanz- u. wirtschaftspolitische Fragen der Zwischenkriegszeit, Berlin 1973, 120.
7 W. Fischer, Lehren aus der Geschichte. Wirtschaftspolitik einer vergangenen Epoche im Spiegel unserer Zeit, in: FAZ, 16. 10. 1982, 15.
8 A. G. Frank, Die gegenwärtige Krise u. die Perspektiven des Weltsystems, in: J. Blaschke Hg., Perspektiven des Weltsystems. Materialien zu I. Wallerstein, »Das moderne Weltsystem«, Frankfurt 1983, 230.
9 In diesem Buch dient die Zwischenkriegszeit allerdings eher als Demonstrationsobjekt zum Zweck der Entwicklung einer Theorie der internationalen Beziehungen. Die beste, noch immer unübertroffene Gesamtdarstellung der Epoche stammt von P. Renouvin, Les crises du XXe siècle, Bd. I: De 1914 à 1929, Paris 1957; Bd. II: De 1929 à 1945, ebd. 1958.

10 Vgl. die (keineswegs neue) Kritik von F. Furet, dem führenden Historiker der Französischen Revolution und Präsidenten der berühmten »Ecole des Hautes Etudes en Sciences Sociales«: »In gewisser Weise neigt die Korporation der Historiker zu einem ein wenig platten Positivismus, zum Kult der nackten Tatsache, der Quelle, der Archive. Das ist wichtig, aber genügt nicht. Es bleibt die Aufgabe, die Gegebenheiten zu organisieren, sie zu interpretieren, und das ist häufig der Schwachpunkt der gegenwärtigen Historiographie.« in: Le Monde, 14. 5. 1982, 24.

11 C. S. Maier, in: H. Mommsen u. a. Hg., Industrielles System u. politische Entwicklung in der Weimarer Republik, Düsseldorf 1974, 932. Zum Verhältnis von Politik und Wirtschaft vgl. auch W. Fischer, Weltwirtschaftliche Rahmenbedingungen für die ökonomische und politische Entwicklung Europas 1919–1939, Wiesbaden 1980, 5–12. Fischer weist zu Recht auf den bemerkenswerten Umstand hin, daß politische Historiker den »Sachzwang« ökonomischer Bedingungen betonen, denen sich Politiker unterwerfen müßten, während Wirtschaftshistoriker umgekehrt die innen- und außenpolitischen Abhängigkeiten betonen, »die sie daran hinderten, das wirtschaftspolitisch Richtige zu tun«. Fischer zieht sich aus dieser Kalamität zurück, indem er die Möglichkeit einer Theoriebildung im Bereich der Sozialwissenschaften grundsätzlich leugnet und sich bewußt auf das »Beschreiben« begrenzt.

12 In seiner berühmten Schrift The Economic Consequences of the Peace, London 1920.

13 Vgl. die bekannte Kontroverse über die Natur des Faschismus im Anschluß an T. Mason, Der Primat der Politik, in: Das Argument, 1966, Heft 6, u. 1968, Heft 3. Eine Fülle von Stoff zum Nachdenken bietet auch das bei uns weitgehend unbekannt gebliebene Buch von E. Stanley, World Economy in Transition. Technology vs. Politics. Laissez Faire vs. Planning. Power vs. Welfare, N. Y. 1939, [2]1971.

14 Eine systematisch vergleichende Studie fehlt. Ansätze in: A. Delemer, Le bilan de l'étatisme, Paris 1922; P. Renouvin, Les formes du gouvernement de guerre, ebd. 1925; A. Schröter, Krieg, Staat, Monopol 1914–1918. Die Zusammenhänge von imperialistischer Kriegswirtschaft, Militarisierung der Volkswirtschaft u. staatsmonopolistischem Kapitalismus in Deutschland während des Ersten Weltkrieges, Berlin 1965; K. Gossweiler, Großbanken, Industriemonopole, Staat. Ökonomie u. Politik des staatsmonopolistischen Kapitalismus in Deutschland, ebd. 1971; G. Hardach, Der Erste Weltkrieg 1914–1918, München 1973, bes. Kap. 4; ders., Französische Rüstungspolitik 1914–1918, in: H. A. Winkler Hg., Organisierter Kapitalismus. Voraussetzungen u. Anfänge, Göttingen 1973; D. M. Kennedy, Over here. The First World War and American Society, N. Y. 1980;

J. Kocka, Klassengesellschaft im Krieg. Deutsche Sozialgeschichte 1914–1918, Göttingen [2]1978; G. Feldman, Army, Industry and Labour in Germany, 1914–1918, Princeton 1966.

15 Vgl. v. a. R. H. Tawney, The Abolition of Economic Controls, 1918–1921, in: EHR 13. 1943.

16 G. Arrighi, Der Klassenkampf in Westeuropa im 20. Jahrhundert, in: F. Fröbel u. a. Hg., Krisen in der kapitalistischen Weltökonomie, Reinbek 1981, 63.

17 Bemerkenswerterweise sind diese Zusammenhänge schon deutlich gesehen worden in der noch immer lesenswerten Schrift von E. Trendelenburg, Amerika u. Europa. Weltwirtschaftspolitik des Zeitabschnitts der Wirtschaftskonferenzen, 1. Teil: Bis zum Dawes-Plan 1924, Berlin 1943, 42–47. T. war Staatssekretär im Reichswirtschaftsministerium und zeitweilig kommissarischer Leiter des Wirtschaftsministeriums unter Brüning. Dennoch ist die von K. Borchardt (Die deutsche Katastrophe. Wirtschaftshistorische Anmerkungen zum 30. Januar 1933, in: FAZ, 29. 1. 1983, 13) vertretene These abwegig, daß der Staat der Weimarer Republik »entlastet« worden wäre, wenn er die Lösung der Konflikte dem Markt überlassen hätte. Dies war schon wegen der weltwirtschaftlichen Rahmenbedingungen nicht möglich, ganz zu schweigen davon, daß die Wirtschaft selber ständig nach dem Staat gerufen hat. Außerdem hätte eine stärkere Trennung von Staat und Gesellschaft vorhanden sein müssen, die, wie die Präsidialkabinette seit 1930 zeigen, die Lösung der Schwierigkeiten keineswegs begünstigt hat.

18 Vgl. A. Sohn-Rethel, Ökonomie und Klassenstruktur des deutschen Faschismus, Hg. J. Agnoli u. a., Frankfurt 1973, 45 f.

19 Vgl. E. Minost, Aux confines de la politique et de l'économie internationales. Les coopérations interétatiques, Paris 1929.

20 Vgl. dazu grundlegend C. S. Maier, Recasting Bourgeois Europe. Stabilization in France, Germany, and Italy in the Decade after World War I, Princeton 1975; bes. Introduction, From Bourgeois to Corporatist Europe.

21 Vgl. v. a. Winkler Hg., Organisierter Kapitalismus; H. Staudinger, Die Änderungen in der Führerstellung und der Struktur des organisierten Kapitalismus, in: C. Böhret u. D. Grosser Hg., Interdependenzen von Politik u. Wirtschaft. Beiträge zur politischen Wirtschaftslehre. Festgabe für G. v. Eynern, Berlin 1967; E. W. Hawley, New Deal u. »Organisierter Kapitalismus« in internationaler Sicht, in: H. A. Winkler Hg., Die große Krise in Amerika, Göttingen 1973.

22 H. A. Winkler, in: Mommsen u. a. Hg., Industrielles System, 961.

23 Vgl. die neomarxistischen Ansätze, die fruchtbare Weiterentwicklungen und Differenzierungen enthalten, insbes. N. Poulantzas, Klassen im Kapitalismus heute, Berlin 1975.

24 Vgl. M. Held, Sozialdemokratie u. Keynesianismus. Von der Weltwirtschaftskrise bis zum Godesberger Programm, Frankfurt 1982, 107ff.

25 Winkler, in: ders. Hg., Organisierter Kapitalismus, 15.

26 J. Kocka, in: ebd., 19–35; ders., in: Mommsen u. a. Hg., Industrielles System, 958f. Im übrigen ist es kein Zufall, wenn der Begriff »Organisierter Kapitalismus« weder in der angelsächsischen noch in der französischen Geschichtswissenschaft großes Echo gefunden hat.

27 G. D. Feldman, in: Winkler Hg., Organisierter Kapitalismus, 150–171, bes. 166.

28 Zur Durchsetzung des Keynesianismus vgl. neben M. Held v. a. W. Grotkopp, Die Große Krise. Lehren aus der Überwindung der Weltwirtschaftskrise, Düsseldorf 1953; G. Kroll, Von der Weltwirtschaftskrise zur Staatskonjunktur, Berlin 1958; G. Garvey, Keynes and the Economic Activists of Pre-Hitler-Germany, dt. in: G. Bombach u. a. Hg., Der Keynesianismus, Bd. II, Berlin 1976; R. Campbell, The Keynesian Revolution 1920–1970, in: C. M. Cipolla Hg., The Fontana Economic History of Europe, Bd. 5/1, London 1976.

29 Maier, Recasting, passim; ders., Between Taylorism and Technocracy: European Ideologies and the Vision of Industrial Productivity in the 1920s, in: JCH 5. 1970/2, 27–61; ders., Strukturen kapitalistischer Stabilität in den zwanziger Jahren. Errungenschaften und Defekte, in: Winkler Hg., Organisierter Kapitalismus; ders., in: Mommsen u. a. Hg., Industrielles System, 950–984 (mit Diskussion).

30 Da Italien für unsere Fragestellung keine zentrale Rolle spielt, sei zur Ergänzung auf die grundlegende Arbeit von T. Rafalski, Italienischer Faschismus in der Weltwirtschaftskrise. Zur Interdependenz von innerer und äußerer Politik, 1925 und 1935, Opladen 1984, verwiesen. Diese Arbeit entstand im Zusammenhang mit dem im Vorwort erwähnten Forschungsprojekt.

31 Das schloß nicht aus, daß es überall in Europa eine heftige Debatte über »Amerikanismus«, »Fordismus«, »Rationalisierung«, »scientific management«, »Bedaux-System« usw. gab, nicht zuletzt, weil die Unternehmer hier ein Kampfmittel gegen die Arbeiterbewegungen entdeckten, die im übrigen ihrerseits gegenüber diesen Phänomenen gespalten waren. Vgl. Maier, Taylorism, 28, 35. Aus der Fülle der zeitgenössischen Schriften vgl. zur Rezeption des »Fordismus« in Deutschland F. v. Gottl-Ottlilienfeld, Fordismus? Von F. W. Taylor zu H. Ford, Jena [2]1925.

32 Zur Diskussion über den »Neo-Korporatismus« vgl. U. v. Alemann Hg., Neokorporatismus, Frankfurt 1981; K. v. Beyme, Der Neo-Korporatismus u. die Politik des begrenzten Pluralismus in der Bundesrepublik, in: J. Habermas Hg., Stichworte zur »Geistigen Situation der Zeit«, Bd. 1, Frankfurt 1979.

33 M. J. Bonn, Das Schicksal des deutschen Kapitalismus, Berlin 1930; D. Stegmann, Die Silverberg-Kontroverse 1926, Unternehmerpolitik zwischen Reform u. Restauration, in: H.-U. Wehler Hg., Sozialgeschichte heute. Festschrift für H. Rosenberg, Göttingen 1974, 595.

34 Maier, in: Mommsen u. a. Hg., Industrielles System, 960.

35 So hat z. B., wie Maier selbst gesehen hat, das hochbrisante Problem der Festsetzung der Aufwertungsraten im Rahmen der Währungsstabilisierungen zu schweren Auseinandersetzungen innerhalb der bürgerlichen Parteien geführt.

36 Z. B. »Politischer Kapitalismus« (Kolko); »kollektiver Kapitalismus« (Feldman); »corporate capitalism« (Dobb); »geplantes oder administriertes kapitalistisches System« (Staudinger); »Managed Economy« (Aldcroft). Guter Überblick bei B. Ward, National Economic Planing and Policies in Twentieth Century Europe 1920–1970, in: Cipolla Hg., Bd. 5/1, sowie die Arbeiten von F. Blaich, »Garantierter Kapitalismus«. Subventionspolitik und Wirtschaftsordnung in Deutschland zwischen 1925 und 1932, in: Zeitschrift für Unternehmensgeschichte 22. 1971; ders., »Kapitalistische Planwirtschaft«. Ein ordnungspolitischer Versuch zur Überwindung der Weltwirtschaftskrise, in: Schmollers Jahrbuch 90. 1970.

37 E. Varga, Aufstieg und Niedergang des Kapitalismus. Hamburg 1924; ders., Die Krise des Kapitalismus und ihre politischen Folgen, E. Altvater Hg., Frankfurt 1969; A. H. Hansen, Full Recovery or Stagnation? London 1938; zur These von der mangelnden technologischen Innovationsfähigkeit als Ursache der Stagnation vgl. D. S. Landes, Der entfesselte Prometheus. Technischer Wandel und industrielle Entwicklung in Westeuropa von 1750 bis zur Gegenwart, Köln 1973, bes. Kap. 6; ähnlich G. Mensch, Das technologische Patt. Innovationen überwinden die Depression, Frankfurt/M. 1975; kritisch zu diesen Thesen W. Fischer, Weltwirtschaftliche Rahmenbedingungen, 22 ff.; beste Einführung auf sicherer empirischer Grundlage I. Svennilson, Growth and Stagnation in the European Economy, Genf 1954.

38 M. Dobb, Entwicklung des Kapitalismus. Vom Spätfeudalismus bis zur Gegenwart, Köln 1970, 318 ff.

39 Zur These von der »blockierten Gesellschaft« in Frankreich vgl. S. Hoffmann u. a., A la recherche de la France, Paris 1963, 15 f.; über England M. Abrams, The Condition of the British People 1911–1945, London 1945.

40 Vgl. R. Owen u. B. Sutcliffe Hg., Studies in the Theory of Imperialism, London 1972.

41 Vgl. dazu S. Strange, International Economic Relations: The Need for an Interdisciplinary Approach, in: R. Morgan Hg., The Study of International Affairs, London 1972; dies., International Monetary Relations, Bd. 2: A. Shonfield Hg., International Economic Relations of

the Western World 1959–1971, London 1976, 19 ff. Ein früher Versuch des Brückenschlags zwischen Geschichts- und Wirtschaftswissenschaft bei C. Brinkmann, Weltpolitik u. Weltwirtschaft im 19. Jahrhundert, in: Weltwirtschaftsarchiv 16. 1920/21, 186–201.

42 Vgl. G. Simonis, Der Staat im Entwicklungsprozeß peripherer Gesellschaften. Die Schwellenländer im internationalen System, Habil.-Schrift Konstanz 1981, MS; W. Hein, Kapitalakkumulation im Weltmaßstab. Nationalstaat u. nationale Entwicklung: Das Beispiel des Öllandes Venezuela, Diss. Konstanz, MS.

43 Ein leider nur formales Modell über die innergesellschaftlichen Auswirkungen einer »offenen Ökonomie« stammt von D. Cameron, The Expansion of the Public Economy: A Comparative Analysis, in: APSR 1978, 1256.

44 Hein, 85.

45 Neben den klassischen Werken von H. Feis vgl. u. a. M. Trachtenberg, Reparation in World Politics. France and European Economic Diplomacy, 1916–1923, N. Y. 1980; F. C. Adams, Economic Diplomacy: The Export-Import Bank and American Foreign Policy, 1934–1939, Columbia 1976; M. E. Falkus, U. S. Economic Policy and the »Dollar Gap« of the 1920's, in: EHR 1971; vor allem C. P. Parrinni, Heir to Empire. United States Economic Diplomacy, 1916–1923, Pittsburgh 1969.

46 So S. A. Schuker, The End of French Predominance in Europe. The Financial Crisis of 1924 and the Adoption of the Dawes Plan, Chapel Hill ²1978, 35.

47 Aldcroft, Britische Wirtschaftspolitik, 93.

48 I. Wallerstein, The Modern World-System. Capitalist Agriculture and the Origins of the European World-Economy in the Sixteenth Century, N. Y. 1974; ders., The Modern World-System, II. Mercantilism and the Constitution of the European World-Economy 1600–1750, ebd. 1980; ders., The Capitalist World Economy, Cambridge 1979 (Aufsatzsammlung); T. K. Hopkins u. I. Wallerstein, Grundzüge der Entwicklung des modernen Weltsystems, in: D. Senghaas Hg., Kapitalistische Weltökonomie. Kontroversen über ihren Ursprung u. ihre Entwicklungsdynamik, Frankfurt 1979; I. Wallerstein, Aufstieg und künftiger Niedergang des kapitalistischen Weltsystems, in: ebd. Dieser Sammelband enthält weitere einschlägige Beiträge von A. G. Frank und H. Elsenhans; zur Diskussion der Position Wallersteins vgl. Blaschke Hg., Perspektiven des Weltsystems.

49 Hierbei stützt sich Wallerstein auf die Arbeiten von S. Amin, L'accumulation à l'échelle mondiale, Paris 1970; A. G. Frank, L'accumulation mondiale 1500–1800, ebd. 1977. Vgl. auch M. Massarat, Hauptentwicklungsstadien der kapitalistischen Weltwirtschaft, Lollar 1976. Von einem eher liberal-neoklassischen Standpunkt vgl. W. Woodruff, The Emergence of an International Economy, 1700–1914, London 1974;

A. G. Kenwood u. A. L. Lougheed, The Growth of the International Economy, 1820–1960, ebd. 1971.

50 Vor allem die immer wieder gestellte Frage, der wir in diesem Zusammenhang nicht nachgehen können, seit wann die Weltökonomie überhaupt als »kapitalistisch« zu bezeichnen sei.

51 S. Hoffmann, Reflections on the Nation-State in Western Europe Today, in: Journal of Common Market Studies, Sept.–Dez. 1982, 30.

52 Vgl. C. Deubner u. a., Die Internationalisierung des Kapitals. Neue Theorien in der internationalen Diskussion, Frankfurt 1979.

53 Vgl. insbes. die Position von H. Elsenhans in: Senghaas Hg., Weltökonomie. Einer der schärfsten Kontrahenten von Wallerstein und Frank ist R. Brunner, The Origins of Capitalist Development: A Critique of Neo-Smithian Marxism, in: New Left Review 104. 1977; dazu wiederum kritisch J. A. Marino, Matrices of Materialist Historiography, in: JMH 1979, 106.

54 Vgl. die Kritik von P. Worsley in: Blaschke Hg., 32–79.

55 Hopkins u. Wallerstein, in: Senghaas Hg., 175.

56 Interessante Versuche in diese Richtung stammen von G. Modelski, The Long Cycle of Global Politics and the Nation State, in: Comparative Studies in Society and History 1978; ders., Long Cycles, Kondratieffs, and Alternating Innovations: Implications for U. S. Foreign Policy, in: Ch. W. Kegley, Jr. u. P. McGowan Hg., The Political Economy of Foreign Policy Behavior, Beverly Hills 1981. In diesen Arbeiten versucht M., eine mehr auf das Weltstaatensystem gerichtete Alternative zu Wallerstein zu entwickeln. Wo die *politische* Dimension im Wallersteinschen Ansatz fehlt, zeigt A. R. Zolberg, Origins of the Modern World System: A Missing Link, in: World Politics 1981, 253–81. Diese Hinweise verdanke ich G. Junne (Amsterdam).

57 Der von den Historikern sofort geäußerte Vorwurf unzulässiger Vereinfachung entlastet zwar das wissenschaftliche Gewissen, ist aber auch nicht besonders hilfreich. Vgl. H. Kellenbenz in seiner Besprechung von Wallersteins Modern World System in: JMH 48. 1976, 685–92.

58 Diese Kritik an Wallerstein ist berechtigt. Vgl. Worsley, in: Blaschke Hg., 10–12, 32–79.

59 Wallerstein, Die Zukunft der Weltökonomie, in: Blaschke, Hg., 215–29. Allerdings schöpft er die Komplexität der Dialektik von Systembeharrung und Systemveränderung nicht aus. Aber wer könnte das schon?

60 »Die weltwirtschaftlichen Verluste, die sich aus der Zerstörung der internationalen Wirtschaftsordnung ergaben, . . . erreichten buchstäblich das äußerste Ende der Welt.« H. G. Moulton u. L. Pasvolsky, War Debts and World Prosperity, Washington 1932, 374; zitiert in: D. H. Aldcroft, Die zwanziger Jahre. Von Versailles zur Wall Street 1919–1929, München 1978, 24.

61 W. Link, Die amerikanische Stabilisierungspolitik in Deutschland 1921–32, Düsseldorf 1970, 576.

62 Zit. in E. v. Bastineller, Die Genfer Weltwirtschaftskonferenz des Jahres 1927. Ihr Verlauf, ihre Ergebnisse, Diss. Würzburg 1927, 18f.

63 So Maier, in: Mommsen u. a. Hg., Industrielles System, 951. Eine Fülle neuerer Monographien unterstreicht die weltpolitische und weltwirtschaftliche Schlüsselposition der USA, wobei im übrigen der alte Streit zwischen »Traditionalisten« und »Revisionisten« in der amerikanischen Geschichtswissenschaft langsam überwunden wird. Vgl. die Arbeiten von Link, Die amerikanische Stabilisierungspolitik; M. P. Leffler, Political Isolationism, Economic Expansionism, or Diplomatic Realism: American Policy toward Western Europe, 1921–1933, in: Perspectives in American History 8. 1974; ders., The Elusive Quest. America's Pursuit of European Stability and French Security 1919–1933, Chapel Hill 1979; F. C. Costigliola, The Other Side of Isolationism: The Establishment of the First World Bank, 1929–1930, in: JAH. 1972; ders., The United States and the Reconstruction of Germany in the 1920's, in: Business History Review. 1976; ders., The Politics of Financial Stabilization. American Reconstruction Policy in Europe, 1924–1930, Ph. D. Diss., Cornell Univ. 1971; M. J. Hogan, The United States and the Problem of International Economic Control, in: Pacific Historical Review. 1975; u. a. m.

64 Adams, Economic Diplomacy, 3ff., 36. Adams zitiert die übereinstimmenden Auffassungen von Wilson, Hull, Harding, Hughes, Hoover und dem einflußreichen Senator Lodge.

65 Ebd., 11f. Hier auch bemerkenswerte Bemühungen, dem Zusammenhang von »Versailler« und »Washingtoner System« nachzugehen.

66 Vgl. u. a. R. A. C. Parker, Probleme der britischen Außenpolitik während der Weltwirtschaftskrise, in: J. Becker u. K. Hildebrand Hg., Internationale Beziehungen in der Weltwirtschaftskrise 1929–1933, München 1980, 4.

67 Vgl. grundsätzlich dazu M. Beloff, The Special Relationship: An Anglo-American Myth, in: M. Gilbert Hg., A Century of Conflict, 1850–1950. Essays for A. J. P. Taylor, London 1966; v. a. M. D. Goldberg, Anglo-American Economic Competition, in: Economic and History (Lund, Schweden) 16. 1973, 15–36.

68 Zum Stand der Debatte vgl. aus der umfangreichen Literatur: W. A. Williams, The Legend of Isolationism in the 1920's, u. a. in: R. M. Abrams u. L. W. Levine Hg., The Shaping of Twentieth-Century America, Boston 1965 (es handelt sich um ein Kap. aus dem Buch »The Tragedy of American Diplomacy«, N. Y. 1959; auch dt. Frankfurt 1974); R. F. Smith, American Foreign Relations, 1920–1942, in: B. J. Bernstein Hg., Towards a New Past, N. Y. 1969; R. A. Divine, The Illusion of Neutrality, Chicago 1962; K. Schwabe, Der amerikanische Isolatio-

nismus im 20. Jahrhundert. Legende u. Wirklichkeit, Wiesbaden 1975; J. H. Wilson, American Business and Foreign Policy, 1920–1933, Lexington 1971; Link, Stabilisierungspolitik, 36f.; ders., Die Außenpolitik der USA 1919–1933. Quellen u. neue amerikanische Literatur, in: NPL 12. 1967; E. C. Bolt Jr., Isolation, Expansion and Peace: American Foreign Policy Between the Wars, in: G. K. Haines u. J. S. Walker Hg., American Foreign Relations. A Historiographical Review, London 1981; vgl. o. Anm. 63.

Kapitel II

1 Zeitgenössische Wirtschaftshistoriker haben dagegen diese Veränderungen ziemlich genau analysiert. Vgl. z. B. das Standardwerk von A. Sartorius v. Waltershausen, Die Umgestaltung der Weltwirtschaft. Ein geschichtlicher Rückblick 1914–1932, Jena 1935.

2 Aldcroft, Zwanziger Jahre, 62.

3 Ebd., 17.

4 Vgl. das grundlegende Werk von A. W. Brown Jr., The International Gold Standard Reinterpreted, 1914–1934, Bd. 2, N. Y. 1940.

5 Beim internationalen Goldstandard handelt es sich um eine Währungsordnung, die dadurch gekennzeichnet ist, daß sich zwischen Goldwährungsländern (Bindung der Geldmenge an das Gold durch Gesetz) feste Wechselkurse herausbilden, die sog. »Wechselkursparität«. Sie entspricht dem Goldgehalt der nationalen Währungseinheiten. Wichtigste Voraussetzung des Goldstandards ist die grenzüberschreitende Beweglichkeit des Goldes. Entsteht in einem Land ein Zahlungsbilanzdefizit, wird es durch Goldexport ausgeglichen. Theoretisch bewirkt er, daß die Preise im goldempfangenden Land steigen, während sie im goldabgebenden Land sinken, wodurch sich die Exporte im Defizitland verbilligen und ansteigen. Dies wiederum führt zu einer Aktivierung der Leistungsbilanz, was den Rückfluß von Gold anregt. Auf diese Weise wird das außenwirtschaftliche Gleichgewicht gewahrt. Als Folge des Goldstandards gleichen sich die nationalen Preisniveaus einander an; das bedeutet, daß ein enger internationaler Konjunkturverbund besteht, der der nationalen Konjunkturpolitik nur wenig Spielraum läßt und zugleich die Erreichung des außenwirtschaftlichen Gleichgewichts zum wichtigsten Ziel der nationalen Wirtschaftspolitik erhebt. Ein derartiges Währungssystem funktioniert nur so lange, wie ein internationales Finanz- und Bankzentrum existiert, das die erforderlichen Gold-zu- und -abflüsse zu regulieren imstande ist. Diese Rolle erfüllte vor 1914 die Londoner City. Vgl. dazu das in seiner Klarheit unerreichte klassische Werk von W. Bagehot, Lombard Street, Neuausgabe London 1917; beste Kritik am Goldstandard: R. Triffin, Our International

Monetary System: Yesterday, Today and Tomorrow, N. Y. 1968.

6 Vgl. D. de Laubier, Les relations financières internationales. Mécanismes, idéologies et rapport de force, Paris 1975, 79f.

7 A. Predöhl, Das Ende der Weltwirtschaftskrise. Eine Einführung in die Probleme der Weltwirtschaft, Reinbek 1962, 51ff.

8 Aus der Fülle der Lit. vgl. hierzu und zum folgenden die ausgezeichnete Darstellung von Aldcroft, Zwanziger Jahre, Kap. 6 u. 7; J. Schiemann, Die deutsche Währung in der Weltwirtschaftskrise 1929–1933. Währungspolitik u. Abwertungskontroverse unter den Bedingungen der Reparationen, Bern 1980, 15–56; G. Haberle, Die Weltwirtschaft u. das internationale Währungssystem in der Zeit zwischen den beiden Weltkriegen, in: Deutsche Bundesbank Hg., Währung u. Wirtschaft in Deutschland 1876–1975, Frankfurt 1976.

9 Vgl. Aldcroft, Zwanziger Jahre; Haberler; C. P. Kindleberger, Die Weltwirtschaftskrise 1929–1939, München 1973.

10 Die wichtigsten Veröffentlichungen sind zitiert in Aldcroft, Zwanziger Jahre, 371ff.; hinzuzunehmen sind die Veröffentlichungen des Royal Institute of International Affairs, z. B.: Monetary Policy and the Depression, London 1935.

11 Aldcroft, Zwanziger Jahre, 196.

12 So die Kritik der Völkerbundsstudie von R. Nurkse, International Currency Experience: Lessons of the Inter-War-Period, Genf 1944.

13 Vgl. dazu Kindleberger, Weltwirtschaftskrise, 48–53.

14 Über die Nutzung dieses Währungsgefälles vgl. S. Glynn u. A. L. Lougheed, A Comment on United States Economic Policy and the »Dollar Gap« of the 1920's, in: EHR 26. 1973.

15 Für Frankreich vgl. W. A. McDougall, Political Economy versus National Sovereignty: French Structures for German Economic Integration after Versailles, in: JMH 51. 1979.

16 Predöhl, 54.

17 J. M. Keynes, The Economic Consequences of Mr. Churchill, London 1925; vgl. dazu am besten D. E. Moggridge, British Monetary Policy 1924–1931. The Norman Conquest of 4.86, Cambridge 1972; vgl. auch de Laubier, 81ff.

18 E. J. Hobsbawm, Industrie u. Empire. Britische Wirtschaftsgeschichte seit 1750, Bd. 2, Frankfurt 1972, 42–59, 72ff. Aldcroft vertritt freilich die Meinung (Britische Wirtschaftspolitik, 93), daß die verbreitete Auffassung, die englische Währung sei nach der Rückkehr zum Goldstandard im April 1925 um 10 % überbewertet gewesen, noch »nie in irgendeiner Weise eindeutig nachgewiesen worden« sei.

19 Zit. in de Laubier, 82, Anm. 13.

20 Diese Zusammenhänge sind gut erforscht. Vgl. R. H. Meyer, Banker's Diplomacy: Monetary Stabilization in the Twenties, N. Y. 1970; S. Strange, Sterling and British Policy. A Study of an International Cur-

rency in Decline, Oxford 1971; M. Wolfe, The French Franc Between the Wars 1919–1939, N. Y. 1957; S. V. O. Clarke, Central Bank Cooperation, 1924–1931, ebd. 1967; D. H. Aldcroft, The Impact of British Monetary Policy, 1919–1939, in: Revue internationale d'Histoire de la Banque 3. 1970; zusammenfassend ders., Zwanziger Jahre, 205–208.

21 Die Aktivität dieser drei Zentralbankgouverneure ist gut untersucht worden. Neben den Titeln in Anm. 20 vgl. L. V. Chandler, Benjamin Strong. Central Banker, Washington D. C. 1958; Sir H. Clay, Lord Norman, London 1957; A. Boyle, Montagu Norman, London 1967; E. Moreau, Souvenirs d'un gouverneur de banque. Histoire de la stabilisation du franc, Paris 1954.

22 So fand Anfang Juli 1927 auf Long Island sogar eine Konferenz mit dem ausdrücklichen Ziel statt, die Zusammenarbeit der Zentralbanken zu verbessern. Tatsächlich bewirkte die Konferenz, daß das Federal Reserve System eine Zinssenkung beschloß, um den Druck auf England und Deutschland zu verringern. Aber auch hier war die inneramerikanische Rezession von 1927 eher das treibende Motiv als die Sorge um das Weltwährungssystem. Vgl. Kindleberger, Weltwirtschaftskrise, 66–69. Der Kampf zwischen New York und London um die währungspolitische Vorherrschaft ist schon von Zeitgenossen treffend beschrieben worden. Vgl. das bemerkenswerte Buch des Züricher Bankiers F. Somary, Wandlungen der Weltwirtschaft seit dem Kriege, Tübingen 1929 und die überaus lobende Rezension von W. Röpke in der Frankfurter Zeitung, 12. Jan. 1930; vgl. auch G. Bienstock, Deutschland u. die Weltwirtschaft, Berlin 1931, 105f.

23 Moreau, bes. 40, 48f., 322, 331f., 489ff., 491–511, 515ff.

24 Ebd., 322.

25 Dreimächte-Abkommen v. 25. September 1936, das der Volksfront-Regierung unter Léon Blum die Abwertung des Franc erlaubte. Aber es kam auch dann nur zu vagen Absichtserklärungen der drei Regierungen. Allerdings setzte das Abkommen weder die Wechselkurse fest noch versprach es eine gegenseitige Bindung der Währungen. Vgl. Haberle, 220f.; H. V. Hodson, Slump and Recovery 1929–1937. A Survey of World Economic Affairs, London 1938, 414–24; R. Girault, Léon Blum, la dévaluation de 1936 et la conduite de la politique extérieure de la France, in: Relations internationales, 13, 1978.

26 J. M. Keynes, Ein Traktat über Währungsreform, München 1924.

27 Schiemann, 40ff.

28 Aldcroft, Zwanziger Jahre, 181.

29 Wallerstein, in: Blaschke Hg., 223, 225.

30 Vgl. D. E. Baines, Die Vereinigten Staaten zwischen den Weltkriegen, in: W. P. Adams Hg., Die Vereinigten Staaten von Amerika, Frankfurt 1977, 283f.

31 Eine Fülle von Daten, die hier im einzelnen nicht ausgebreitet werden

können, enthält das klassische Werk von Mitarbeitern des amerikanischen Handelsministeriums H. B. Lary u. a., The United States in the World Economy. The International Transactions of the United States during the Interwar Period, Washington D. C. 1943; vgl. die aufschlußreichen zeitgenössischen Studien von J. Klein, Frontiers of Trade, N. Y. 1929; B. H. Williams, Economic Foreign Policy of the United States, ebd. 1929; gutes Datenmaterial enthält auch das Commerce Yearbook u. der Hoover Committee Report on Recent Economic Changes, 1929. Zur binnen- u. außenwirtschaftlichen Entwicklung vgl. weiterhin: B. Anderson, Economics and the Public Welfare. Financial and Economic History of the U. S., 1914–1946, N. Y. 1950; L. Frank, Histoire économique et sociale des Etats-Unis de 1919 à 1949, Paris 1950; R. F. Mikesell, U. S. Economic Policy and International Relations, N. Y. 1952. Der von uns benutzte Begriff der »dominanten Ökonomie« stützt sich auf die Arbeiten von F. Perroux, L'économie du XXe siècle, Paris 1961 und v. a. ders., Indépendance de l'économie nationale et interdépendance des nations, ebd. 1972.

32 Trendelenburg, 50ff.

33 Über die Rolle Europas als »Weltbankier« vor 1914 vgl. das klassische Werk von H. Feis, Europe: the World's Banker 1870–1914, N. Y. 1930; weiterhin: W. Woodruff, Impact of the Western Man. A Study of Europe's Role in the World Economy 1750–1960, ebd. 1966 (Kap. IV: Europe: The Banker of the World); P. Bairoch, Commerce extérieur et développement économique de l'Europe au XIXe siècle, Paris 1976, Kap. V.

34 Dazu und zum folgenden Adams, 33ff.

35 Am besten dazu M. Aglietta, Régulation et crises du capitalisme. L'expérience des Etats-Unis, Paris 1976, 94ff. Einen guten, aber eher impressionistisch-deskriptiven Überblick gibt H. Jaeger, Geschichte der amerikanischen Wirtschaft im 20. Jahrhundert, Wiesbaden 1973.

36 So die prägnante Formulierung von Sohn-Rethel, 45f.

37 Vgl. T. Wilson, Fluctuations in Income and Employment, N. Y. ³1949; Adams, 38; Jaeger, 69; Aglietta, 74.

38 Die Zahlen schwanken. Laut H. R. Guggisberg, Geschichte der USA, Bd. 2: Die Weltmacht, Stuttgart ²1979, 179, erhöhten sich die Kapitalerträge und Unternehmergewinne zwischen 1923 und 1929 sogar um 60–65 %, während die Einkommen der Arbeiter und Angestellten nur um durchschnittlich 11 % anstiegen. Auf jeden Fall stagnierten die Einkommen der Farmer. Vgl. auch die Angaben bei Bienstock, 10.

39 Aglietta, 74f.

40 Dobb, 328.

41 Aglietta, 75.

42 So Guggisberg, 198.

43 Dazu im einzelnen T. R. Brooks, Le labeur et la lutte. Histoire du mou-

vement ouvrier américain, Paris 1983; J. B. Rayback, A History of American Labour, London 1966.

44 Dobb, 340f.

45 Vgl. etwa K. Hoffmann, Ölpolitik u. angelsächsischer Imperialismus, Berlin 1927.

46 Vgl. z. B. die Kritik von P. Claudel, von 1927 bis 1933 französischer Botschafter in Washington, an der Prosperität, »die dazu neigt, das ökonomische System des Planeten aus dem Gleichgewicht zu bringen«. L. Garbagnati Hg., Cahiers P. Claudel, 11, Paris 1982.

47 Über die Prosperitätsphase im einzelnen W. E. Leuchtenburg, The Perils of Prosperity, 1914–1932, Chicago 1960; J. W. Prothro, The Dollar Decade. Business Ideas in the 1920's, Baton Rouge 1954; G. Soule, Prosperity Decade: From War to Depression, N. Y. 1947; R. Sobel, The Great Bull Market. Wall Street in the 1920's, ebd. 1968; J. Dorfmann, The Economic Mind in American Civilization, ebd. 1959, Kap. IV; H. Feis, The Diplomacy of the Dollar. First Era, 1919–1932, Baltimore 1950.

48 Vgl. Jaeger, 57–71.

49 1929 betrug der Anteil der amerikanischen Autoproduktion an der Weltproduktion 81 %; bis 1919 waren bereits insges. 6,7 Mill. Autos verkauft, allein im Jahr 1921 waren es 1,47 Mill., 1923 = 3,62 Mill. Pkw; dann im Jahresdurchschnitt bis 1928 zwischen 3 u. 4 Mill.; im Rekordjahr 1929 = 4,46 Mill. In diesem Jahr lag die Gesamtzulassung bei 26,5 Mill., d. h. auf 5 Einwohner entfiel ein Pkw – eine Proportion, die in den europäischen Industrieländern erst während der 60er Jahre erreicht wurde. Vgl. M. Roy, 1929: La grande crise, Paris 1969, 43; T. C. Cochran, Wirtschaft und Gesellschaft in Amerika. Von der Jahrhundertwende bis zur Gegenwart, Stuttgart 1964, 36–45; G. Maxcy, Les multinationales de l'automobile, Paris 1982, 50 gibt an, daß der Anteil der amerikanischen Automobilproduktion an der Weltproduktion 1929 auf 84 % gestiegen war; die Produktion in diesem Jahr betrug sogar 5,3 Mill. Pkw.

50 Hoover-Bericht, Anm. I/31.

51 Cochran, 44.

52 Vgl. dazu die aufschlußreiche zeitgenössische Studie von L. B. Tribolet, The International Aspects of Electrical Communications in the Pacific Area, Baltimore 1929, zit. in Goldberg, 25 ff., der auch längere Auszüge wiedergibt. Hier ging übrigens der amerikanische kulturell-ideologische Imperialismus zum ersten Mal eine Symbiose mit der modernen Technik ein. Vgl. dazu R. Elder, The Information Machine, Syracuse 1968; E. Rosenberg, The American Dream. American Economic and Cultural Expansion, 1890–1945, N. Y. 1982.

53 Vgl. dazu am eindringlichsten G. Fite, The Farmer's Dilemma, 1919–1929, in: J. Braeman u. a. Hg., Change and Continuity in Twen-

tieth Century America: The 1920's, Columbus 1968, 67–102. Dieser wichtige Sammelband enthält eine Fülle weiterer Informationen über die Prosperitätsphase.

54 Aglietta, 303 f.

55 Zum engeren Kreis der amerikanischen Führungselite im Hinblick auf Außen- und Außenwirtschaftspolitik gehörten außer Hoover, Hughes, Kellogg vor allem der mächtige Industrie- und Finanzmagnat A. Mellon, der während fast der gesamten Dauer der Republikanischen Regierung das Amt des Finanzministers (Secretary of Treasury) bekleidete. Für viele gilt er als Inkarnation der engen Verbindungen von Wirtschaft und Politik. Hinzuzuzählen sind W. G. Harding, Präsident der USA 1921–1923, und C. Coolidge, Vizepräsident 1921–1923, Präsident 1923–1929. Alle verfügten über Vermögen in Millionenhöhe. Aus der Fülle der Biographien vgl. J. Brandes, Herbert Hoover and Economic Diplomacy. Department of Commerce Policy 1921–1928, Pittsburgh 1962.

56 Adams, 22–26 (über Hughes); vgl. Anm. I/68. Über den Außenhandel als »eine absolute ökonomische Notwendigkeit« vgl. den Report of the 6th National Foreign Trade Convention 1924, der nach Link, Stabilisierungspolitik 264, »das Credo der amerikanischen Geschäftswelt« verkündete.

57 Vgl. ausführlich dazu Wilson, American Business, Einleitung. Wilson kritisiert Autoren, die den Einfluß der Geschäftswelt auf die Politik übertrieben hätten, wie z. B. B. H. Williams, Economic Foreign Policy of the United States, N. Y. 1929.

58 Wilson, XV.

59 Die Begriffe »Bankrate«, »Diskontsatz«, »Leitzins« werden häufig, nicht ganz exakt, synonym benutzt. Grundsätzlich bezeichnen sie den auf Jahresbasis umgerechneten Zinssatz, den eine Zentralbank bei der Gewährung eines Diskontzins berechnet.

60 Vgl. Feis, Diplomacy of the Dollar; J.-B. Duroselle, De Wilson à Roosevelt. Politique extérieure des Etats-Unis 1913–1945, Paris 1960, 185 (Kellogg als Instrument des »Big Business« im Bereich des Kapitalexports), 188 ff.

61 So schon Somary, 55 ff.

62 Z. B. Kindleberger, Weltwirtschaftskrise.

63 Vgl. zum amerikanischen Kapitalexport im einzelnen C. Lewis, America's Stake in International Investments, Washington D. C. 1938, 447, 450; dies., The United States and Foreign Investment Problems, ebd. 1948; United Nations, International Capital Movements during the Inter-War Period, N. Y. 1949; Wilson, 103; Adams, 32; Aldcroft, Zwanziger Jahre, Kap. 10.

64 Einzelheiten über die Entstehung der amerikanischen multinationalen Unternehmen bei Kenwood u. Lougheed; B. Thomas, The Historical

Record of International Capital Movements to 1913, in: J. H. Adler Hg., Capital Movements and Economic Development, London 1967; M. Wilkens, The Emergence of Multinational Enterprise. American Business Abroad from the Colonial Era to 1914, Cambridge/Mass. 1970; J. M. Stopford u. a., The World Directory of Multinational Enterprises, London 1980; M. Ghertman, Les multinationales, Paris 1982; J. M. Dunning, American Investment in British Manufacturing Industry, London 1958; F. A. Southard, American Industry in Europe, Boston 1931; Ch. P. Kindleberger, Les origines des investissements directs des Etats-Unis en France, in: M. Lévy-Leboyer Hg., La position internationale de la France. Aspects économiques et financiers XIXe–XXe siècle, Paris 1977.

65 Kindleberger, Origines, 349.

66 Zur Internationalisierung der Autoindustrie vgl. M. Wilkens u. F. E. Hill, American Business Abroad: Ford on Six Continents, Detroit 1964; Maxcy; Ghertman, 26–29; über die Penetration der amerikanischen Automobilindustrie in Deutschland vgl. Link, Stabilisierungspolitik, 377ff.

67 Über die Aktivität von Ford in Frankreich vgl. J. M. Laux, in: Lévy-Leboyer Hg., 373f.

68 Vgl. die scharfsinnigen Beobachtungen von Somary, 55ff.

69 Ghertman, 32; zur Geschichte der Internationalisierung der Banken vgl. Vereinte Nationen, Transnational Banks: Operations, Strategies and their Effects in Developping Countries, N. Y. 1981.

70 Für Deutschland bereits A. Rosenberg, Geschichte der Weimarer Republik, Frankfurt 1961, Kap. VIII; Link, Stabilisierungspolitik; Kindleberger, Weltwirtschaftskrise u. a. m.

71 Kindleberger, Weltwirtschaftskrise, 71.

72 Vgl. J. B. Condliffe, Les changements fondamentaux dans la vie économique, Paris 1939, 8; C. W. Guillebaud, The Economic Recovery of Germany, London 1939, 11–13.

73 Über die wachsende Schuldenlast der osteuropäischen Länder, die schon vor 1929 bis an den Rand der Zahlungsunfähigkeit ging, vgl. die eindrucksvolle Fallstudie von V. N. Bandera, Foreign Capital as an Instrument of National Economic Policy. A Study Based on the Experience of the East European Countries Between the World Wars, Den Haag 1964.

74 Trotz reichen Quellenmaterials gibt es keine befriedigende Untersuchung über das Finanzkomitee des Völkerbundes.

75 Haberle, 227; zur Theorie der Fehlanpassungen vgl. auch Arndt, Economic Lessons, 287ff.; Svennilson.

76 Vgl. dazu Bairoch, Tab. 34, 106.

77 Vgl. H. Truchy, La reconstruction économique de l'Europe, Paris 1932, 83ff.; Bericht von T. E. Gregory in: Comité Mixte Hg., Recon-

struction économique internationale, Paris 1936, 179ff.

78 Vgl. auch C. P. Kindleberger, International Trade and United States Experience, in: R. E. Freeman Hg., Postwar Economic Trends in the United States, N. Y. 1960.

79 *Anteile von Fertigwaren am Weltexport*

	D	F	GB	USA	Japan
1911/13	21,4	11,8	27,5	9,2	1,3
1926/29	16,1	10,9	21,6	16,3	1,9
1936/38	19,8	6,0	18,6	16,3	7,0

Quelle: Völkerbund; zit. in: R. Lasserre u. a. Hg., Deutschland – Frankreich – Bausteine zum Systemvergleich, Bd. 2: Wirtschaft und Soziale Beziehungen, Stuttgart 1981, 28.

80 Vgl. Baines, in: Adams Hg., 304–8.

81 Vgl. Wilson, 112.

82 So beschränkten die Gesetze von 1921 und 1924 die Einwanderung auf 165 000 für 1925 und auf 150000 für 1927. 1913 aber betrug sie fast 1,2 Mill. Ein Argument war übrigens auch der Kampf gegen die »Verschlechterung« der Rasse durch Slawen und Lateineuropäer.

83 Dazu für die Zeit vor 1914 Bairoch, 111–22.

84 Treffend Trendelenburg, 55, 75f., 122f.; ähnlich Somary, 33–39.

85 Vgl. E. S. u. W. S. Woytinsky, World Commerce and Government, N. Y. 1955; A. Maizels, Industrial Growth and World Trade, Cambridge/Mass. 1963; P. L. Yates, Forty Years of Foreign Trade, 1913–1953, London 1959.

86 Die Zahlen über die Wachstumsraten gehen auseinander. Für die Zeit zwischen 1913 und 1929 geben die Woytinskys 39, 35,1 % an; andere Autoren liegen darunter oder darüber (Maizels; Yates). Vgl. dazu Aldcroft, Zwanziger Jahre, 345 (Tab. 17), 346–54.

87 Bienstock, 18ff.; Bericht Ohlin, in: Comité Mixte Hg., 37f.; Völkerbund, Industrialisation et commerce extérieur, 17.

88 Vgl. dazu Landes, Prometheus, 339–41. Der Verfall der Agrarpreise hat die durch die Überproduktion seit dem Weltkrieg entstandene allgemeine Agrardepression noch verstärkt. Vgl. das klassische Werk von V. E. Timoshenko, World Agriculture and Depression, Ann Arbor 1953. Besonders hart waren die süd- und südosteuropäischen Länder betroffen.

89 M. Byé u. G. Destanne de Bernis, Relations économiques internationales, Bd. 1, Paris [4]1977, 436.

90 G. Hardach, Deutschland in der Weltwirtschaft 1870–1970, Frankfurt 1977, 106f.

91 Aus der umfangreichen Lit. vgl. am besten Svennilson; W. Fischer, Die Weimarer Republik unter den weltwirtschaftlichen Bedingungen der Zwischenkriegszeit, in: Mommsen u. a., Industrielles System, 25–50; E. Lundberg, Instability and Economic Growth, New Haven 1968. Interessant H. Gaedicke u. G. v. Eynern, Die produktionswirtschaftliche Integration Europas, Berlin 1933; über die »Enteuropäisierungstendenzen« in der Weltwirtschaft vgl. ausführlich H. Lewy, Der Weltmarkt 1913 u. heute, Berlin 1926, 75–100.

92 Vgl. im einzelnen D. Rothermund Hg., Die Peripherie in der Weltwirtschaftskrise. Afrika, Asien und Lateinamerika 1919–1939, Paderborn 1983.

93 Hierzu gibt es leider keine systematisch vergleichende Untersuchung.

94 1930 gab es in den USA über eine Million Traktoren; in Europa (ohne Sowjetunion) 130000. Vgl. im einzelnen Timoshenko; Kindleberger, Weltwirtschaftskrise, Kap. 3.

95 *Europas Anteil am Welthandel*

	1913	1928	1938
intraeuropäischer Handel	40,0	29,2	29,1
Importe nach Europa	21,5	24,7	26,6
Importe aus Europa	15,2	17,2	17,7
Handel zwischen nicht-europ. Ländern	23,3	28,9	26,8

Quelle: Byé u. Destanne de Bernis, 343.

96 Hardach, Weltwirtschaft, 105–111.

97 Vgl. mit vielen Details Goldberg; zeitgenössische Zeugnisse z. B. L. Denny, America Conquers Britain, N. Y. 1930. Beispiele: der englische Anteil an den Importen von 20 lateinamerikanischen Ländern sank zwischen 1913 und 1927 von 27 % auf 16 %; der Anteil der USA stieg von 24 % auf 38 %; China: englischer Anteil am Import: 1913 = 16,5 %, 1926 = 10,2 %; USA: 1913 = 6,0 %; 1926 = 16,0 %; Japan: englischer Anteil am Import: 1914 = 16,8 %; 1925 = 7,0 %; USA: 1914 = 16,8 %; 1927 = 30,9 %. Statistik der Anteilsverluste bei Meyer, 12 und Somary, 64; vgl. auch A. L. Bowley, Some Economic Consequences of the War, London 1930; K. Hutchison, The Decline and Fall of the British Capitalism, ebd. 1951.

98 Vgl. dazu W. Mock, Imperiale Herrschaft u. nationales Interesse. »Constructive Imperialism« oder Freihandel in Großbritannien vor dem Ersten Weltkrieg, Stuttgart 1982.

99 Hardach, Weltwirtschaft, 167; W. G. Hoffmann u. a., Das Wachstum der deutschen Wirtschaft seit der Mitte des 19. Jahrhunderts, Berlin 1965, 820–828.

100 Aldcroft, Zwanziger Jahre, Tab. 19, 349; etwas abweichende Zahlen, aber derselbe Trend bei Bienstock, 44 u. passim; vgl. oben Anm. II/79.

101 Hoffmann, Wachstum, Tab. 129, 531; Tab. 130, 534f.

102 Einige Hinweise bei J. Borkin, Die unheilige Allianz der IG-Farben. Eine Interessengemeinschaft im Dritten Reich, Frankfurt 1979, Kap. 2.

103 Vgl. die Beiträge von Wallerstein, Arrighi, Amin in S. Amin u. a., La crise, quelle crise? Dynamique de la crise mondiale, Paris 1982, 34; 69, Anm. 4; 172.

104 Aldcroft, Zwanziger Jahre, Kap. 8; Kindleberger, Weltwirtschaftskrise; Lundberg. In Europa gab es Stimmen, die die Konjunktur äußerst skeptisch bewerteten. Vgl. E. Wagemann, Struktur u. Rhythmus der Weltwirtschaft. Grundlage einer weltwirtschaftlichen Konjunkturlehre, Hamburg 1931. Auch Wagemann erachtete als gefährlichstes Symptom die seit 1928 wachsende Diskrepanz zwischen Kapital- und Konsumkraft, 3f.

105 Truchy, 15ff.: hier genaue Indexzahlen.

106 Kindleberger, Weltwirtschaftskrise, 108f. und Aldcroft, Zwanziger Jahre, 223f., bezeichnen das Phänomen eher verschleiernd als »strukturelle Deflation innerhalb eines konjunkturellen Booms«.

107 Vgl. im einzelnen Bastineller; E. Respondek, Die Internationale Wirtschaftskonferenz des Völkerbundes zu Genf. Wiedergabe der Plenar- und Kommissionssitzungen, Berlin 1927; A. Salter, The Economic Consequences of the Ligue. The World Economic Conference, London 1927; Völkerbund, La politique commerciale entre les deux guerres: propositions internationales et politiques nationales, Genf 1942, 33–47.

108 B. Harms, Vom Wirtschaftskrieg zur Weltwirtschaftskonferenz, Jena 1927, 334f.

109 In der deutschen öffentlichen Meinung gab es Stimmen, die die Konferenz nur deshalb schon als Erfolg werteten, weil sie französischen Interessen (möglichst geringe Senkung der Zollsätze) entgegengetreten war. Vgl. u.a. A. Feiler, Neue Weltwirtschaft. Die Lehre von Genf. Sonderdruck der Frankfurter Zeitung, 1927.

Kapitel III

1 So Trachtenberg, 334.

2 Aldcroft, Zwanziger Jahre, 216f.

3 Ebd., Tab. 5, 120 u. f.

4 Fischer, Weltwirtschaftliche Rahmenbedingungen, 13.

5 Von Ausnahmen abgesehen, wozu vor allem die Arbeiten Links u. der

französischen Historikerin Artaud gehören.

6 Link, Stabilisierungspolitik, 37. Auf Ähnlichkeiten zwischen der Konzeption Wilsons auf der Pariser Friedenskonferenz und dem Dawes-Plan verweisen Parrini, 68f. u. W. Diamond, The Economic Thought of W. Wilson, Baltimore 1943.

7 Vgl. zum folgenden eine Ausarbeitung von F. Luther vom 3. 1. 1975.

8 So z. B. K. Schwabe, Deutsche Revolution u. Wilsonfriede, Düsseldorf 1971, passim. Allerdings scheint auch Schwabe der These von der Schwäche der amerikanischen Position zuzuneigen, 652.

9 Vgl. auch zum folgenden die grundlegenden Arbeiten von D. Artaud, La reconstruction de l'Europe 1919–1929, Paris 1973, hier 14; dies., Le gouvernement américain et la question des dettes de guerre au lendemain de l'armistice de Rethondes (1919–1920), in: RHMC 20. 1973; vor allem dies., La question des dettes interalliées et la reconstruction de l'Europe, Paris 1978; P. P. Abrahams, American Bankers and the Economic Tactics of Peace 1919, in: JAH 56. 1969/70; R. H. Van Meter, American Foreign Policy and the Economic Reconstruction of Europe, 1918–1921, Topic 16, Washington D. C. 1968.

10 Nicht einmal der Vorschlag seitens der Präsidentenberater, wonach die War Finance Corporation private amerikanische Exportkredite garantieren sollte, wurde vom Treasury Department akzeptiert. Hinzu kam, daß man eine Weile brauchte, um das ganze Ausmaß des wirtschaftlichen Niedergangs Europas zu begreifen.

11 Vgl. dazu Link, Stabilisierungspolitik, Teil II.

12 Vgl. zum folgenden Lary u. a.

13 B. H. Williams, Economic Foreign Policy, 300.

14 Vgl. dazu M. Leffler, The Origins of Republican War Debt Policy, 1921–1923. A Case Study in the Applicability of the Open Door Interpretation, in: JAH 59. 1972/73, 586ff.; Link, Stabilisierungspolitik, erster Teil, Kap. 2; ders., Die Ruhrbesetzung u. die wirtschaftlichen Interessen der USA, in: VfZ 1969.

15 Vgl. G. Libal, Aspekte der britischen Außenpolitik 1919–1922, Göppingen 1972. Während vor 1914 ein Viertel der Gesamtproduktion vom Export abhing, war es 1924 nur noch ein Fünftel. Vgl. A. L. Bowley, Some Economic Consequences of the Great War, London 1930, 207. Die Arbeitslosenquote (Prozent der versicherten arbeitenden Bevölkerung) betrug 7,8 % (Dez. 1920), 11,0 % (Jan. 1921), 23,0 % (Mai 1921 = 2,5 Mill.), 17,7 % (Dez. 1921), 12,6 % (Dez. 1922), 10,5 % (Dez. 1922), 9,6 % (Juli 1924). Vgl. A. C. Pigou, Aspects of British Economic History, 1918–1925, ebd. 1948; grundlegend D. H. Aldcroft, The Inter-War Economy: Britain, 1919–1939, ebd. 1970.

16 Vgl. die brillante Studie von Schuker; J.-N. Jeanneney, De la spéculation financière comme arme diplomatique. A propos de la première bataille du franc (nov. 1923–mars 1924), in: Relations internationales

1979; J. C. Debeir, La crise du franc de 1924. Un exemple de spéculation »internationale«, in: ebd.; über die politischen, wirtschaftlichen und finanziellen Gründe der Schwächung Frankreichs im Frühjahr 1924 vgl. treffend C. A. Wurm, Die französische Sicherheitspolitik in der Phase der Umorientierung 1924–1926, Frankfurt 1979.

17 Vgl. Parrini; Link, Stabilisierungspolitik, zweiter Teil, Kap. 2.

18 So McDougall, 21; treffend Trendelenburg, 98 f.

19 Eine Übersicht der vielfältigen Bestimmungen des Dawes-Plans gibt F.-W. Henning, Das industrielle Deutschland 1914 bis 1972, Paderborn 1974, 83–86.

20 Zum folgenden Trendelenburg, 114–139; S. B. Clough, The Economic Development of Western Civilization, N. Y. 1968, 440; R. E. Lüke, Von der Stabilisierung zur Krise, Zürich 1958.

21 So schon Trendelenburg, 121.

22 Schuker, 386.

23 Artaud, La reconstruction, 20.

24 Dazu Link, Stabilisierungspolitik. Die von Link herausgearbeiteten Kennzeichen der amerikanisch-deutschen Beziehungen sind in der deutschen Diskussion zu wenig beachtet worden.

25 Link, Stabilisierungspolitik, dritter Teil, Kap. 2; ders., Der amerikanische Einfluß auf die Weimarer Republik in der Dawesplanphase (Elemente eines »penetrierten Systems«), in: Mommsen u. a. Hg., Industrielles System; C. L. Holtfrerich, Amerikanischer Kapitalexport u. Wiederaufbau der deutschen Wirtschaft 1919–1923 im Vergleich zu 1924–1929, in: VSWG 64. 1977; Aldcroft, Zwanziger Jahre, 291–94; aus der Fülle der Lit. weiterhin W. Fischer, Deutsche Wirtschaftspolitik 1918–1945, Opladen 1968; E. Wandel, Die Bedeutung der Vereinigten Staaten von Amerika für das deutsche Reparationsproblem 1924–1929, Tübingen 1971.

26 Schiemann, 93.

27 Henning, 88.

28 So wurden mit Vorliebe Schwimmbäder, überhaupt Sportanlagen, wie z. B. auch der Nürburgring (1927), gebaut.

29 Henning, 86.

30 Ebd., 87.

31 Aldcroft, Zwanziger Jahre, 110–112.

32 Vgl. im einzelnen dazu F.-W. Henning, Die Liquidität der Banken in der Weimarer Republik, in: Winkel Hg.

33 G. Hardach, Reichsbankpolitik und wirtschaftliche Entwicklung 1924–31, in: Schmollers Jahrbuch 90. 1970, 563 ff.

34 So z. B. G. Stolper u. a., Deutsche Wirtschaft seit 1870, Tübingen ²1966, 113.

35 Vgl. zum folgenden D. Petzina, Die deutsche Wirtschaft in der Zwischenkriegszeit, Wiesbaden 1977, 14–18, 52–69; auf breiter statisti-

scher Basis: D. Keese, Die volkswirtschaftlichen Gesamtgrößen für das Deutsche Reich in den Jahren 1925–1936, in: W. Conze u. H. Raupach Hg., Die Staats- und Wirtschaftskrise des Deutschen Reiches 1923/33, Stuttgart 1967; W. Abelshauser u. D. Petzina, Krise und Rekonstruktion. Zur Interpretation der gesamtwirtschaftlichen Entwicklung im 20. Jahrhundert, in: dies. Hg., Deutsche Wirtschaftsgeschichte im Industriezeitalter. Konjunktur, Krise, Wachstum, Königstein 1981, 47–93; D. Petzina u. W. Abelshauser, Zum Problem der relativen Stagnation der deutschen Wirtschaft in den zwanziger Jahren, in: Mommsen u. a. Hg., Industrielles System, 57–76; W. Fischer u. P. Czada, Wandlungen in der deutschen Industriestruktur im 20. Jahrhundert, in: G. A. Ritter Hg., Entstehung und Wandel der modernen Gesellschaft. Festschrift für H. Rosenberg, Berlin 1970, 118–65, bes. 129, 131, 135f., 138, 154; Henning, Das industrielle Deutschland, 88ff.

36 Die Zahlen bei Petzina, Deutsche Wirtschaft 14, weichen von denen des Völkerbundes (Tab. 3 im Text) ab. Industrieproduktion in Deutschland (1913 = 100; jeweiliges Territorium): 1920 = 55; 1921 = 66; 1922 = 72; 1923 = 47; 1924 = 70; 1925 = 83; 1926 = 80; 1927 = 100; 1928 = 103; 1929 = 104; 1930 = 91. Diese Angaben sind pessimistischer als diejenigen des Völkerbundes, spiegeln aber denselben Trend wider.

37 Insbes. in Branchen wie Stahl, Chemie, Automobil, Schiffbau usw.

38 Die beiden wichtigsten Beispiele sind bekanntlich die Gründung der I.G. Farbenindustrie A. G. im Dez. 1925, womit der Konzern zum größten Chemieunternehmen der Welt avancierte, und der Vereinigten Stahlwerke 1926. Bereits 1926 erreichten Produktionsvereinigungen im Kalibergbau 98,3 %, in der Farbenindustrie 96, 3 %, der Braunkohlegewinnung 94,5 %, der Steinkohlegewinnung 90, 1 %, der elektrotechnischen Industrie 86,9 %, der Großeisenindustrie 85 %.

39 Rationalisierungsprozesse gab es vornehmlich in den Grundstoffindustrien (Ruhrkohlenbergbau; Stahl); sie verliefen langsamer in den traditionellen Wachstumsbranchen wie Maschinenbau, Elektroindustrie, Feinmechanik. Vgl. noch immer: R. A. Brady, The Rationalization Movement in German Industry. A Study in the Evolution of Economic Planning, Berkeley 1933; E. Schalldach, Rationalisierungsmaßnahmen der Nachinflationszeit im Urteil der deutschen freien Gewerkschaften, Jena 1930; R. Krengel, Anlagevermögen, Produktion u. Beschäftigung der Industrie im Gebiet der Bundesrepublik von 1924 bis 1956, Berlin 1958; Svennilson, 254, Tab. A 23; O. Dascher, Probleme der Konzernorganisation, in: Mommsen u. a. Hg., industrielles System, 127–135; Sohn-Rethel, 41–52.

40 Petzina u. Abelshauser, in: Mommsen u. a. Hg., 66–70.

41 Abelshauser u. Petzina, Krise und Rekonstruktion, in: dies. Hg., 60; gegen die These von den »goldenen zwanziger Jahren« auch Henning, 90.

42 A. Rosenberg, Weimarer Republik, Kap.: Stabilisierung und Stresemann 1924 bis 1928, nachgedruckt in: G. Ziebura Hg., Grundfragen der deutschen Außenpolitik seit 1871, Darmstadt 1975.

43 Vgl. zum folgenden D. Hertz-Eichenrode, Wirtschaftskrise u. Arbeitsbeschaffung. Konjunkturpolitik 1925/26 und die Grundlagen der Krisenpolitik Brünings, Frankfurt 1982; G. Hardach, Weltmarktorientierung u. relative Stagnation. Währungspolitik in Deutschland 1924–1931, Berlin 1976; C.-D. Krohn, Stabilisierung u. ökonomische Interessen. Die Finanzpolitik des Deutschen Reiches 1923–1927, Düsseldorf 1974; I. Maurer, Reichsfinanzen und Große Koalition. Zur Geschichte des Reichskabinetts Müller (1928–30), Bern 1973; Lüke.

44 Allerdings kam ihr ein »Glücksfall« zu Hilfe: der Bergarbeiterstreik, der im Mai 1926 in England begann und zunächst den deutschen Steinkohlebergbau aus der Krise riß und in seinem Gefolge die eisenschaffende Industrie.

45 Link, Stabilisierungspolitik, 411 ff.

46 Der auf 109,8 Mrd. Goldmark geschätzte Rest der Reparationen sollte in 59 Jahresraten (1929–1988) gezahlt werden: bis 1930/31 1,3 Mrd.; bis 1965/66 sollte die Leistung auf jährlich 2,3 Mrd. ansteigen und bis zum Schluß auf dieser Höhe bleiben. Wichtig ist, daß jede Jahresrate in zwei Beträge aufgeteilt war: einen aufschiebbaren »geschützten« und einen unaufschiebbaren »ungeschützten« Teil. Dieser letztere belief sich auf insges. 22,6 Mrd., den Deutschland in jedem Fall zu zahlen hatte. Der »geschützte« Teil von 87 Mrd. entsprach dem Betrag der interalliierten Schulden an die USA. Die Alliierten wollten in dem Maß auf die Zahlung dieser Summe verzichten, wie ihnen die USA ihrerseits einen Nachlaß der Schuldenrückzahlungen gewährten. So war zum ersten Mal jenes Junktim zwischen Reparationen und interalliierten Schulden hergestellt, das Frankreich seit 1919 angestrebt hatte.

47 Link, Stabilisierungspolitik, 472.

48 Hertz-Eichenrode, 235 ff.

49 Link, Stabilisierungspolitik, 350–58; passim.

50 Vgl. Link, Ruhrbesetzung, 378.

51 Dabei ist die erste Hälfte der 20er Jahre besser untersucht worden als die zweite. Am wichtigsten J. Bariéty, Les relations franco-allemandes après la première guerre mondiale, 10 novembre 1918–10 janvier 1925. De l'exécution à la négociation, Paris 1977; eine Zusammenfassung der wichtigsten Ergebnisse findet sich in R. Poidevin u. J. Bariéty, Frankreich u. Deutschland. Die Geschichte ihrer Beziehungen 1815–1975, München 1982, Kap. 15 u. 16; W. A. McDougall, France's Rhineland Diplomacy, 1914–1924. The Last Bid for a Balance of Power in Europe, Princeton 1978; Wurm, 141 ff., 482 ff., 557 ff.

52 Das wurde schon von zeitgenössischen deutschen Beobachtern anerkannt. Vgl. H. J. Schneider, Grundlagen der deutsch-französischen

Wirtschaftsbeziehungen, Berlin 1931, 51 ff., 61 ff.

53 Vgl. J. Marseille, Le commerce entre la France et l'Allemagne pendant les »années 30«, in: La France et l'Allemagne 1932–1936, Paris 1980; A. Sauvy, Histoire économique de la France entre les deux guerres, Bd. 1: 1918–1931, Paris 1965; T. Kemp, The French Economy 1913–1938. The History of a Decline, London 1972.

54 Bariéty u. Poidevin, 358.

55 Vgl. F. L'Huillier, Dialogues franco-allemandes 1925–1933, Straßburg 1971.

56 Bariéty u. Poidevin, 360; C. Hodier, Aristide Briand. Apôtre oublié de la paix, in: Le Monde diplomatique, 3. Okt. 1982, XI.

57 H.-O. Sieburg, Les entretiens de Thoiry (1926), in: Revue d'Allemagne 4. 1972; am besten J. Bariéty, Finances et relations internationales: à propos du »plan de Thoiry«, septembre 1926, in: Relations internationales 21. 1980.

58 Zum folgenden M.-O. Maxelon, Stresemann und Frankreich. Deutsche Politik der Ost-West-Balance, Düsseldorf 1972, 292–95.

59 Aus der umfangreichen Lit. vgl. R. Berndt, Wirtschaftliche Mitteleuropapläne des deutschen Imperialismus (1926–1931), in: Ziebura Hg.; H. C. Meyer, Mitteleuropa in German Thought and Action 1815–1945, Den Haag 1955; J. Droz, L'Europe centrale. L'évolution historique de l'idée de »Mitteleuropa«, Paris 1960; W. Schumann Hg., Griff nach Südosteuropa, Berlin 1973; R. Frommelt, Paneuropa oder Mitteleuropa. Einigungsbestrebungen im Kalkül deutscher Wirtschaft und Politik 1925–1933, Stuttgart 1977.

60 K. Megerle, Deutsche Außenpolitik 1925. Ansatz zu aktivem Revisionismus, Bern 1974.

61 G. Schmidt, England in der Krise. Grundzüge und Grundlagen der britischen Appeasement-Politik (1930–1937), Opladen 1981, 52–58.

62 Vgl. die Arbeiten von Artaud.

63 Die negativen Auswirkungen der amerikanischen Politik waren erheblich größer als das, was sie einbrachte. Bis 1931/32, als das Hoover-Moratorium die Schuldenzahlungen für ein Jahr suspendierte und sie danach eingestellt wurden, erhielten die USA von den rd. 10 Mrd. Dollar, die sie den Verbündeten geliehen hatten, etwa 2,6 Mrd. zurück.

64 Zu diesem Begriff vgl. G. Ziebura, Frankreich 1789–1870. Entstehung einer bürgerlichen Gesellschaftsformation, Frankfurt 1979, Einl.

65 Vgl. dazu das leider sehr konfuse Buch von K. J. Newman, Zerstörung u. Selbstzerstörung der Demokratie. Europa 1918–1938, Köln 1965; zusammenfassend Th. Schieder, Europa im Zeitalter der Weltmächte, § 7: Der liberale Staat u. seine Krise, in: ders. Hg., Handbuch der europäischen Geschichte, Bd. 7, Stuttgart 1979, 201–40 (dort weitere Lit.).

66 Über die Lage der französischen Arbeiterbewegung vgl. G. Ziebura,

Léon Blum. Theorie u. Praxis einer sozialistischen Politik, Bd. 1, 1872–1934, Berlin 1963. Eine vergleichende Untersuchung fehlt.

67 Maier, Recasting, Kap. 1: The Dimensions of Social Conflict at the End of World War I; G. D. Feldman, Wirtschafts- u. sozialpolitische Probleme der deutschen Demobilmachung 1918/19, in: Mommsen u. a. Hg., Industrielles System, 636.

68 Für Deutschland gut untersucht von G. D. Feldman, Iron and Steel in the German Inflation, 1916–1923, Princeton 1977.

69 Hinweise bei W. Abendroth, Sozialgeschichte der europäischen Arbeiterbewegung, Frankfurt 1969.

70 Vgl. dazu im einzelnen O. Bauer, Zwischen zwei Weltkriegen? Die Krise der Weltwirtschaft, der Demokratie u. des Sozialismus, Bratislava 1936, in: Otto Bauer, Werkausgabe, Bd. 4, Wien 1976, 49–331, hier 283 ff.; F. Claudin, La crise du mouvement communiste. Du Komintern au Kominform, Bd. 1, Paris 1972, 172–81; N. Poulantzas, Faschismus und Diktatur. Die Kommunistische Internationale u. der Faschismus, München 1973.

71 Vgl. D. Demarco u. a., Etude comparée, in: D. Fauvel-Rouif Hg., Mouvements ouvriers et dépression économique de 1929 à 1939, Assen 1966, 3–7.

72 N. Poulantzas, Pouvoir politique et classes sociales, Paris 1968: hier ein knapper Vergleich zwischen Deutschland und Frankreich.

73 Vgl. A. Teichova, Konzentrationstendenzen in der Industrie Mittelost- und Südosteuropas nach dem Ersten Weltkrieg, in: Mommsen u. a. Hg., Industrielles System, 135–153.

74 Dazu zahlreiche Hinweise in: ebd. und Maier, Recasting.

75 Vgl. dazu B. de Jouvenel, D'une guerre à l'autre, Bd. 2: La décomposition de l'Europe libérale 1925–1932, Paris 1941.

76 Vgl. im einzelnen R. Graves u. A. Hodges, The Long Week-End. A Social History of Great Britain, 1918–1939, N. Y. 1941; B. B. Gilbert, British Social Policy 1914–1939, London 1970; Ch. L. Mowat, Britain between the Wars, 1918–1940, ebd. ²1976.

77 So P. Kluke, Großbritannien u. das Commonwealth, in: Schieder Hg., 374.

78 Hobsbawm, Bd. 2, 79.

79 Ebd., 78 ff.

80 Abendroth, 121.

81 Vgl. im einzelnen dazu J.-N. Jeanneney, Leçon d'histoire pour une gauche au pouvoir. La faillite du Cartel (1924–1926), Paris 1977; E. Bonnefous, Histoire politique de la Troisième République, Bd. 4: Cartel des Gauches et Union nationale (1924–1929), ebd. 1960; P. Combe, Niveau de vie et progrès technique en France 1860–1939. Contribution à l'étude de l'économie française contemporaine, ebd. 1956.

82 Bezüglich der gesellschaftlichen Veränderungen rangierte an erster

Stelle die Enteignung weiter Teile der kleinen und mittleren Rentner-Bourgeoisie durch den Verlust ihrer Anlagen im Ausland, bes. in Rußland, sowie die absolute wie relative Verarmung der Arbeiterklasse, d. h. jener gesellschaftlichen Gruppen, die das »Cartel« an die Macht gebracht hatten.

83 Jeanneney, 48, schließt sich der These an, daß Stresemann dabei eine erhebliche Rolle gespielt habe, indem er Bankhäuser deutschen Ursprungs in Amsterdam, London und New York dazu gebracht habe, gegen den Franc zu spekulieren, um Einfluß auf die französische Politik zu bekommen.

84 Ebd., 60ff.

85 Diesem Zweck diente u. a. auch der geschickte Schachzug, die de jure-Stabilisierung erst zwei Jahre später, nach dem Wahlsieg der Rechten, im April/Mai 1928, durchzuführen.

86 C. Fohlen, La France de l'entre-deux-guerres (1917–1939), Paris 1966, 87ff.

87 Zum folgenden am besten Mommsen u. a. Hg., Industrielles System (mehrere Beiträge); L. Preller, Sozialpolitik in der Weimarer Republik, Stuttgart 1949; diskussionswürdig auch die von einem neomarxistischen Ansatz (Gramsci) ausgehenden Arbeiten von D. Abraham, State and Classes in Weimar Germany, in: Politics and Society 7. 1977; ders., Constituting Hegemony: The Bourgeois Crisis of Weimar Germany, in: JMH 1979 (mit kritischen Diskussionsbeiträgen von D. Stegmann und T. W. Mason); ders., Political Economy, Political Crisis and the Collapse of the Weimar Republic, Princeton 1980. Sicherlich ist das der Arbeit zugrundeliegende Klassenmodell zu schematisch. Die These, daß sich zwischen 1925 und 1930 ein »hegemonialer Klassenblock« aus Exportindustrie, Arbeiterschaft und Angestellten herausgebildet habe, ist nicht überzeugend.

88 So Mason in: Mommsen u. a. Hg., 334.

89 Vgl. seinen brillanten Bericht in: ebd., 612–17.

90 Vgl. dazu im einzelnen H. A. Winkler, Mittelstand, Demokratie u. Nationalsozialismus. Die politische Entwicklung von Handwerk u. Kleinhandel in der Weimarer Republik, Köln 1972.

Kapitel IV

1 Vgl. dazu am besten T. H. Buckley, The United States and the Washington Conference 1921–1922, Knoxville 1970; L. E. Ellis, Republican Foreign Policy, 1921–1933, New Brunswick 1968; vor allem aber die grundlegende Arbeit von A. Iriye, After Imperialism. The Search for a New Order in the Far East, 1921–1931, Cambridge/Mass. 1965; weiterhin: J. B. Crowley, Japan's Quest for Autonomy, Princeton

1966; R. L. Buell, The Washington Conference, N. Y. 1922; M. G. Frey, Illusions of Security. North Atlantic Diplomacy 1918–1922, Toronto 1972; I. H. Nish, Japan and the Ending of the Anglo-Japanese Alliance, in: K. Bourne u. D. C. Watt Hg., Studies in International History, London 1967; J. Israel, Progressivism and the Open Door. America and China, 1905–1921, ebd. 1971; W. J. Cohen, American Response to China, N. Y. 1971; E. R. May u. J. C. Thomson Hg., American-East Asian Relations. A Survey, Cambridge/Mass. 1972 (mehrere Beiträge, auch zum folgenden); Parrini. Zur amerikanischen Konferenzdelegation unter Führung von Außenminister *Hughes* gehörten der frühere Außenminister E. *Root,* der dem »Big Business« nahestand, sowie H. C. *Lodge,* der einflußreiche Vorsitzende des Auswärtigen Ausschusses im Senat (bis zu seinem Tod 1924), und der Demokrat O. W. *Underwood.*

2 Es handelte sich um die Rückgabe der den Deutschen während des Krieges abgenommenen Provinz Schantung an China sowie das Versprechen Japans, seine Truppen aus Nordsachalin und Ostsibirien zurückzuziehen.

3 Der Begriff stammt von W. A. Williams. Vgl. dazu Iriye, Imperialism in East Asia, in: J. B. Crowley Hg., Modern East Asia, N. Y. 1970.

4 Im folgenden stütze ich mich auf zwei substantielle Ausarbeitungen von F. Luther vom 5. 11. 1973 u. 15. 2. 1974.

5 Über die große Bedeutung des chinesischen Marktes für Japan vgl. J. E. Orchard, Japans Economic Position, N. Y. 1930, 451 ff.

6 Vgl. dazu W. L. Neumann, Ambiguity and Ambivalence in Ideas of National Interest in Asia, in: A. De Conde Hg., Isolation and Security, Durham 1957.

7 Feis, Diplomacy of Dollar, 38; Iriye, After Imperialism, 191; Wilson, 214.

8 Ebd., 214–18.

9 Übereinstimmend Adams, 36; Wilson, 201.

10 Hauptwerk: W. W. Lockwood, The Economic Development of Japan. Growth and Structural Change, 1868–1938, Princeton [2]1970, 38–42; M. Takahashi, Modern Japanese Economy since 1868, Tokio 1968, 92 ff.; H. G. Moulton, Japan. An Economic and Financial Appraisal, Washington D. C. 1931; K. Ohara, Japanese Trade and Industry in the Meiji-Taisho Era, Tokio 1957; M. Shinohara, Economic Development and Foreign Trade in Pre-War-Japan, in: C. D. Cowan Hg., The Economic Development of China and Japan, London 1964; B. Masao u. T. Masshiro, Foreign Trade and Economic Growth in Japan, 1858–1937, in: L. Klein u. K. Ohkawa Hg., Economic Growth, Homewood 1968; G. C. Allen, A Short Economic History of Modern Japan 1867–1937, London 1962; K. Ikeda, Die industrielle Entwicklung in Japan unter bes. Berücksichtigung seiner Finanz- und Wirtschaftspolitik, Berlin

1970; H. Rosovsky, Capital Formation in Japan 1868–1940, Glencoe 1961; zur Innenpolitik vgl. P. Duus, The Era of Party Rule. Japan 1905–1932, in: Crowley, Modern East Asia; R. A. Scalapino, Democracy and the Party Movement in Pre-War Japan. The Failure of the First Attempt, Berkeley 1953; zur Außenpolitik vgl. H. Kamikawa Hg., Japan-American Diplomatic Relations in the Meiji-Taisho Era, Tokio 1958; Y. C. Maxon, Control of Japanese Foreign Policy, Berkeley 1957; W. L. Neumann, America encounter Japan, Baltimore 1963.

11 Zwischen 1913 und 1918 verdreifachte sich der Wert der japanischen Exporte (vgl. Tab. 13 im Text). Die Märkte, die Japan zum erheblichen Teil den Europäern wegnahm, umfaßten China, Britisch-Indien, Niederländisch-Ostindien, Ozeanien, sogar Lateinamerika und Afrika. So wuchs der Anteil Japans auf dem chinesischen Markt zwischen 1913 und 1919 von 20 % auf 36 %, während derjenige Englands von 16,5 % auf 9,5 % zurückging. Vgl. Aldcroft, Zwanziger Jahre, 54. Während der Anteil Europas von 367,5 Mill. Yen 1913 auf 332,1 Mill. Yen sank (1915–18; Jahresdurchschnitt), stieg der Anteil Asiens von 623,9 Mill. auf 1111,3 Mill. und derjenige Nordamerikas von 192,4 Mill. auf 731,6 Mill. Vgl. K. Glück, Japans Vordringen auf dem Weltmarkt, Diss. Frankfurt 1936, Würzburg 1937, 55; vgl. ausführlich A. Reichelt, Japans Außenhandel u. Außenhandelspolitik unter dem Einfluß des Weltkrieges, Diss. Berlin 1931.

12 Dies war sogar in der Zeit der relativen Prosperität der Fall: Zwischen 1925 und 1931 fielen die Kokonpreise um mehr als zwei Drittel, während die Produktion in derselben Zeit um 25 % stieg. Lockwood, 57.

13 Glück, 24.

14 Ein schweres Erdbeben, das Schäden in Höhe von etwa 11 Mrd. Yen verursachte, hatte 1923 zu einem erneuten Rückschlag geführt.

15 Zum japanischen Industrialisierungsmodell vgl. grundsätzlich F. Moulder, Japan, China and the Modern World Economy, Cambridge 1977.

16 P. Renouvin, Les crises du XXe siècle (Histoire des relations internationales, Bd. VII), Teil I: 1914 à 1929, Paris 1957, 243 f.

17 Vgl. O. Reischauer, Japan. Past and Present, N. Y. 1950, 144, 147 f. Die beiden wichtigsten »liberalen« Parteien hießen Minseito und Seiyukai. Das Adjektiv »liberal« im europäischen Verständnis verdienen sie nicht ohne weiteres, da, wie auch sonst in der japanischen Gesellschaft, ein strenges Führer-Gefolgschafts-Prinzip herrschte.

18 Wichtigster Ideologe war Kita *Ikki* mit seinem 1919 erschienenen Buch »Die Grundlagen der Rekonstruktion Japans«, der so weit ging, eine Expansion auch zu Lasten der europäischen Mächte zu empfehlen.

19 Grundlegend A. Iriye, Across the Pacific, N. Y. 1967; auch Crowley, Japan's Quest for Autonomy.

20 Grundlegend Orchard, 424–52; Moulton, Japan; Shinohara.

21 Lockwood, 320.
22 Vgl. E. Meyn, Die japanische Wirtschaftspolitik in der Mandschurei, Diss. Handelshochschule Leipzig 1938, 29.
23 Masao u. Masshiro, in: Klein u. Ohkawa Hg., 179; Shinohara, 220–248.
24 P. Renouvin, La question d'Extrême-Orient 1840–1940, Paris 1946, 339.
25 So Iriye, After Imperialism, 85.
26 Hier erkennt man einen Kontinuitätsstrang japanischer Außen- und Außenwirtschaftspolitik bis in die Gegenwart, nur daß an die Stelle Chinas jetzt der gesamte südostasiatische Raum getreten ist.
27 Unzureichend untersucht. Hinweise bei S. N. Ogata, Defiance in Manchuria, Berkeley 1964, 7–13; M. Vié, Points de vue sur la politique extérieure du Japon entre les deux guerres mondiales, in: Relations internationales 1980, 141–52, über die Außenpolitik Shideharas bes. 144–48. Vié verweist auf die bemerkenswerte Tatsache, daß Shidehara 1945 nach Kriegsende wieder in die Regierung zurückkehrte und daß er maßgeblich an der Formulierung des Art. IX der neuen japanischen Verfassung, der die Aufstellung von Streitkräften verbietet, mitgewirkt hat.
28 Vgl. M. Beckmann, The Modernization of China and Japan, N. Y. 1962, 552; R. Storry, Geschichte des modernen Japan, München 1962, 172.
29 Vgl. J. K. Chang, Industrial Development in Pre-Communist China. A Quantitative Analysis, Edinburgh 1969, 60ff.
30 Vgl. D. Borg, American Policy and the Chinese Revolution 1925–1928, N. Y. 1947, 392ff., 421ff.; F. Joyeux, »Question chinoise« ou »Politique chinoise«. La Chine sur la scène internationale de 1919 à 1931, in: Relations internationales 1980; J. Chesnaux u. F. L. Barbier, La Chine. La marche de la Révolution, Paris 1975. Diese beiden Autoren betonen, 82, die Übereinstimmung der Interessen seitens der imperialistischen Mächte und der »neuen modernistischen politischen Klasse« (Kuomintang) im Zusammenhang mit der Zubilligung der Zollautonomie für China.

Kapitel V

1 Link, Stabilisierungspolitik, 598f.; H.-J. Schröder, Deutschland und die Vereinigten Staaten 1933–1939. Wirtschaft u. Politik in der Entwicklung des deutsch-amerikanischen Gegensatzes, Wiesbaden 1970, 15.
2 Typisch dafür Becker u. Hildebrandt Hg. Auch die klassische Untersuchung von K.-D. Bracher über die »Auflösung der Weimarer Repu-

blik« weist der Weltwirtschaftskrise nicht die Bedeutung zu, die sie für das Ende der Weimarer Republik tatsächlich hatte.

3 Aus der unübersehbaren Literatur vgl. insbes. The Great Depression, in: JCH 1969 (ökonomische Auswirkungen der Krise in Deutschland, England, Frankreich, Italien, Osteuropa, Sowjetunion); über Ursachen und Verlauf der Weltwirtschaftskrise vgl. am besten Kindleberger; Lary u. a.; das klassische, immer noch lesenswerte Buch von A. Sturmthal, Die große Krise, Zürich 1937; J. K. Galbraith, Der große Krach 1929. Die Geschichte einer Illusion, die in den Abgrund führte, München 1963; R. F. Himmelburg Hg., The Great Depression and American Capitalism, Boston 1968; M. Friedman u. A. J. Schwartz, The Monetary History of the United States 1867–1960, N. Y. 1963, Kap. 7: The Great Contraction; L. V. Chandler, America's Greatest Depression 1929–1941, ebd. 1970; grundlegend für die Diskussion um die Ursachen der Krise H. van der Wee Hg., The Great Depression Revisited. Essays on the Economics of the Thirties, Den Haag 1972.

4 D. Junker, Der unteilbare Weltmarkt. Das ökonomische Interesse in der Außenpolitik der USA 1933–1941, Stuttgart 1975, 36.

5 Die Veröffentlichungen des Völkerbundes, die die monatliche Entwicklung des Welthandelsvolumens angaben, zeigten den raschen und kontinuierlichen Verfall des Welthandels. So sanken die Gesamtimporte von 75 Ländern (Monatswerte in Mill. Dollar, vor der Abwertung) vom Höchststand im *April 1929* von 3039,1 auf den Tiefststand im *Februar 1933* von 944,0 ab. Vgl. die graphische Darstellung in Gestalt der berühmten »Spinne« in Kindleberger, 179, 180.

6 In: Mommsen u. a. Hg., 937.

7 Im folgenden stütze ich mich auf ein Papier von R. Mayer vom 28. 8. 1974; vgl. auch W. Greiff u. A. Bergsträsser, Der Methodenwandel der europäischen Handelspolitik während des Krisenjahres 1931, Berlin 1932.

8 Vgl. im einzelnen J. M. Jones, Tariff Retaliation. Repercussions of the Hawley-Smoot-Bill, Philadelphia 1934; H. Liepmann, Tariff Levels and Economic Unity of Europe, N. Y. 1938, 413–15.

9 Völkerbund, Report on Exchange Control, Genf 1938, 37; J. B. Condliffe, Reconstruction of World Trade, N. Y. 1940, 242; zum folgenden vgl. weitere Veröffentlichungen des Völkerbundes: Enquiry into Clearing Agreements, Genf 1935; Commercial Policy in the Interwar Period, ebd. 1942; Network of World Trade, ebd. 1942.

10 R. C. Snyder, Commercial Policy as Reflected in Treaties from 1931 to 1939, in: AER 30. 1940.

11 Über die Entwicklung der Weltexportquote für Fabrikate vgl. S. Helander, Das Autarkieproblem in der Weltwirtschaft, Berlin 1955, 23 f.; Völkerbund, World Economic Survey 1937/38, Genf 1938.

12 Vgl. im einzelnen Schröder; Lary u. a.; Galbraith; dazu ein Papier von R. Mayer vom 24. 9. 1974.

13 Dobb, 329.
14 Vgl. H. W. Richardson, Economic Recovery in Britain, 1932–1939, London 1967; Aldcroft, The Interwar Economy: Britain 1919–1939; A. E. Kahn, Great Britain in the World Economy, N. Y. 1946.
15 Zum folgenden R. Mayer, Papier vom 24. 9. 1974, 12ff.
16 Arndt, Lessons, 87ff.
17 J.-B. Duroselle, Histoire diplomatique de 1919 à nos jours, Paris [7]1978, 139.
18 Vgl. z. B. O. Leibrock, Weltwirtschaft oder Großraumwirtschaft? Eine kritische Studie, Leipzig 1933; F. Fried, Autarkie, Jena 1932; K. A. Herrmann, Autarkie u. Kapitalgüterexport, Berlin 1933; K. C. Thalheim, Autarkie – weder Ziel noch Schicksal, Leipzig 1933; H. v. Beckerath, F. Kern, Autarkie oder internationale Zusammenarbeit? Berlin 1932.
19 Zahlen aus: Statistisches Handbuch der Weltwirtschaft, bearbeitet vom Statistischen Reichsamt, Berlin 1936; A. Gerschenkron, Economic Relations with the U.S.S.R., N. Y. 1945; vgl. dazu weiterhin P. G. Fileue, Americans and the Soviet Experiment, 1917–1933, Cambridge/Mass. 1967; insbes. J. H. Wilson, Ideology and Economics. U. S. Relations with the Soviet Union, 1918–1933, Columbia 1974.
20 Link, Stabilisierungspolitik, 351ff., 517ff., 553; ders., Penetriertes System, 497ff.
21 Vgl. dazu die Äußerungen der Betroffenen: H. Brüning. Memoiren 1918–1934, Stuttgart 1970, v. a. 193f.; H. Luther, Vor dem Abgrund. Reichsbankpräsident in Krisenzeiten, Berlin 1964; W. J. Helbich, Die Reparationen in der Ära Brüning, ebd. 1962.
22 H. Irmler, Bankenkrise und Vollbeschäftigungspolitik (1931–1936), in: Deutsche Bundesbank Hg., 308.
23 Hardach, Währungskrise 1931, in: Winkel Hg., 128. Schiemann hat eindrucksvoll nachgewiesen, daß eine Abwertung der Reichsmark vornehmlich aus außenpolitischen Gründen abgelehnt wurde. Man fürchtete, daß eine konjunkturelle Belebung als Folge der Abwertung die Bereitschaft der Gläubigerländer, einer Revision des Young-Plans zuzustimmen, vermindert hätte. »Diese Logik der Brüningschen Politik, die Wirtschaftskrise als taktisches Mittel einzusetzen und Massenelend, Goldparität und wirtschaftliche Depression dazu zu nutzen, eine Revision des Reparationsvertrages herbeizuführen, erscheint allerdings aus heutiger Sicht wenig begreiflich« (285). Hinzu kamen noch rechtliche und ökonomische Argumente, vor allem die nicht unberechtigte Annahme, eine Abwertung von 20 % sei nicht stabilisierbar. Aufschlußreich ist aber die Tatsache, daß auch in diesem Bereich eine unmittelbare Kontinuität zwischen der Politik Brünings und Hitlers bestand. Das NS-Regime hat die 1931 begonnene Politik der Devisenbewirtschaftung nur fortgesetzt und schließlich so weit perfektioniert, daß sie

nicht nur zum Instrument außenwirtschaftlicher Lenkung, sondern weit mehr noch zum »Hebel zu einer effizienteren politischen Kontrolle und zur innenpolitischen Disziplinierung und Gleichschaltung« (292) wurde. Vgl. dazu D. Doering, Deutsche Außenwirtschaftspolitik 1933–1935. Die Gleichschaltung der Außenwirtschaft in der Frühphase des nationalsozialistischen Regimes, Diss. FU Berlin 1969.

24 Hardach, Währungskrise 1931, 133f.; vgl. dazu die grundlegende Arbeit von E. W. Bennett, Germany and the Diplomacy of the Financial Crisis 1931, Cambridge Mass. 1962.

25 1931 erschien von einem anonymen, aber höchst kompetenten Autor ein Buch unter dem Titel »Der Kampf um die deutsche Außenpolitik« im Paul List Verlag zu Leipzig. Hier werden die künftigen Ziele der deutschen Außenpolitik nüchtern, aber mit großer Klarheit und Entschlossenheit formuliert (410f.): Abkehr von der Locarno-Politik; Annäherung an Italien; Aktivierung der Ostpolitik, um mit Unterstützung Rußlands und der Randstaaten Druck auf Polen ausüben zu können; Aktivität in »Mitteleuropa«, aber Ablehnung einer Frankreichs Konsolidierungsabsichten dienenden »Paneuropapolitik«; bes. Pflege der Beziehungen zu den USA; Änderung des Youngplans sowie in Verbindung damit Geltungmachung des Anspruchs auf Rückgabe der abgetretenen deutschen Ostgebiete u. a. m.

26 Vgl. dazu die Beiträge von G. Ziebura und R. Höhne in: K. Rohe Hg., Die Westmächte und das Dritte Reich 1933–1939. Klassische Großmachtrivalität oder Kampf zwischen Demokratie und Diktatur? Paderborn 1982.

27 Parker, Probleme der britischen Außenpolitik, in: Becker u. Hildebrandt Hg., 8f.

28 Schmidt, England in der Krise, 55ff.

29 W. Lipgens, Briands Europaplan im Urteil der deutschen Akten, in: HZ 203. 1966; Renouvin, Les crises du XXe siècle, I, 343f.

30 Ausführlich zur Haltung Englands gegenüber Briands Europaplan und dem Projekt der deutsch-österreichischen Zollunion vgl. H. H. Rass, Britische Außenpolitik 1929–1931: Ebenen u. Faktoren der Entscheidung, Bern 1975, 33–55.

31 Über diese Zusammenhänge im einzelnen K. E. Born, Die deutsche Bankenkrise 1931. Finanzen u. Politik, München 1967.

32 Vgl. dazu im einzelnen Clarke, Central Bank Co-operation, 220; U. Andersen, Das internationale Währungssystem zwischen nationaler Souveränität und supranationaler Integration, Berlin 1977, 25; vgl. auch A. Dauphin-Meunier, La Banque 1919–1935: Allemagne–Angleterre–France, Paris 1936.

33 Die These vom entscheidenden Einfluß der Bank von Frankreich ist in der Lit. umstritten: dafür Born, 66; Bennett, 152; eher skeptisch Kindleberger, Weltwirtschaftskrise, 166 und Landes, 346f. u. Anm. 19,

563f. Reiches Material in: Akten zur deutschen Auswärtigen Politik 1918–1945, Serie B: 1925–1933, Bd. XVII: 1. März–30. Juni 1931, Göttingen 1982.

34 Vgl. dazu K. Gossweiler, Großbanken; F. Seidenzahl, Hundert Jahre Deutsche Bank 1870–1970, Frankfurt 1970.

35 Vgl. den aufschlußreichen (anonymen) Artikel: The last great depression and the next, in: International Currency Review 4. 1979.

36 Born, 92ff.; 135ff.

37 Dazu Rass, 129–61.

38 Im einzelnen ders., 126f.

39 P. Renouvin, Question d'Extrême Orient, 354f.

40 Zur Mandschurei-Krise im einzelnen T. Yoshihashi, Conspiracy at Mukden. The Rise of the Japanese Military, New Haven/Conn. 1963; L. Chong-sik, Counterinsurgency in Manchuria. The Japanese Experience 1931–1940, Santa Monica/Cal. 1967.

41 Renouvin, Crises du XXe siècles, II, 31f. Renouvin stützt sich auf einen Bericht der Untersuchungskommission des Völkerbundes (»Lytton-Bericht«), die nach der Aggression Japans eingesetzt worden war (48, 51f.).

42 Im einzelnen vgl. H. T. Patrik, The Economic Muddle of the 1920's, in: J. W. Morley Hg., Dilemmas of Growth in Pre-War Japan, Princeton 1971; Allen, Short Economic History of Modern Japan; A. Lewis, Economic Survey 1919–1939, London 1949, 115–23; zum folgenden auch das Papier von F. Luther vom 15. 2. 1974.

43 Ohara, Japanese Trade, 46;

Japanische Rohseide
Preisindizes und Export 1923–31

Jahr	Index der jährl. Durchschnittspreise auf dem Yokohama-Markt	Indizes der Gesamtexporte von Rohseide		Anteil der Exporte in die USA
		Wert	Menge	
1923–25	100	100	100	90
1926	82	103	123	97
1927	69	104	146	94
1928	67	103	152	94
1929	66	110	161	97
1930	44	59	131	96
1931	30	50	155	96

Quelle: ebd., Tab. 19, 297.

44 Lockwood, 94.
45 E. B. Schumpeter Hg., The Industrialization of Japan and Manchukuo, 1930–1940. Population, Raw Materials and Industry, N. Y. 1940; Lockwood, 535.
46 Völkerbund, International Trade Statistics 1935, Genf 1936, 311.
47 Über die sinkenden Reallöhne vgl. Glück, 72 ff.; G. C. Allen, Japanese Industry. Its Recent Development and Present Condition, N. Y. 1940, 97 f.; Shinohara, in: Cowan Hg., 245.
48 Glück, 62.
49 Renouvin, Les crises du XXe siècles, II, 33 f.
50 Vgl. B. Martin, Aggressionspolitik als Mobilisierungsfaktor. Der militärische u. wirtschaftliche Imperialismus Japans 1931 bis 1941, in: F. Forstmeier u. H.-E. Volksmann Hg., Wirtschaft und Rüstung am Vorabend des Zweiten Weltkrieges, Düsseldorf 1975; vgl. auch das Japan-Kapitel in B. Moore, Soziale Ursprünge von Diktatur und Demokratie, Frankfurt 1974, 270–365.
51 Zum folgenden vgl. R. E. Ferrell, American Diplomacy in the Great Depression. Hoover-Stimson Foreign Policy, 1929–1933, New Haven 1957; J. Doenecke Hg., The Diplomacy of Frustration: The Manchurian Crisis of 1931–1933 as Revealed in the Papers of S. K. Hornbeck, Oxford 1981; M. Schaller, The United States and China in the Twentieth Century, N. Y. 1979; über die ökonomischen Hintergründe: J. Huthmacher u. W. I. Susman, H. Hoover and the Crisis of American Capitalism, Cambridge/Mass. 1973.
52 Einzelheiten bei Duroselle, Histoire diplomatique, 225–231; S. R. Smith, The Manchurian Crisis. A Tragedy in International Relations, 1931–1932, N. Y. 1948; J. W. Christopher, Conflict in the Far East. American Diplomacy in China, 1928–1933, Leyden 1950; über die Rolle des Völkerbundes vgl. die grundlegende Arbeit von W. Willoughby, The Sino-Japanese Controversy and the League of Nations, N. Y. 1935.
53 Vgl. R. N. Current, The Stimson doctrine and the Hoover doctrine, in: AHR 1954.
54 Schmidt, England in der Krise, 97 ff.
55 Am besten dazu Ch. Thorne, The Limits of Foreign Policy. The West, the League and the Far Eastern Crisis of 1931–1933, London 1972.

Auswahlbibliographie

1. Weltwirtschaft und Weltpolitik

Adler, S., The Uncertain Giant: 1921–1941. American Foreign Policy between the Wars, N. Y. 1965
Aglietta, M., Régulation et crises du capitalisme. L'expérience des Etats-Unis, Paris 1976
Aldcroft, D. H., Die zwanziger Jahre. Von Versailles zur Wall Street 1919–1929, München 1978
Angermann, E., Der Aufstieg der Vereinigten Staaten von Amerika. Innen- und außenpolitische Entwicklung 1914–1957, Stuttgart 1966, [3]1973
Angricht, H., Guide to the League of Nations Publications, N. Y. 1951
Ashworth, W., A Short History of the International Economy, 1850–1950, London 1952
Aubrey, H. G., The Dollar in World Affairs: An Essay in International Financial Policy, N. Y. 1964
Bassett, R., Nineteen Thirty-One: Political Crisis, London 1958
Bauer, O., Zwischen zwei Weltkriegen? Die Krise der Weltwirtschaft, der Demokratie, des Sozialismus, Bratislava 1936, in: ders., Werkausgabe, Bd. 6, Wien 1976
Becker, J. u. Hildebrand, K. Hg., Internationale Beziehungen in der Weltwirtschaftskrise 1929–1933, München 1980
Brandes, J., Herbert Hoover and Economic Diplomacy. Department of Commerce Policy, 1921–1928, Pittsburgh 1962
Brinkmann, C., Weltpolitik und Weltwirtschaft der neuesten Zeit, Berlin 1936 (bes. »Einleitendes«)
Brown Jr., W. A., The International Gold Standard Reinterpreted, 1914–1934, 2 Bde, N. Y. 1940
Chandler, L. V., Benjamin Strong. Central Banker, Washington 1958
ders., America's Greatest Depression, 1929–1941, N. Y. 1970
Clarke, St. V. O., Central Bank Co-operation, 1924–1931, N. Y. 1967
Craig, G. A. u. Gilbert, F. Hg., The Diplomats 1919–1939, 2 Bde., Princeton 1953
DeConde, A. Hg., Isolation and Security. Ideas and Interests in Twenty-Century American Foreign Policy, Durham/N. C. 1957
Duroselle, J.-B., De Wilson à Roosevelt. Politique extérieure des Etats-Unis, 1913–1945, Paris 1960
ders., Histoire diplomatique de 1919 à nos jours, Paris [7]1978
Elliott, W. Y. Hg., Weltwirtschaft und Weltpolitik, München 1957 (gekürzte dt. Fassung von The Political Economy of American Foreign Policy, N. Y. 1955)

Ellis, L. E., Republican Foreign Policy, 1921–1933, New Brunswick/N. J. 1968
Falkus, M. E., United States Economic Policy and the »Dollar Cap« of the 1920's, in EHR 24. 1971
Feis, H., The Diplomacy of the Dollar. First Era 1919–1932, Baltimore 1950
Ferrell, R. H., American Diplomacy in the Great Depression. Hoover-Stimson Foreign Policy, 1929–1933, New Haven 1957
Fischer, W., Die Weltwirtschaft im 20. Jahrhundert, Göttingen 1979
Fleming, D. F., The United States and World Organization 1920–1933, N. Y. 1938, ²1966
Grotkopp, W., Die große Krise. Lehren aus der Überwindung der Wirtschaftskrise 1929/32, Düsseldorf 1954
Haber, L. F., The Chemical Industry, 1900–1930, International Growth and Technological Change, London 1971
Hawley, E. W., Herbert Hoover and the Crisis of American Capitalism, Cambridge/Mass. 1973
Helander, S., Das Autarkieproblem in der Weltwirtschaft, Berlin 1955
Himmelberg, R. E. Hg., The Great Depression and American Capitalism, Boston 1968
Kenwood, A. G. u. Lougheed, A. L., The Growth of the International Economy 1820–1960. An Introductory Text, London 1971
Kindleberger, C. P., Die Weltwirtschaftskrise 1929–1939, München 1973
Kruse, A., Außenwirtschaft. Die internationalen Wirtschaftsbeziehungen, Berlin 1958
Kuznets, S., Economic Growth of Nations. Total Output and Production Structure, Cambridge/Mass. 1971
ders., Modern Economic Growth. Rate, Structure and Spread, New Haven 1966
Lary, H. B. u. a., The United States in the World Economy. The International Transactions of the United States during the Interwar Period, Washington 1943 (Veröffentlichung des U. S. Department of Commerce)
Levy, H., Der Weltmarkt 1913 und heute, Leipzig 1926
Maizels, A., Industrial Growth and World Trade, Cambridge 1963
Meyer, R. H., Banker's Diplomacy. Monetary Stabilization in the Twenties, N. Y. 1970
Néré, J., La crise de 1929, Paris 1968
Parrini, C., Heir to Empire. United States Economic Diplomacy, 1916–1923, Pittsburgh 1969
Predöhl, A., Außenwirtschaft. Weltwirtschaft, Handelspolitik und Währungspolitik, Göttingen 1949
ders., Das Ende der Weltwirtschaftskrise. Eine Einführung in die Probleme der Weltwirtschaft, Reinbek b. Hamburg 1962

Rostow, W. W., The World Economy. History and Prospect, Austin 1978
Sering, M., Agrarkrisen und Agrarzölle, Berlin 1925
Soule, G. H., Prosperity Decade: From War to Depression, 1917–1929, N. Y. 1947
Sternberg, F., Kapitalismus und Sozialismus vor dem Weltgericht, Hamburg 1951
Triffin, R., Our International Monetary System: Yesterday, Today and Tomorrow, N. Y. 1968
Varga, E., Die Krise des Kapitalismus und ihre politischen Folgen, hg. von E. Altvater, Frankfurt 1969
Warren, H. G., Herbert Hoover and the Great Depression, N. Y. 1959
Williams, W. A., The Tragedy of American Diplomacy, N. Y. 1962 (überarbeitete und erweiterte Ausgabe; dt.: Die Tragödie der amerikanischen Diplomatie, 1973)
Wilson, J. H., American Business and Foreign Policy, 1920–1933, Lexington 1971.
ders., Herbert Hoover: Forgotten Progressive, Boston 1975
Winkel, H. Hg., Finanz- und wirtschaftspolitische Fragen der Zwischenkriegszeit, Berlin 1973
Winkler, H. A. Hg., Die große Krise in Amerika. Vergleichende Studien zur politischen Sozialgeschichte 1929–1939, Göttingen 1973
Woodruff, W., America's Impact on the World. A Study of the Role of the United States in the World Economy, 1750–1970, London 1975
Woytinsky, W. S. u. E. S., World Commerce and Governments. Trends and Outlook, N. Y. 1955
Yates, P. L., Forty Years of Foreign Trade, London 1959

2. *Versailler System*

Abelshauser, W., Petzina, D. Hg., Deutsche Wirtschaftsgeschichte im Industriezeitalter. Konjunktur, Krise, Wachstum, Königstein i. T. 1981 (hierin insbes. die Beiträge der Hgg. u. von A. Predöhl)
Abendroth, W., Sozialgeschichte der europäischen Arbeiterbewegung, Frankfurt 1965
Aldcroft, D. H., The Inter-War Economy: Britain 1919–1939, London 1970
Alford, B. W. E., Depression and Recovery? British Economic Growth, 1918–1939, London 1972
Artaud, D., La reconstruction de l'Europe 1919–1929, Paris 1973
dies., L'impérialisme américain en Europe au lendemain de la première guerre mondiale, in: Relations internationales 8. 1976
dies., La question des dettes interalliées et la reconstruction de l'Europe, Paris 1978

Bariéty, J., Les relations franco-allemandes après la première guerre mondiale. 10 novembre 1918 – 10 janvier 1925. De l'exécution à la négociation, Paris 1977
Barnett, C., The Collapse of British Power, London 1972
Bassett, R., Nineteen Thirty-One. Political Crisis, London 1958
Bennett, E. W., Germany and the Diplomacy of the Financial Crisis 1931, Cambridge/Mass. 1962
Bettelheim, C., Bilan de l'économie française 1919–1946, Paris 1947
Bienstock, G., Deutschland und die Weltwirtschaft, Berlin 1931
Bonnefous, E., Histoire politique de la Troisième République, Bd. IV: Cartel des gauches et Union nationale (1924–1929), Paris 1960
Born, K. E., Die deutsche Bankenkrise 1931. Finanzen und Politik. München 1967
Carlton, D., MacDonald versus Henderson. The Foreign Policy of the Second Labour Government, London 1970
Chastenet, J., Histoire de la Troisième République, Bd. V: Les années d'illusions 1918–1931, Paris 1960
Conze, W. u. Raupach, H. Hgg., Die Staats- und Wirtschaftskrise des Deutschen Reiches 1929/33, Stuttgart 1967
Costigliola, F.-C., The United States and the Reconstruction of Germany in the 1920's, in: Business History Review 50. Winter 1976
Deane, Ph. u. Coale, W. A., British Economic Growth 1688–1959, Cambridge 1967
Drummond, I. M., British Economic Policy and the Empire, 1919–1939, London 1972
Fischer, W., Weltwirtschaftliche Rahmenbedingungen für die ökonomische und politische Entwicklung Europas 1919–1939, Wiesbaden 1980
Fohlen, C., La France de l'entre-deux-guerres, Paris 1966
Gilbert, M., Britain and Germany between the Wars, London 1962
Gottwald, R., Die deutsch-amerikanischen Beziehungen in der Ära Stresemann, Berlin 1965
Graml, H., Europa zwischen den Kriegen, München 1969
Hardach, G., Weltmarktorientierung und relative Stagnation. Währungspolitik in Deutschland 1924–1931, Berlin 1976
ders., Deutschland in der Weltwirtschaft 1870–1970. Eine Einführung in die Sozial- und Wirtschaftsgeschichte, Frankfurt 1977
Hardach, K., Wirtschaftsgeschichte Deutschlands im 20. Jahrhundert, Göttingen 1976
Helbig, W. J., Die Reparationen in der Ära Brüning. Zur Bedeutung des Young-Plans für die deutsche Politik 1930–1932, Berlin 1962
Hoffmann, S. Hg., In Search of France, N. Y. [2]1965
Hoffmann, W. u. a., Das Wachstum der deutschen Wirtschaft seit der Mitte des 19. Jahrhunderts, Berlin 1965
Jacobson, J., Locarno Diplomacy. Germany and the West 1925–1929,

Princeton/N. J. 1972
Jeanneney, J.-N., Leçon d'histoire pour une gauche au pouvoir. La faillite du Cartel (1924–1926), Paris 1977
Jones, K. P. Hg., US Diplomats in Europe, 1919–1941, Oxford ²1983
Kemp, T., The French Economy, 1913–1939. The History of a Decline, London 1972
Kindleberger, C. P., Economic Growth in France and Britain 1851–1950, Cambridge 1964
Landes, D. S., Der entfesselte Prometheus. Technologischer Wandel u. industrielle Entwicklung in Westeuropa von 1750 bis zur Gegenwart, Köln 1973
Leffler, M. P., The Elusive Quest. America's Pursuit of European Stability and French Security, 1919–1933, Chapel Hill 1979
Lévy-Leboyer, M. Hg., La position internationale de la France. Aspects économiques et financiers XIXᵉ–XXᵉ siècles, Paris 1977
Link, W., Die amerikanische Stabilisierungspolitik in Deutschland 1921–1932, Düsseldorf 1970
Lüke, R. E., Von der Stabilisierung zur Krise, Zürich 1958
Maier, C. S., Recasting Bourgeois Europe. Stabilization in France, Germany and Italy in the Decade After World War I, Princeton 1975
Maxelon, M.-O., Stresemann und Frankreich. Deutsche Politik der Ost-West-Balance, Düsseldorf 1972
Moggridge, D. E., The Return to Gold, 1925: The Formulation of Economic Policy and its Critics, Cambridge 1969
ders., British Monetary Policy 1924–1931. The Norman Conquest of $ 4, 86, Cambridge 1971
Mommsen, H. u. a. Hg., Industrielles System und politische Entwicklung in der Weimarer Republik, Düsseldorf 1974
Mowat, G. L., Britain Between the Wars 1918–1940, London 1955
Néré, J., The Foreign Policy of France from 1914 to 1945, London 1975
Netzband, K. B. u. Widmaier, H. P., Währungs- und Finanzpolitik der Ära Luther 1923–1925, Basel 1964
Petzina, D., Grundriß der deutschen Wirtschaftsgeschichte 1918–1945, in: Deutsche Geschichte seit dem I. Weltkrieg, Bd. 2, Stuttgart 1973
Pohl, K. H., Weimars Wirtschaft und die Außenpolitik der Republik 1924–1926. Vom Dawes-Plan zum Internationalen Eisenpakt, Düsseldorf 1979
Pollard, S., The Development of the British Economy, 1914–1967, N. Y. ²1969
ders., The Gold Standard and Employment Policies between the Wars, London 1970
Preller, L., Sozialpolitik in der Weimarer Republik, Stuttgart 1949
Rass, H. H., Britische Außenpolitik 1929–1931: Ebenen und Faktoren der Entscheidung, Frankfurt 1975

Rosenberg, A., Geschichte der Weimarer Republik, hg. v. K. Kersten, Frankfurt 1961
Rößler, H. u. Hölzle, E. Hg., Locarno und die Weltpolitik 1924–1932, Göttingen 1969
Sauvy, A., Histoire économique de la France entre les deux guerres, Bd. 1: De l'armistice à la dévaluation de la livre (1918–1931), Paris 1965
Schmidt, G. Hg., Konstellationen internationaler Politik 1924–1932: Politische und wirtschaftliche Faktoren in den Beziehungen zwischen Westeuropa und den USA, Bochum 1983
Schmölders, G., Frankreichs Aufstieg zur Weltkapitalmacht. Diplomatie und Strategie des französischen Geldes seit 1926, Berlin 1933
Schuker, S. A., The End of French Predominance. The Financial Crisis of 1924 and the Adoption of the Dawes-Plan, Chapel Hill 1976
Skidelsky, R., Politicians and the Slump. The Labour Government of 1929–1931, London 1967
Soulié, M., La vie politique d'Edouard Herriot, Paris 1962
Sturmthal, A., The Tragedy of European Labour, 1918–1939, London 1944
Stücken, R., Deutsche Geld- und Kreditpolitik 1914–1963, Tübingen 1953
Stürmer, M., Koalition und Opposition in der Weimarer Republik 1924–1928, Düsseldorf 1967
Svennilson, I., Growth and Stagnation in the European Economy, Genf 1954
Timm, H., Die deutsche Sozialpolitik und der Bruch der Großen Koalition im März 1930, Düsseldorf 1952
Timmons, B., Portrait of an American: Charles G. Dawes, N. Y. 1953
Trachtenberg, M., Reparation in World Politics. France and European Economic Diplomacy, 1916–1923, N. Y. 1980
Trendelenburg, E., Amerika und Europa in der Weltwirtschaftspolitik des Zeitabschnitts der Wirtschaftskonferenzen. 1. Teil: Bis zum Dawes-Plan, Berlin 1943
Vagts, A., Deutschland und die Vereinigten Staaten in der Weltpolitik, 2 Bde, N. Y. 1935
Winkler, H. A., Mittelstand, Demokratie und Nationalsozialismus, Köln 1972
ders., Extremismus der Mitte? Sozialgeschichtliche Aspekte der nationalsozialistischen Machtergreifung, in: VfZ 20. 1972
Wolfe, M., The French Franc between the Wars, 1919–1939, N. Y. 1951
Wolfers, A., Britain and France Between Two Wars. Conflicting Strategies of Peace Since Versailles, New York 1940 (Neudruck 1963)
Woodruff, W., Impact of Western Man. A Study of Europe's Role in the World Economy, London 1966
Wurm, C. A., Die französische Sicherheitspolitik in der Phase der Umorientierung 1924–1926, Frankfurt 1979

Ziebura, G., Léon Blum. Theorie und Praxis einer sozialistischen Politik, Bd. 1: 1872–1934, Berlin 1963

3. *Washingtoner System*

Allen, G. C., A Short Economic History of Modern Japan, 1867–1937, London 1946
ders., Japan's Economic Expansion, London 1965
Battistini, L. H., The United States and Asia, N. Y. 1956
Beckmann, M., The Modernization of China and Japan, N. Y. 1962
Bergamini, D., Japan's Imperial Conspiracy, London 1971
Borg, D., American Policy and the Chinese Revolution, 1925–1928, N. Y. 1968
Buckley, T. H., The United States and the Washington Conference 1921–1922, Knoxville 1970
Buhite, R., Nelson T. Johnson and American Policy toward China, 1925–1941, East Lansing/Mich. 1969
Cheng, Y. K., Foreign Trade and Industrial Development of China, Washington 1956
Cohen, W. I., America's Response to China. An Interpretative History of Sino-American Relations, N. Y. 1971
Crowley, J. B., Japan's Quest for Autonomy. National Security and Foreign Policy 1930–1938, Princeton 1966
ders., Hg., Modern East Asia. Essays in Interpretation, N. Y. 1970
Dulles, F. R., China and America, Princeton 1946
Fairbank, J. K., The United States and China, Cambridge/Mass. ³1971
ders., Hg., Republican China 1912–1949, Teil 1; in: The Cambridge History of China, Cambridge 1983 (beste Einführung in die innere Entwicklung Chinas während der 20er Jahre)
Feuerwerker, A., The Chinese Economy 1912–1949, Ann Arbor 1968
Glück, K., Japans Vordringen auf dem Weltmarkt, Diss. Frankfurt, Würzburg 1937
Halliday, J., A Political History of Japanese Capitalism, N. Y. 1975
Iriye, A., After Imperialism. The Search for a New Order in the Far East, 1921–1931, Cambridge/Mass. 1965
ders., Across the Pacific: An Inner History of American-East Asian Relations, N. Y. 1967
ders., Japan's Foreign Policies between World Wars: Sources and Interpretations, London 1971
Israel, J., Progressivism and the Open Door. America and China, 1905–1921, London 1971
Lockwood, W. W., The Economic Development of Japan. Growth and Structural Change, 1868–1938, Princeton 1955

Marshall, B. K., Capitalism and Nationalism in Prewar Japan. The Ideology of the Business Elite, Stanford 1968
Maxon, Y. C., Control of Japanese Foreign Policy. A Study of Civil-Military Rivalry 1930–1945. Berkeley 1957
May, E. R. u. Thomson, J. C. Hg., American-East Asian Relations. A Survey, Cambridge/Mass. 1972
Meyn, E., Die japanische Wirtschaftspolitik in der Mandschurei, Diss. Handels-Hochschule Leipzig, Leipzig 1938
Morley, J. W. Hg., Dilemmas of Growth in Prewar Japan, Princeton 1971
Moulder, F., Japan, China and the Modern World Economy, Cambridge 1977
Rappaport, A., Henry L. Simson and Japan 1931–1933, Chicago 1963
Rosovsky, H., Capital Formation in Japan, 1868–1940, Glencoe 1961
Schaller, M., The United States and China in the Twentieth Century, N. Y. 1979
Schumpeter, E. B. Hg., The Industrialization of Japan and Manchukuo, 1930–1940, N. Y. 1940
Wheeler, G. E., Prelude to Pearl Harbor. The United States Navy and the Far East, 1921–1931, Columbia 1963
Williams, W. A., China and Japan. A Challenge and a Choice of the Nineteen-twenties, in: Pacific Historical Review 26. 1957

Verzeichnis der Tabellen

Im Text

In den Anmerkungen

Abkürzungen

AER	– American Economic Review
AHR	– American Historical Review
APSR	– American Political Science Review
EHR	– Economic History Review
FAZ	– Frankfurter Allgemeine Zeitung
HZ	– Historische Zeitschrift
JAH	– Journal of American History
JCH	– Journal of Contemporary History
JMH	– Journal of Modern History
NPL	– Neue Politische Literatur
N. Y.	– New York
RHMC	– Revue d'histoire moderne et contemporaine
VfZ	– Vierteljahrshefte für Zeitgeschichte
VSWG	– Vierteljahrschrift für Sozial- und Wirtschaftsgeschichte

edition suhrkamp. Neue Folge

100 James Joyce, Ulysses
101 Errungenschaften. Eine Kasuistik. Hg. v. Michael Rutschky
102 Der große Rausch. Türkische Erzähler der Gegenwart. Hg. v. Yüksel Pazarkaya
103 Bernhard Luginbühl, Die kleine explosive Küche
104 Hugh Kenner, Ulysses
105 Hans Wollschläger liest »Ulysses«
106 James Joyce, Penelope. Das letzte Kapitel des ›Ulysses‹. Engl./Dt.
107 Fragment und Totalität. Hg. v. Christiaan L. Hart Nibbrig und Lucien Dällenbach
108 Gabriel Jackson, Annäherung an Spanien 1898–1975
109 Thomas McKeown, Die Bedeutung der Medizin. Traum, Wahn oder Nemesis?
110 Uwe Kolbe, Hineingeboren. Gedichte 1975–1979
111 Ngũgĩ wa Thiong'o, Verborgene Schicksale
112 José Lezama Lima, Die Ausdruckswelten Amerikas
113 Signatur G. L.: Gustav Landauer im »Sozialist«. Hg. v. Ruth Link-Salinger (Hyman)
114 Michael Brodsky, Der Tatbestand und seine Hülle
115 Ulla Pruss-Kaddatz, Wortergreifung. Zur Entstehung einer Arbeiterkultur in Frankreich
116 Jean-Paul Aron / Roger Kempf, Der sittliche Verfall
117 Gerald Zschorsch, Der Duft der anderen Haut
118 George Tabori, Unterammergau oder Die guten Deutschen
119 Samuel Beckett, Mal vu, mal dit / Schlecht gesehen, Schlecht gesagt. Frz./Dt.
120 Vivian Mercier, Beckett/Beckett
121 Thomas A. Sebeok, Jean Umiker-Sebeok, »Du kennst meine Methode«
122 Von der Verantwortung des Wissens. Hg. v. Paul Good
123 Karin Struck, Kindheits Ende. Journal einer Krise
124 Wladimir Tendrjakow, Sechzig Kerzen
125 Dieter Henrich, Fixpunkte der Kunst
126 Roland Barthes, Die Rauheit der Stimme. Interviews 1962–1980
127 Einar Schleef, Die Bande
128 Takeo Doi, Amae – Freiheit in Geborgenheit

129 Blick übers Meer. Hg. v. Helmut Martin, Charlotte Dunsing, Wolf Baus
130 Wie die Wahrheit zur Fabel wurde. Nietzsches Umwertung von Kultur und Subjekt. Hg. v. Philipp Rippel
131 Josef Esser, Gewerkschaften in der Krise
132 Die Wiederkehr des Körpers. Hg. v. Dietmar Kamper u. Christoph Wulf
133 Richard Saage, Rückkehr zum starken Staat?
134 Dieter Senghaas, Von Europa lernen
135 Peter Weiss, Notizbücher 1960–1970. Zwei Bände
136 Marin Sorescu, Abendrot Nr. 15
137 Joachim Veil, Die Wiederkehr des Bumerangs
138 Chinua Achebe, Okonkwo oder das Alte stürzt
139 Robert Pinget, Apokryph
140 Julio Cortázar, Ultimo Round
141 Faszination der Gewalt. Politische Strategie und Alltagserfahrung. Red.: Reiner Steinweg
142 Manfred Frank, Der kommende Gott
143 Die neue Friedensbewegung. Red.: Reiner Steinweg
144 Mythos und Moderne. Hg. v. Karl Heinz Bohrer
145 Mongo Beti, Remember Ruben
146 Franz Böni, Alvier
147 Der religiöse Faktor
148 Michael Buselmeier, Radfahrt gegen Ende des Winters
149 Karl Held/Theo Ebel, Krieg und Frieden
150 Jean-Pierre Vernant, Die Ursprünge des griechischen Denkens
151 Literatur und Politik in der VR China. Hg. v. Rudolf G. Wagner
152 Hans-Ulrich Wehler, Preußen ist wieder chic ...
153 Der Mensch als Risiko. Hg. v. Manfred Wambach
154 Nicolas Bornhorn, Der Film als Wirklichkeit
156 Die armen Frauen. Hg. v. Ilona Kickbusch u. Barbara Riedmüller
157 Zum Funktionswandel der Literatur. Hg. v. Peter Bürger
158 Ulrike Heider, Schülerprotest in der Bundesrepublik
159 Eva-Maria Alves, Maanja
160 Franz Koppe, Grundbegriffe der Ästhetik
161 Jürg Laederach, In extremis
162 Eike Hennig, Der normale Extremismus
163 Walther Abisch, Im Futurum perfectum
164 Peter Schwacke, Carte blanche
165 Tove Ditlevsen, Die Gesichter

166 Die neue internationale Informationsordnung. Red.: Reiner Steinweg
167 Ernst Bloch, Was schadet und was nutzt Deutschland ein feindlicher Sieg. Hg. v. Martin Korol
168 Peter Handke, Phantasien der Wiederholung
169 Volker Braun, Geschichten von Hinze und Kunze
170 Edward P. Thompson, Die Entstehung der englischen Arbeiterklasse
171 Roland Barthes, Elemente der Semiologie
172 Franz Xaver Kroetz, Frühe Stücke/Frühe Prosa
173 Werner Koch, Intensivstation
174 Literatur der DDR in den siebziger Jahren. Hg. v. Peter Uwe Hohendahl u. Patricia Herminghouse
175 Lloyd de Mause, Grundlagen der Psychohistorie
176 Josef Esser/Wolfgang Fach/Werner Väth, Krisenregulierung
177 Josef Winkler, Die Menscher
178 Uwe Kolbe, Abschiede und andere Liebesgedichte
179 J. M. A. Biesheuvel, Der Schrei aus dem Souterrain
180 Jochen Hörisch, Gott, Geld und Glück – Zur Logik der Liebe
181 Georg Vobruba, Politik mit dem Wohlfahrtsstaat
182 Walter Vogl, Hassler
183 João Ubaldo Ribeiro, Sargento Getúlio
184 Francis F. Piven/Richard A. Cloward, Aufstand der Armen
185 Abschied vom Recht? Hg. v. Rüdiger Voigt
186 Celso Furtado, Brasilien nach dem Wirtschaftswunder
187 Martin Roda Becher, Der rauschende Garten
188 Das Schwinden der Sinne. Hg. v. Dietmar Kamper u. Christoph Wulf
189 Rüdiger Lautmann, Der Zwang zur Tugend
190 Vom Krieg der Erwachsenen gegen die Kinder. Red.: Reiner Steinweg
191 Brecht-Journal. Hg. v. Jan Knopf
192 Feminismus. Inspektion der Herrenkultur. Ein Handbuch. Hg. v. Luise F. Pusch
193 Alexander Kluge, Schlachtbeschreibung
194 Andrea Lee, Russisches Tagebuch
195 Taktische Kernwaffen. Die fragmentierte Abschreckung. Hg. v. Philippe Blanchard, Reinhart Koselleck u. Ludwig Streit
196 Rüstung und soziale Sicherheit. Red.: Reiner Steinweg
197 Andreas Buro/Karl Grobe, Vietnam! Vietnam?

198 Franz Böni, Der Johanniterlauf
199 Ngũgĩ wa Thiong'o, Der gekreuzigte Teufel
200 Walter Benjamin, Das Passagen-Werk. Hg. v. Rolf Tiedemann

Neue Historische Bibliothek
Hg. von Hans-Ulrich Wehler

241 Werner Abelshauser, Wirtschaftsgeschichte der Bundesrepublik Deutschland. 1945–1980
242 Dirk Blasius, Geschichte der politischen Kriminalität in Deutschland 1800–1980
243 Kurt Kluxen, Geschichte und Problematik des Parlamentarismus
244 Peter Marschalck, Bevölkerungsgeschichte Deutschlands im 19. und 20. Jahrhundert
245 Wolfgang Wippermann, Europäischer Faschismus im Vergleich 1922–1982
246 Michael Geyer, Deutsche Rüstungspolitik 1860–1980
247 Volker Hentschel, Geschichte der deutschen Sozialpolitik 1880–1980
248 Detlef Lehnert, Sozialdemokratie zwischen Protestbewegung und Regierungspartei 1848–1983
254 Hans-Ulrich Wehler, Grundzüge der amerikanischen Außenpolitik 1750–1900
256 Albert Wirz, Sklaverei und kapitalistisches Weltsystem

edition suhrkamp. Neue Folge